無腦閱讀
知識中毒

精讀 × 泛讀
—
研讀 × 巧讀

子到亞里斯多德，
8 個奇特學習法，
獲取知識不傷腦！

陳良琪—編著

SQ3R 法、25 分鐘法、板塊法、溯源法、批語檔案法……想知道的太多時間卻不夠，
一本書讓你高效博覽群書！

・「沙漏型」走馬看花，不思考不記憶，邊讀邊忘記　　・「海綿型」無論什麼書一律全收，讀越多竟中毒越深
・「濾豆漿型」花費大量精力和時間，留下的卻全是渣滓　・「礦工型」反覆思考並找出書中的錯誤，去糟粕，取精華

求知欲旺盛的你是哪一型？雖識字，但你真的會「讀書」嗎？

目 錄

目錄

巧讀篇

目錄

綜合篇

目錄

前言

　　書是階梯，書是船隻，書是良藥，書是智慧，書是老師，書是遺訓、忠告和命令。縱覽古今，橫觀中外，大凡事業有成者，無一不和書結下了不解之緣。然而，書海茫茫，書山巍巍。有的人善走水路，有的人獨闢蹊徑。他們在學海裡踩出了知識的浪花，在書山上留下了自己攀登的腳印。實踐證明，同樣是讀書，但獲得的收穫和效果卻大不一樣。這好比做菜，廚師能使之成為藝術，而一般人只能是做熟食之而已。由此可見，能讀書和會讀書並非同一件事，有的人是為了好奇而讀書，也有的人是為了好勝而讀書；有的人為了實現宏偉目標而讀書，也有的人為了打發時光而讀書……無論是抱著什麼樣的想法，只有講究科學的方法和熟練的技巧，才能提高讀書的效率。尤其在科學技術迅速發展的新世紀，從當年孔子讀《易》，韋編三絕到現在的知識激增、資訊爆炸，任何人都不可能讀完世界上所有的書刊。不少人因為讀書不得法，影響看書學習的積極性；有些人懷疑自己接受資訊的能力，苦於讀書不得法而事倍功半。這就更加顯現出讀書方法的重要。真可謂「書山有徑，急時難尋，資訊似海，收存有術」。那麼，如何讀書才能有大收穫呢？這正是我們編寫這本書的目的之所在。我們根據相關資料、名人讀書經驗和自己的讀書實踐，編寫了這本書，獻給那些追求知識、渴望成材而又感到困惑的朋友，希望對他們尤其是年輕朋友能有所啟迪，有所幫助，儘快提高讀書的速度和鞏固讀書的效果。

編者

前言

精讀篇

● 溫故而知新 —— 隔時讀書法

> 讀之再讀。你一定會覺得奇怪，昨天不懂的東西，今天竟完全懂了。
>
> —— 儒勒·雷納爾（Jules Renard，法國作家）

德國哲學家狄慈根（Dietzgen），在介紹自己的讀書經驗時說過：「重複是學習的母親。」這是一句至理名言，也是讀書中的座右銘。

「重複是學習的母親。」作為讀書方法來講，就是溫故知新，也叫作隔時讀書法。我們所說的隔時讀書法，就是隔段時間就要重複去溫習已讀過的書，這樣才能鞏固已有的知識。在讀書做學問時，為什麼需要這樣一個隔一段時間就重複的過程呢？

記憶是人類所具有的一種重要能力，讀書更離不開記憶。其實，任何驚人的記憶力，任何知識的掌握，都不是天生的，都是反覆學習的結果。在浩瀚的書海中，如果不反覆的學習，反覆的實踐，那麼，自己最終能學到多少知識呢？所以，不會反覆，就不會讀書。從這種意義上說，隔時讀書法是非常重要的讀書方法。

孔子是中國古代著名的學者和教育家，他的讀書「竅門」很多，「學而時習之，不亦說乎？」、「溫故而知新」，這些隔時讀書的主張都是孔子最先提出的，也是由他最先做到的。膾炙人口的「韋編三絕」這個典故，說的就是孔子為了把深奧的《易經》弄懂讀通，日復一日的，每隔一段時間就反覆閱讀，不知讀了多少遍，以至於把串聯竹簡的牛皮繩子磨斷了三次。最後，他終於讀懂了《易經》，並為深奧難懂的地方作了校注，為後人研究這本古代典籍做了貢獻。可見，隔時重複讀書，可謂孔子學《易經》的「捷徑」之一。

　　明末文學家張溥，對自己作了一個規定，每讀一篇文章最少重複七、八次，為了勉勵自己，他還把自己讀書的房子取名為「七錄書齋」。古今中外這樣的例子數不勝數。他們成功的經驗都離不開隔時反覆讀書這個過程。

　　經常隔時反覆，好處很多，其樂無窮。表現在以下幾方面：

隔時讀書有助於記憶

　　世界上沒有「一蹴而就」的學習捷徑和記憶方法，但是隔時閱讀可算是一種行之有效的讀書方法。有人把反覆比喻成雕刻刀，每反覆一次，就在人們的記憶石碑上雕刻一次。日積月累，烙下深深的痕跡，就再也沖刷不掉了。透過反覆可以加強記憶。

　　相傳司馬光對上千年的史料記憶和運用得都非常嫻熟，寫下了巨著《資治通鑑》。但他幼年時記憶力並不過人，常常覺得不如人家。每當老師講完課，他便一個人留在課堂裡，關上窗戶，用心攻讀，反覆多遍，直至合上書能倒背如流，才去休息。他一直到老，都堅持反覆攻讀而熟記的學習方法。看來司馬光的博學，並不是靠天生就靈光的腦袋，而是靠「隔時反覆攻讀」的實踐。

　　記得有一本書中曾講過這樣一個故事。古代南宋有個人叫陳正之，很想成為一個過目不忘的大學問家，他讀書又快又多，只是能記住的不多，學到的知識也很有限。為此，他很苦惱。一次，他偶遇著名學者朱熹，就向朱熹請教讀書的方法，希望得到朱夫子的指點，朱熹問明情況後，就針對他的讀書弱點說：「你以後讀書萬勿求快，每次只讀五十個字，反覆讀兩、三百遍，每遍皆用腦思之。」陳正之牢記朱熹的教誨，堅持用此法讀書，過了一段日子果然不同以往。日子久了，學問大增，終於成了一個過目不忘的大學問家。

古今中外無數實踐證明，無論人們的記憶力好，還是差，其成功經驗之一都是透過重複閱讀、反覆運用，這樣多次刺激大腦皮層，就能加深大腦細胞的記憶痕跡，記牢所學的知識，以至達到「終生難忘」的程度。

反覆讀書可以避免疏漏，加深對知識的理解

　　我們知道，書本的知識都是前人辛勤探索歸納的結晶，書中常有一些難點，我們學起來也不能完全理解；另外一些經典著作和一些大部頭書籍只讀一遍，肯定會有許多忽略和難以讀懂的地方，這些地方往往是全書或某章的重點精華所在，只有反覆讀才能彌補初讀的疏忽，深刻理解全書的要旨。況且，在每次重複讀書相隔的時期裡，無論自覺與否，人腦都會對曾經讀過的書產生新的思考和領悟。所以不僅要反覆，還要隔時反覆。

　　著名哲學家、科學家、醫學理論家阿維森納（Avicenna）在讀亞里斯多德（Aristotle）的《形上學》時，怎麼也看不懂，於是他就反覆的讀，決心一定要把他弄懂，一次閱讀不明白的地方，下次再讀，從頭到尾在不知不覺中讀了四十多遍，竟然都能背出來了。就在這多次反覆中，由不懂到懂，由紛紜迷茫到理清頭緒。後來，他在跟朋友探討亞里斯多德的這本書時，聽了別人對此書的看法，從中深受啟發，領悟了這本書更精深的內容，這顯然與他讀了四十多遍是分不開的。

　　古代有位學者，終年手不釋卷，學富五車，他就是明末著名學者顧炎武。使別人感到奇怪的是，他每年只用九個月讀新書，而用三個月讀已讀過的書，這是什麼緣故呢？他說這是在溫習嘛。他所採用的就是隔時學習法。因此，他學過的知識能融會貫通，記憶牢固。

　　三國時董遇說：「書讀百遍，其意自見。」多讀就能對書中的內容加深理解，如果只願向前而不願隔時重複，書讀了不少，但增長的知識卻不

多，領會不到人家獨具匠心的地方，讀書也就沒有作用了。

第三，隔時讀書可以獲得新知。「溫故而知新」這句名言很精闢的說明了溫習已學過的知識和獲得新知識的關係。只有讀的次數多了，了解得深刻了，才能不斷的發現新東西，反過來又能貫通和鞏固所學的新知識，最後有所發展和創新。

馬克思（Marx）在文藝方面，經常讀歌德（Goethe）、萊辛（Less-ing）、莎士比亞（Shakespeare）、但丁（Dante）和塞凡提斯（Cervantes）等世界名作家的作品。而且能整段整節的背誦，他還對自己做了一條重讀的規定，就是對希臘悲劇作家艾斯奇勒斯（Aeschylus）的希臘原文著作，每年都要重讀一次，每次重讀還做筆記。由此看來，批判和吸取、借鑑和創新、繼承和發展，也是建立在對前人知識溫習深透的基礎之上的。

隔時讀書法確實是一種了解書中真諦、獲取新知識的好方法，但還須掌握這種方法的幾種形式，才能使隔時反覆的閱讀達到更好的效果。

★ **隔時反覆要及時**：反覆的時間不要隔得太長，等到忘了，以後再讀，這樣等於重新讀。讀書要想效果好，及時反覆最重要；一般來說，反覆的時間最好安排在第一次學習後半天、一天、三天、七天、半個月後，分次進行。

★ **要分散溫習**：要注意合理安排，即要合理組織溫習和分配的時間。開始溫習次數要盡量多些，時間間隔要短一些，內容要相對少些，以後再慢慢的減少次數，延長時間，擴大溫習範圍。

★ **有選擇、有重點的隔時反覆**：我們提倡反覆讀書，當然也不能做形上學的理解，哪些有價值的書才需要反覆，而且在讀書時要找出重點去反覆讀，這樣把最精煉的東西提煉出來，這樣才能掌握住精髓，得到預期的效果，才能把知識變為自己的財富。

★ **創造性的隔時反覆**：反覆絕不是簡單機械的重複，這會使反覆變得枯燥無味，事倍功半，反覆中，要不斷的增添新資訊，把過去讀的和今天讀的感受，加以比較、分析、提升、激起思考的活躍和創造性，求得每重複一次，有一次新的創新。總而言之，隔時反覆讀書有時是一件非常艱苦、枯燥的事，必須有毅力、有恆心，要不厭其煩。只有這樣，才能達到「溫故而知新」的目的。

● 標記精讀，讀到菁英處 ── 標記讀書法

> 讀書求精不求多，非不多也。唯精乃能運多，徒多徒爛耳。
>
> ── 鄭板橋（清代畫家）

常聽到有家長這樣教訓孩子：「瞧瞧某某某，多麼會讀書、多麼愛惜書本，一個學期下來教科書還是乾乾淨淨、整整齊齊的，哪像你，裡面亂七八糟畫滿『鬼畫符』？」當真是看完一本書以後，裡面無半點勾畫標記，整潔如新書方是好的嗎？其實不然。

讀書的實質是要掌握書中要義。在閱讀過程中勾畫重點、勾畫佳句、標記疑問，就是了解作者寫作目的並與作者產生思想共鳴的過程，是在分析思考中讀書的一種表現。這樣標記精讀反覆閱讀，書髒一點、破一點也是很自然的事情。孔子晚年喜讀《易經》，反覆研讀，以致把捆竹簡的牛皮繩子都磨斷了三次，留下了「韋編三絕」的佳話。這恰恰是把書「吃透」狀態下的破。相反的，讀過一本很好的書，而它依然乾淨如新，那麼雖是讀過卻如同未讀，因為書中的內容未必在你腦海中留下深刻的烙印。

確實，占有一本書有兩種方式，一種是花錢把它買來而擁占有權，另一種是把書中的東西變成自己頭腦中的一部分而擁有的絕對使用權。對

於我們學習書本上的知識而言，需要的便是把書本上的東西，化為自己的血肉。南宋理學家朱熹說過，「為學讀書，須是耐煩細心去體會，切不可粗心。……去盡皮，方見肉；去盡肉，方見骨；去盡骨，方見髓。」要想尋得書的精髓，就要善於「標記精讀」。

讀書動筆標記，是一代學人重要的常用讀書方法。可以說，在書上「勾勾畫畫」是當代學人在讀書中總結出的經驗，但每個人所使用的記號又不盡相同。

錢鍾書少時，有邊讀書邊加圈點的習慣。他早年在清華園求學時，曾遍讀清華圖書館的書籍。在一次次看書過程中，他喜歡用又黑又粗的鉛筆畫下佳句、妙句。後來據他的同學講，清華圖書館裡有標記痕跡的書俱出自此君之筆下。

有名的學人讀書如此，我們讀書更需要如此。

如果說，能夠將所學存在腦海裡且揮灑自如才真正是屬於自己的知識的話，那麼無疑這種知識很大程度上來自於「標記精讀」的讀書方法。讀一本重要的書要仔細的去讀、要邊思考邊讀。這樣精讀過程中不可避免的有些地方會有疑問想標記、一些妙句想勾畫、有些重點和難點想圈畫，實際上這樣做就是「標記精讀」。

每一次的標記讀書都會帶來收穫，對下一次的複讀帶來便利與良好的啟發。

一般常用標記有：

—— 重要的內容。

＝＝＝＝ 很重要的內容。

≡≡≡ 最重要的內容。

～～～～ 較重要的內容。

□□ 重要而關鍵的字或詞。

> 重要批注記號。

▲▲▲ 要注意的地方。

？？？？？？ 表示不同程度的疑問。

還有（）"——‖＊！！！！等符號。

以上這些記號及其相應的意義只提供一種參考，讀者也可以根據自己的需求和習慣規定一套自己的標注記號體系。列寧（Lenin）在讀《哲學筆記》中就使用一套自己的固定記號達 40 多種，這就為他以後的複讀提供了很多方便。

但是，並非所有的書都需要標記精讀，如果當真這樣就有些浪費生命之嫌，有些書只要明其大意就可以了。所以，此中就存在著一個選擇的問題 —— 要明確目的，認真挑好要精讀的書，有些不容易確定的書可以先略讀再做決定。

熟讀是精思的基礎，精思又是熟讀的條件。只有熟讀，才能記得牢，「一喚便在眼前」，只有記得牢，才能思得精，領會所學的東西。善於「標記精讀」就可達到上述的領會，就會尋得書中的精髓。

對知識揮灑自如的運用很大程度上是透過「標記精讀」來實現的。相信，經常使用人們學習生活中最重要的讀書方法之一 —— 標記讀書法，會使你的學習更上一層樓。

● 廣博精深，學有專攻 ── 三角式累積讀書法

> 有些書可供一嘗，有些書可以吞下，有不多的幾部書則應當咀嚼消化；這就是說，有些書只要讀讀它們的一部分就夠了，有些書可以全讀，但不必過於細心的讀，還有不多的幾本書則應當全讀，勤讀，而且用心的讀。
>
> ── 培根（Bacon，英國哲學家）

　　三個幾何基本圖形，想來人們並不陌生，它們分別是圓、正方形、三角形。這裡暫且拋開其純數學上的涵義，就人們讀書累積知識的形態而言，可以形象的勾勒出三種人群 ── 圓形知識結構的人、方形知識結構的人、三角形知識結構的人。

　　圓形知識結構的人，知識容量大，但是各科用力平均，沒有專業方向。此種類型的人尤如一則諺語所言，是「樣樣都抓，門門不精」的尷尬類型。

　　方形知識結構的人，對好幾種技能的了解都超過了普通的水準，但是卻不足以形成有別於他人的專業特徵。羅曼‧羅蘭（Romain Rolland）曾講過，「與其花許多時間和精力去鑿許多淺井，不如花同樣的時間和精力去鑿一口深井。」如果說以鑿井來譬喻知識的精深的話，那麼方形知識結構的人就是犯了「花許多時間和精力去鑿許多淺井」的錯誤。

　　三角形知識結構的人，其知識累積形態成上尖下寬形，是閱讀廣泛、知識面廣而且對一門學科的掌握得非常精深，足以超出他人的讀書類型。有一則諺語講得好，「聰明人接觸所有的知識，但他是精通一門來認識世界。」三角形知識結構的讀書人就是「接觸所有的知識」以「精通一門來認識世界」的典型。

精讀篇

　　一位記者上學的時候，學校國文課主要講的還是古文。他求知欲很強，不滿足於課堂上老師所教的幾篇範文，於是把清人編的厚厚七十五卷的《古文詞類纂》及《經史百家雜抄》和唐宋八大家個人的文集統統搜羅來，從頭至尾的看。這中間，他發現自己比較喜歡的文章，就再看第二遍；非常喜愛讀的，讀上第三遍；最最喜歡的文章，就專門挑出來，有的還抄在本子上，一有空就反反覆覆的讀。

　　按照他這種方法讀書，所要讀的書被分置在三個不同的層次上：第一個層次是瀏覽，在瀏覽中發現必須再看一遍的書或一部書的若干章節。第二個層次是略讀，在略讀中找出自己必須反覆精讀的書或一部書的若干章節。第三個層次是精讀，即反覆研讀由前兩個層次擇取出來的自己「最喜歡」的書或章節。

　　這樣，讀書的時候，便不再不分良莠，平均用力；而是在廣泛博覽群書的基礎上，精讀最重要、最有分量的精華部分。所讀的書，經過層層篩選，層層精練，形成了一種「三角式」的累積。最底下的一層最大，是一次性瀏覽的；第二層小些，讀的比第一層精些；第三層第四層更小，而讀得也更精。越往上，書的數量越少，重讀的遍數則相應越多。

　　可見，使用「三角式累積讀書法」，既可擁有開闊的讀書視野，又可以有精髓的專門攻讀。如果仔細琢磨一下我們的讀書教育方式，可以發現，它其實也是一種「三角累積式」讀書教育。小學到國中進行的是一種廣泛全面的普及教育，即是以博為主的讀書教育；高中開始分文科與理科，學習的範圍有所縮小，形成了最初步的分類；進入大學以後，細分為各種不同的學院科系，學習的範圍進一步縮小，就此加深了專業的強度；如讀到碩士、博士、博士後研究生，則研究學習的範圍縮為一個點或一個方向，其專業的水準則可達到極高點。這樣就形成了一種上尖下寬的「三

角式累積」的學習系統。

（4）研究生的學習

（3）大學生的學習

（2）高中的學習

（1）中小學的學習

正是這種外在的教育學習系統，讓人們在讀書中也不知不覺的遵循著「三角式累積」的規律。眾所周知，在所有圖形當中，三角形是最牢固的形狀，是「穩定圖形」。正三角形，它的底越寬，其高度就越高。可見，在「三角式累積讀書法」中，基礎越為廣博，越可成為提高專業素養的有利後盾，就是說知識的廣度與深度亦可相應提升。

從上述分析中，可知「三角式累積讀書法」是極穩定、極適於發展的讀書形態。它既廣博，又連接精深，既有開闊的閱讀視野，又連接精髓的專門攻讀。不可否認，「三角式累積讀書法」實是一種值得借鑑的好讀書方法。

● 不動筆墨不讀書 ── 「檔案」讀書法

> 凡看過的書，都要寫讀書筆記。
>
> ── 列寧（蘇聯政治家）

俗話說「口讀十遍，不如手過一遍」。記錄讀書「檔案」，對於加深理解和鞏固學過的知識，無疑是十分必要的。著名歷史學家顧頡剛先生從二十年代初，就每天勤於閱讀、勤於摘錄、勤於寫心得，數十年如一日，一生寫下的筆記共有五百多萬字，達兩百多冊。這些筆記生動的反映了他一生讀書的收穫。他深有感觸的說：「我的論文書籍就是靠平時累積的資

料寫出來的，平時不累積資料，不對這些資料反覆研究，是寫不出有創見的文章來的。」

讀書「檔案」，是讀書者在讀書過程中累積資料的結果，它實際上是一個內容廣泛，形式多樣的整體。古今學者按照各自的特點、愛好和需求，創造出各具特色的做讀書「檔案」的方法。歸納起來有以下幾種：

★ **批語「檔案」法**：批語「檔案」法，就是在原文的頂端的空白處，加上眉批或在原文後面加尾批，在行與行之間加旁批。總之，讀書一有心得，就可以隨時隨地的把自己的感受、體會等批注在書本的天頭、地腳、段尾、篇末和空白處。這種方法被人們普遍採用，它的好處是簡便、靈活，有助於培養言簡意賅的好文風。

★ **符號「檔案」法**：符號「檔案」法，就是閱讀時在書本上即興做下的各種記號，如直線、雙線、曲線、圓圈、方框等等。在閱讀過程中，我們發現新穎的觀點、精闢的論述等，都可以用各種表示不同含義的符號標注出來，便於找出重點，加深印象。對於那些比較長的段落，還可以用阿拉伯數字標出層次，使其條理清晰，便於記憶。如列寧做符號筆記時就有自己獨特的方法：在邊上劃一條直線，表示此處值得注意；劃兩條或三條直線，表示特別注意；寫上「NB」兩個字母則表示非常重要等。

★ **摘錄「檔案」法**：摘錄「檔案」法，就是把原文中的重點、難點、結論、名言、警句或重要的史料等抄錄下來，以便日後檢索。摘錄時必須依照原文，不能斷章取義，不能改動原文的字句和標點符號。此外，還要註明出處，包括書名、作者、頁數等，以便需要時查找核對。一位著名史學家說過：「摘抄絕不是一項簡單的機械的抄寫工作，而是極其重要的學習方法。每抄寫一遍，就更加鞏固你的記憶，

加深你的理解，激發你的創造。」

★ **提綱「檔案」法**：提綱「檔案」法，即讀過一本書後，把原文的基本內容、中心思想，用自己的語言加以概括總結；也可以摘引原文，並加上自己的說明，以達到提綱挈領的作用。韓愈在〈進學解〉中說：「記事者必提其要。」指的就是提綱筆記。這種讀書筆記首先需要通讀原文，理解透澈，抓住重點，然後把基本內容概括出來。文字力求簡明扼要，但不要把自己的感想、看法寫進去。

★ **心得「檔案」法**：心得「檔案」法，就是讀過一本書或一篇文章後，把自己的感受、體會及觀點寫下來。其寫作形式不拘一格，可以針對書中的一個問題或觀點來寫，也可以針對整本書寫，寫時要注意連結實際，既可以針對當前的社會現狀，也可以對照自己的實際情況。應做到緊扣原文，突出重點，有感而發。馬克思和恩格斯（Engels）合著的《德意志意識形態》一書，就是典型的心得筆記式的專論。

★ **專題「檔案」法**：專題「檔案」法，就是把書籍或若干資料中的相同內容分門別類的加以整理，綜合到同一個題目或專題下。我們在閱讀時，有時會發現不同版本的書籍、不同地方的報刊文章講的都是同一內容。這樣我們就可以有目的的做分類筆記，把這些資料歸納到一起。做這種筆記，要求簡練、準確、全面。

做讀書檔案的方式、方法多種多樣，有的人用筆記本，有的人用活頁紙，也有的人用剪貼的方式，還有的人用統一的卡片。但不論用哪種方法都應做到認真、精練，並要做到持之以恆。

如果你在讀書的同時建立了讀書檔案，就相當於替自己營造了一個容量相當可觀的「外腦」和知識倉庫。

● 好記性不如爛筆頭 —— 筆記讀書法

> 凡書目過口過，總不如手過，蓋動手則心必隨之。
>
> —— 李晉卿（清代學者）

「為什麼讀書抓不住重點？」、「為什麼讀書後重點很快就忘了？」、「為什麼讀了好多書，知道了許多資料，但臨到用時又找不到了？」許多讀者經常提出這樣的問題。怎樣才能解決這些問題呢？

首先，讓我們看看先人們是怎樣讀書的。古人有一個著名的治學經驗，即讀書要眼到、口到、心到、手到。其中的「手到」就是做筆記。善讀書者，總是書不離筆。

東漢哲學家王充酷愛讀書，但那時，還沒有便於隨身攜帶的鋼筆或鉛筆，他為了做筆記，便在房屋的窗臺上、書架上、壁洞裡，到處都安放了筆硯簡牘，遇到有價值的東西或自己一些體會就隨時隨地寫下來。經過幾十年的累積，他借助筆記整理了大量資料，寫成了一部八十五篇約二十餘萬言的《論衡》。

法國一位傑出的科幻小說家一生做筆記二萬五千多本。列夫·托爾斯泰（Leo Tolstoy）身邊常帶著筆記本，他自稱「遇到讀書和談話時一切美妙的地方和話語，都把它記下來」。

一位教育家讀書生活長達八十多年，累積了豐富的讀書經驗。其中一個經驗就是「不動筆墨不讀書」。他是「每讀必記」，把書本的重點、難點、疑點、新鮮之點，都用筆寫下來。他還常常告誡年輕人，讀書寧慢勿快。動筆做筆記，做眉批，比只讀不記，當然慢了些，但唯其慢，才吃透了書中精神，觸到了真諦。他說：「我讀書的辦法總是以『定量』、『有恆』為主。不切實際的貪多，既不能理解又不能記憶。要理解必須記憶基

本的東西，必須『經常』、『量力』才行。」慢讀，深鑽，做筆記，這是教育家的妙訣。

清代學者、文學家陳澧讀書時也對筆記讀書法情有獨鍾。在清代，好學之士寫札記之風十分普遍。當時，陳澧也備了幾百本寫札記的小簿子，讀書讀到精采的地方，或者有疑難的地方，便隨手將自己的感受、疑點寫下來。這種筆記方法不僅能協助記憶，而且還能把讀書心得寫成短文，增長自己的學識。

他們之所以這樣重視記筆記，是因為記筆記是讀書的重要方法，是治學的主要工具。那麼記筆記對讀書有什麼幫助呢？

筆記是思考的激發器。人們讀書容易性急，筆記能迫使你靜下心來，讀精一些；讀書時思想閃出的火花，筆記能及時收集起來；讀書後大腦一時理不出頭緒，筆記能協助你清理出要點和線索。

筆記是記憶的儲存器。俗話說：「好記性不如爛筆頭。」眼過千遍不如手過一遍。馬克思的記憶力是很強的，但他在寫作《資本論》時，先後閱讀的一千四百多種書籍，全部做了筆記，整整記滿了一百多個筆記本。

筆記是資料的倉庫。把筆記和卡片分門別類，組成系統，使用時十分方便，一查就可以找到，比到書架「大海撈針」省時省力。魯迅寫作《中國小說史略》，分類摘抄的紙片就有五千張。

筆記是創造的發源地。筆記不僅協助你提高寫作水準，培養概括和敘述原文精神的能力。而且，把隨時產生的創造性思想在筆記本裡寫成短文，經過加工整理就可以成為論文或著作。恩格斯研究自然辯證法時，寫了十篇初步完成的論文，以及一百七十多篇札記和片段。恩格斯逝世後，這些筆記被發表，成為自然辯證法的奠基性經典著作。

既然記筆記對讀書有這麼多幫助，那麼讀書筆記有幾種呢？

★ **眉批筆記**：在閱讀時隨手進行，即是在書中重要句段下面，標上圓點、直線、曲線、波浪線、雙線等記號。或者把讀書時產生的心得、評語、疑問，隨時寫在書頁的空白處。這種筆記，簡單、方便，邊看邊寫。在下一次讀書時，眉批能起引導作用，指明書的要點，告訴你上次閱讀時有哪些體會。

★ **摘錄筆記**：發現書中好的觀點和內容，在筆記本裡記下來，主要用於累積資料。其方法有二，一是摘錄原文，通常適用於以後要研究或引用的名言、警句、資料典故、資料。二是做內容提要，將原文用自己的話縮記下來，適用於較長的段落和不須直接引用的資料。這兩種筆記，都要在總結章節附注上書名、版本和頁碼。

★ **提綱筆記**：適用於較為艱深的書和文章，將其內容、要點，用排列的形式記下來，便於掌握全書內容和邏輯結構，其效果比重讀一遍還要好。寫完後要與全書核對一下，看有無片面或遺漏之處。

★ **心得筆記**：也就是讀後感，是比較正規的筆記形式，把讀書的心得體會寫成短小的文章、札記、隨筆，作為自己的研究成果保存下來。

在讀書中，究竟採取那種記筆記方法最好，這要根據自己的具體情況來加以確定，靈活掌握。同時，前人和別人的方式方法還可以進行參考和借鑑，這對於我們讀書是大有益處的。

「最淺的墨水也能勝過最好的記憶」，這句話道出了筆記讀書法精妙之處。

● 連貫與取捨的統一 ── 程序讀書法

> 年輕朋友們必須記住，要想連跑帶跳的把過去的一切文化遺產都
> 得到，那是辦不到的，這需要有堅定、頑強和艱鉅的努力。
>
> ── 奧斯特洛夫斯基（Ostrovsky，蘇聯作家）

說到讀書，似乎是很容易的事，只要拿書來讀就是了，但事實上並不是這樣簡單。

有些人由於讀書心切，拿到一本書就從正文第一頁一口氣讀到最後，不考慮這本書的編寫格式、文章組織形式、主要內容以及讀這本書的主要目的。有的人是漫無目的隨便翻翻；有的人是尋找書中精采部分讀，東看一段，西看一段，有興趣時翻一翻，無興趣時扔一邊。還有不少的人讀書從不看內容提要，不讀序言，不讀結語，有的連目錄也不看。甚至有的人看完一本書，若問他這本書的作者姓名，往往茫然不知所云……

在書海中如何挑選適合自己的書要有竅門，拿到一本書如何去閱讀也要有方法，要遵循一定的程序和步驟，要系統、完整、循序漸進，這就是程序讀書法。

當我們打開一本書時，首先應該明確這本書為了解決哪些問題，哪些是重點研讀部分，這就要求我們在讀正文之前，對書名、作者、內容提要、序言、目錄、結語有較清晰的了解。依照這樣一個程序去讀書，才能分清書中的輕重緩急，才能正確的對書中內容加以必要的取捨，從而提高你的讀書效率。

一書在手，最先映入眼簾的是書名，所以讀書首先應該讀書名。一般說，書名有虛實兩種。虛的，往往用比喻或象徵的手法定書名，如《茶花女》、《高山下的花環》等；實的，則直接用事件、人物、地點、時間來

命名，如《西遊記》、《靜靜的頓河》等。此外，有的書名直接表現了主題，如《岳飛傳》、《奮鬥的青春》等；有的書名則不能看出主題思想，如《林家鋪子》、《安娜・卡列尼娜》等，但不管如何，作者在替一本書命名時都是經過反覆推敲才能完成的。

書名有時就像一本書的廣告，它不僅能吸引對該書有興趣的讀者，也能使你在讀完這本書後了解作者這樣定書名的高明之處，同時也是你為自己今後寫作命題累積經驗的過程。

哲學家狄慈根在《辯證法的邏輯》一書中介紹他的讀書方法時說：「我閱讀關於我所不懂的題目之書籍時，所用的方法，是先求得該題目的膚淺見解。」、「我們對該題目越熟悉，理解的能力就越增加，讀到該書的終末，就懂得它的起首。這是我所能介紹給你之唯一正確的方法。」可見讀書名，加深對書名的理解，對正確掌握全書知識是很有幫助的。

明確了書名，還要了解寫這本書的人 —— 作者。讀書研究作者有助於了解關於學術動態、學術流派，有助於自己建立完整、系統的知識體系。

掌握了書名，了解了作者，接下去是閱讀內容提要。內容提要，顧名思義，它往往是用極短的篇幅精練扼要的概括了全書的內容，提煉了全書的主題思想。它可以幫助你判斷對該書的取捨和閱讀方式。

假如讀完內容提要還不能完全準確的判斷此書的閱讀價值，這時就應該往下接著讀目錄。

目錄是每本書所必列的重要一項，它比起內容提要更詳細、具體，包含著更多的資訊。讀目錄是讀書學習的必要環節。它就像一家百貨公司的指引牌，然而有部分讀者在讀書時往往不注意看目錄，就如進百貨公司不看指引牌一樣，樓上樓下來回竄，東南西北反覆走，也沒找到自己最想買

的商品。由此可見讀書要讀目錄的必要性。

　　清代學者王鳴盛說：「目錄之學，學中第一要緊事，必以此問途，方能得其門而入。」把讀目錄當作入門之徑，這個比喻是十分恰當的。目錄會協助你有效的閱讀全書。

　　一般說目錄都是有論題和半論題性質，讀目錄既可以高屋建瓴的了解全書論題，還可以了解各部分論題。這樣，未入正文，就已心中有數，知道該書哪些是自己迫切需要的，要認真仔細的加以刻苦攻讀的，哪些只要做基本的了解，粗略的瀏覽即可。

　　讀目錄可以一目了然的掌握全書的布局結構，讓人清楚的知道章節與全書、章節與章節間的關係，並且進一步洞察作者寫該書的思想與行文脈絡。

　　讀目錄，不只是看書前的程序，在閱讀全書過程中，也應不斷的閱讀目錄，以喚起並掌握住對全書結構布局的清醒注意，使自己閱讀書中每一部分時都能與整體相連。這樣獲得的知識，就是完整有序的。

　　目錄之後是讀序。序，在不同的書中有不同的稱呼，有稱前言、緒言、引言或稱序例、序文、編者的話、出版說明等等。總之，不論稱呼如何，其作用是相同的。

　　一位語言學家認為，首先應該讀書的序例、序文和凡例。只看正文不讀序例是個壞習慣。序例裡面有很多好東西。序例以介紹讀書的讀者對象、主要內容及寫書的緣起、意圖、經過、體例等內容的文字，有的序文還要介紹作者情況，相關背景資料以及對該書的評論分析等。

　　讀序言可以明瞭對象，利於選書。大家知道，編寫任何一本書，都要確定讀者對象。比如《現代漢語》首先講明：「這是大學的教材」。你如果是自學者，又需要學習現代漢語，那就可以閱讀這本書。這樣事先讀一下序文，弄清楚該書的讀者對象，就不至於耗費精力去讀不適合自己的書。

讀序言可以了解背景，便於入門。書是時代產物，因而弄清楚產生該書的時代和相關的背景資料，往往是讀這本書的入門鑰匙。比如朱自清的名篇〈荷塘月色〉，在開頭就說：「這幾天心裡頗不寧靜。」那麼原因何在？原來這篇散文寫於腥風血雨的1927年，成千上萬的革命者慘遭殺害，恐懼籠罩全中國。作者對這種黑暗的現狀極為不滿，但又想逃避這種現實以潔身自好。這樣，就在他的思想上造成了尖銳的對立。而這便是他的「頗不寧靜」的真正原因。如果不連結時代和作者所處具體環境，又怎樣真正弄懂這句話的含義呢？作品的序就往往交給你這把入門的「鑰匙」。

按一般程序，讀完序言，就可以讀正文了，關於讀正文的方法，本書其他各章將進行專門分類介紹，此處就略而不述了。

一般書籍還有結語，讀完正文之後不可不讀結語。結語是對該書所要闡述思想的總結，帶有作者提綱挈領式的回顧，尤其是對寫作過程的回顧，讀結語有助於對全書進行總結性的考察。

以上所說的是讀一本書的程序，請不要小看：「程序讀書法」，如果讀書學習時都能掌握住這一關，效果自然大不一樣，你若正有一本書在手時，不妨試試：「程序讀書法」。

● 邊抄邊讀，加強記憶 ── 抄讀讀書法

> 勤，除了要多看，還要多抄，把你認為重要的地方抄下來，這樣就能鞏固記憶。
>
> ── 編者摘選

明代有位叫張溥的文學家，因為記憶力較差。就替自己規定了一個特殊的讀書方法：把要讀的文章先整整齊齊的抄一遍，抄完後讀一遍，然後

就燒掉。再重新抄一遍，然後再讀，再燒，這樣反覆六、七遍，記得牢固了才肯罷休。為了勉勵自己，他把自己的讀書室命名為「七錄書齋」。

舉此例，並非要我們一定效仿他的每次讀書必須抄六、七遍的作法，在這裡是要介紹一種抄讀結合的讀書方法，我們不妨把這種讀書的方法叫「抄讀讀書法」。

中國自古就有「筆抄一遍，勝讀十遍」的讀書格言。抄讀法可以說是中國傳統的一種讀書方法。它以抄錄讀物原文為特徵。抄讀可以使人的精力集中，幫助理解、增強記憶。

元末明初的宋濂，在寫給同鄉晚輩馬生的臨別贈言〈送東陽馬生序〉中，回顧自己早年求學時的艱苦經歷寫到：「余幼時即嗜學，家貧，無從致書以觀，每假借於藏書之家，手自筆錄，計日以還。天大寒，硯冰堅，手指不可屈伸，弗之怠。錄畢，走送之，不敢稍逾約。」這段話的意思是說：我從小就愛好讀書，家裡貧困，無力買到書來讀，每次都向有書的人家借，借來後用手抄錄。抄完，跑著去還給人家，不敢超過約定的期限。由於他勤學刻苦、博覽群書，因而寫出了許多關於歷史方面的著作。

明末清初的著名學者顧炎武，讀書時也有愛抄書的習慣。他用抄書的方法來幫助理解和記憶。據說他十一歲開始讀《資治通鑑》，邊讀邊抄。別人讀書是越讀越薄，而他卻越讀越厚。讀完一部《資治通鑑》，又得到一部手抄本的《資治通鑑》。就這樣他勤奮攻讀了三十多年，累積了豐富的知識。

時代在發展，科技在進步，我們要趕上時代的步伐，就要多讀書。讀書的前提首先是要有書，書的來源，除了向圖書館和別人借之外，自己也得買一些書，但在書價上漲的今天，要想在書的海洋裡選擇、購買自己所需要的圖書要浪費不少財力。

從圖書館或別人手中借書來讀又有期限限制，不妨你也試一試這種抄讀法，把對你有價值的資料先快速抄下來，然後再仔細閱讀。

　　一位著名學者主張「不動筆墨不讀書」。認為在讀書時抄一點書是必要的，可以做到眼到、心到、手到，能對書上的東西理解得更加深刻。他宣導過讀書「三不如」的方法：即買書不如借書，借書有時間限制，能使自己抓緊時間讀書。讀書不如抄書，抄書可以促使自己咬文嚼字。全抄不如摘抄，摘抄就要動腦筋，摘什麼、怎麼摘，其中大有學問。後來在買書難的情況下，學者仍然採取這種抄讀法。

　　古今治學者如此重視抄讀法是很有道理的。

　　抄讀，可以促使人集中精力來讀書。因為在抄書時，既要眼到，又要心到、手到。眼、心、手三者有一不到者，就會抄錯。這就促使人們格外用心、專注，注意力高度集中。同時也可以糾正那種囫圇吞棗、走馬看花的讀書弊病，養成仔細閱讀的好習慣。

　　按照現代科學的觀點，抄讀可以大大增強對腦神經的刺激，提高大腦的記憶力。又有助於累積知識，儲存資料，為以後進一步研究做準備。

　　有許多人都有抄書的習慣，而且在抄書的過程中獲益不少。關於抄書的好處，一位作家曾經說過：「我的經驗是抄錄原書。為什麼這樣做呢？因為我們對原書的理解，隨著年齡的增長和讀書的增多會有變化。原本你摘錄的大意未必正確，只有你把原書原句照抄下來，過若干年以後你的認知發展了，再去看，會發現新的意義，獲得更為正確的理解。」

　　抄讀法的好處很多，應遵循以下五種做法也是必要的：

★ 全錄。對於珍貴難覓的資料，全文照抄，以備日後進一步研究使用。

★ 摘抄。按照需求有所選擇的抄錄。如摘抄文章的格言、警句、詩句或重點、要點，以加深對內容的理解。摘抄生動的景物描寫、人物描寫

或句子以豐富自己的詞彙。摘抄新鮮奇特的事例和精采的片段，以開拓自己的思路等。

★ 專題摘抄。列出所要研究的專題，在各種文章資料的閱讀中廣抄博錄、兼收並蓄、便於比較、綜合概括。抄讀應一絲不苟、持之以恆，只有這樣才能收到明顯成效。

★ 在喧鬧的環境下採用抄讀法，便於集中精力增強記憶力。

★ 摘抄的內容要準確。文字要忠實於原文，一個字、一個標點也不能改動，對作者的觀點不能隨意發揮。抄書的時候，要遵照原文的結構和邏輯關係，句與句之間的關係不能任意顛倒。原文中不需要抄讀的可以用省略號表示，一定要做到準確無誤。

邊抄邊讀確實苦，永久記住還得抄，便於累積和比較，啟迪智慧助思考。

● 隨時記下閃過腦子的獨到之見 —— 儲蓄讀書法

> 自學的本領是用之不竭的能，儲能就要儲這樣的能。
>
> —— 葉聖陶（中國當代教育家）

知識的大門，對於每個人都是無私的敞開著的。每個人都渴望自己具有非凡的記憶力，用頭腦儲存更多的知識，這就是內儲。有許多人，讀的書確實很多，當時憑腦子也記得一些東西，但忘的也不少，等到要用的時候，又捕捉不到了，就像竹籃打水，結果是一場空，還有一種方法是外儲，就是利用筆、本子、卡片、錄音等來儲存必要的知識。

內儲和外儲兩者要兼顧。忽視知識內儲的人，不是記憶負擔過重，就是知識儲蓄得太少，供不應求；忽視知識外儲的人，會導致頭腦反映遲鈍。

精讀篇

　　一位著名的歷史學家，在讀書時愛做筆記。每當發現有價值的資料，就隨手抄在本子上。後來，記得多了，便漸漸發現這種方法很雜亂，抄在本子上的各種資料，眉目不清，等到想用某個資料時，在厚厚的本子裡翻上半天也找不到。後來，他吸取了經驗教訓，改用卡片記資料。他總是隨身攜帶著一疊卡片，在閱讀書籍、報刊時，凡是遇到對他有價值的資料，就抄在卡片上，每張卡片只記錄一件事或一段話，並且記下出處。在他的書房裡，不僅有卡片櫃，還擺著許多卡片盒。多年來，他親手做讀書卡片幾萬張，並按內容分類，把大量的資料儲存起來，像使用銀行中儲蓄的鈔票一樣，隨時用隨時取。這樣做，既方便，效果又好。記卡片，確實是讀書、自學中儲存知識的好方法。

　　讀書卡片便於保存、便於攜帶、易於整理、方便查找，比其他的讀書筆記更具有優越性。而且十分簡單易行，只要手勤、心細，形成一種習慣就好了。

　　那麼，這種習慣是怎樣形成的呢？就是在讀書、看雜誌、看報紙時就應該把卡片、筆擺在旁邊，遇到應該記的，包括自己在讀書時閃現的想法、感受或有一些疑點、新的觀點、動人故事等立刻寫在卡片上，絕不可偷懶或過分相信自己的記憶能力。如果環境不允許當時寫，就把卡片夾在應該記的書頁裡，以後有時間補記下來，這就是所說的手勤。心細就是不要忘記記下卡片內容的出處。當然也可以把自己的所見所聞等隨時記在卡片上。

　　記卡片法不僅能夠協助你加強記憶，而且還能夠儲蓄資料，有助於增長自己的學識。為了有效的利用它，就要科學化的管理。怎樣才能更好的存放讀書卡片呢？方法是很多的，各人的辦法也不盡相同。但最好的辦法是把卡片隨時進行分類，就是把讀書的卡片分成若干個大類，裝入紙袋裡，標上類別，按照一定順序整齊的存放起來。

如果條件允許，把卡片放入卡片盒中，然後再做一張分類卡（也叫指引卡）。分類卡有高出普通卡片的突出部分，在這個突出的部分寫上類目或標記符號，然後插在該類的最前面。

有些讀書卡片所涉及的內容，分屬相關兩個以上的類目，為了能從不同的角度都能查到同一個資料，就應該適當做一些互見卡片。提高讀書卡片的利用率。

為了把讀書卡片記得更好，發揮其更大的效率，還須注意以下幾點：

★ 卡片的大小要差不多，用稍好一點的硬紙即可，可以自己裁製，不一定非用買的卡片不可。

★ 記卡片的格式要一致。如題目、內容、出處，要按照一定的格式寫，不能隨意的想怎麼寫就怎麼寫，否則就會雜亂無章，眉目不清，到用時查起來麻煩。

★ 資料最好都記錄在卡片上。如果是自己訂的報刊資料，可以剪下來貼在卡片上；如果剪報比卡片大，可以折疊一下，用迴紋針夾在卡片上。

★ 字跡要清楚，不可馬虎。近代思想家章太炎說過：「一字不清，誤事千載。」所以讀書卡片一定要認真抄寫。寫完以後，還要認真校對一下，避免差錯。

★ 用完卡片以後要及時放回原處，以便今後再次查找。

卡片資料就是自己的另一個頭腦。卡片盒就是儲蓄知識資訊的寶庫。

● 半部《論語》治天下 —— 基本書讀書法

> 如果把一、兩部書讀深、讀透、讀精，須臾不離左右，且能運用
> 自如，將會一生一世受用不盡。
>
> —— 編者

提起「半部《論語》治天下」，人們自然會想起宋代三次為相的趙普。他少時為吏，讀書不多，當了宰相後，宋太祖勸他讀書，趙普便用起功來。他每天回到家裡，就關上門，打開書箱，捧起唯一的一部《論語》鑽研。天長日久，果見成效，使他處理政事的能力不斷提升。趙普甚至對宋太宗這樣說：「臣有《論語》一部，以半部佐太祖定天下，以半部佐陛下致太平。」趙普死後，家裡人打開他的書箱一看，僅一部《論語》而已。可見，趙普是把《論語》作為「基本書」讀的。

那麼，怎樣理解「基本書」呢？我們知道在自然界，草木有根，才能發芽、開花、結果。你想得到學問和知識，也必須在「根」上下工夫，而所謂「基本書」，就發揮著做學問的根基的作用。

古今中外，大凡有成就的人，都很重視「基本書」，這類書一經確定下來，往往成為他們終身研讀的對象，須臾不離左右，終使事業和學問有成。

例如漢代的荀悅，他口才極好。這本領是從哪裡學來的呢？是從《戰國策》中學來的。他認為「天下要物，只有一部《戰國策》」，因此父母死後守孝，也把它帶在身邊，隨時研讀。可見，荀悅是把《戰國策》作為基本書來讀的。

元代學者袁桷在《清容居士集》自序中說：「莽而廣種，不如狹墾之為實也。工人泛而雜學，不如一技之為精也。」據史料記載，袁桷少年時

代也曾有過濫於讀書，用力不專，收效甚微的毛病。他總結了自己治學的經歷，提出了讀書宜「狹墾」的主張。就是說，讀書盲目的貪多求廣，無目的的泛而雜學，不如在具備必要的「廣種」知識的基礎上，早一點選擇適合自己「狹墾」的圖書，深「耕」細「作」，才能獲得豐收的「果實」，避免「廣種薄收」之弊。

英國學者塞謬爾・斯邁爾斯（Samuel Smiles）曾說：「一本好書就像是一個最好的朋友。它始終不渝，過去如此，現在如此，將來也永遠不變。它是最有耐心、最令人愉快的伴侶。在我們窮愁潦倒、臨危遭難的時候，它也不會拋棄我們，對我們總是一往情深。在我們年輕時，好書陶冶我們的性情，增長我們的知識；到我們年老時，它又給予我們安慰和勉勵。」

那麼，像上述幾人的讀書方法，知識面會不會太窄呢？這問題，清人李光地回答得好：「太公只一卷《丹書》，箕子只一卷《洪範》，朱子讀一部《大學》，難道別的道理文字他們都不曉？」事實證明，這些人的知識都非常豐富，並做出一番偉業。這是為什麼呢？

李光地用「領兵」和「交友」作比喻說：「領兵必有幾百親兵死士，交友必有一二意氣膽肝，此外便皆可得用。何也？我所親者，又有所親，因類相感，無不通徹。」這就是說，任何一門學問，都是互相關聯，互相滲透的，只要其中一種學問被你掌握了，那麼再去旁及其他學問，便可收舉一反三、觸類旁通之效，從而知識面不但不會窄，反而會更寬些。

值得注意的是，有了「基本書」，別的書就可以不必讀了嗎？否！書是讀得越多越好的。這裡只是說，如果為了求得廣博的知識，一開始就「亂點鴛鴦譜」、「多多益善」，無重點的什麼書都翻翻看看，那必然是蜻蜓點水，浮光掠影，收效甚微。

年輕朋友會問，世界上的書籍浩如煙海，如何確定自己的「基本書」

啊？我們說，「基本書」的確定，是要慎重的，並不是任何一本書都可以進入「基本書」行列的。怎樣確定自己的「基本書」呢？在這裡要堅持以下幾項原則：

★ 要根據自己的需求，尤其是你所打算專攻的那門學問來確定。

★ 選擇那些公認的好書。

★ 「基本書」的數量，不宜過多，最好一至兩種。

★ 「基本書」既已確定，不要輕易更換，朝令夕改是大忌。

「基本書」讀書法，猶如鼓滿風帆的大船，載你乘風破浪，勇往直前，奔向理想的彼岸！

● 像蜜蜂那樣辛勤的吮取累積 —— 摘錄讀書法

> 賢明的古人在他們所著的書中遺留下來的寶貴遺產，如果我們從古人的書中發現什麼好的東西，我們就把它摘錄下來。我們把能夠這樣彼此幫助看成是極大的收穫。
>
> —— 蘇格拉底（Socrates，古希臘哲學家）

縱顧古今，大凡珍惜光陰、尋求知識而又有點建樹的學者，恐怕十之八九都注重讀書摘錄之功。

清代史學家章學誠，在《文史通義》中說：「札記之功，必不可少；如不札記，則無窮妙緒，皆如雨珠落大海矣！」（札記，就是摘錄筆記的意思）這個形象的比喻告訴我們，如果讀書不做摘錄，那麼，書籍的天雲中蘊集的雨露，就可能不被人們全然吸收滋潤智慧的心田，而像落入人們思維之外的茫茫大海，瞬間便無影無蹤了。

　　一位歷史學家在一次會議上曾說：「有些年輕人寫信問我，怎樣掌握學問？我的回答是，要想掌握學問，就要多讀、多抄、多寫，此外，沒有什麼祕訣。……讀書是學習，摘抄是整理，寫作是創造，只有把這『三步』緊密結合起來，才能不斷進步，不斷熟練，不斷攀登事業的高峰。」可見，他把摘抄筆記，視為獲取知識、攀登事業高峰的必不可少的階梯。每個成功者的背後，都留下了他們治學的艱辛和摘錄的足跡。

　　清代葉奕苞，據說天資遲鈍，記憶力相當差，但他卻背熟了許多名篇警句，並成為文學家。奧祕在哪裡？他自我介紹說，這完全靠的是苦工夫。

　　葉奕苞每讀一本書，遇到自己特別喜愛的地方，就用紙片摘錄下來，反覆吟讀十餘遍，然後把它貼在牆壁上。這樣每天都要摘上十幾段，少的也有六、七段。每當讀書作文告一段落，在房中散步的時候，就藉此機會再讀讀牆上的那些文章、段落或警句。他替自己立下一個規矩：每天必須有計畫的把牆上的內容從舊的到新的讀上三、五遍，直至滾瓜爛熟，一字不漏為止。牆壁貼滿了，就把前兩天所貼的收下來，藏在書籠中，然後再換上新摘錄的。天天如此，從未間斷。

　　葉奕苞曾對好友說，一年下來，我起碼可以累積三千多段精采的文字。幾年之後，肚子裡裝的東西就相當多了。寫起文章來，何愁沒有素材呢？常常看到有些人書讀得不少，可就是不肯細細咀嚼，蜻蜓點水，浮光掠影，用不著幾天，又全忘了，肚子裡還空空的，倒不如採用我這種笨辦法，積少成多，聚沙成塔，實際收穫卻不小。

　　清末民初的著名學者梁啟超，熱情的向人們推薦過一種讀書方法。這方法「是極陳舊的，極笨、極麻煩的，然而是極必要的。什麼方法？是錄抄或筆記」。

梁啟超說，我們讀一部名著，看見它引證那麼繁博，分析那麼細密，不免要驚嘆一番，說：這個人不知有多大的記憶力，記得這樣多的東西，真是天才！其實呢，哪裡有這回事。好記性的人不見得便有智慧，有智慧的人，比較多的倒是記性不甚好。一個大學者平日讀書時，身邊總放著許多小本子或紙片，讀書看見有用的資料，立刻把它抄下。短的抄全文，長的做摘要，資料累積得豐富了，再加以整理研究，便可以寫成一部著作。搜集資料如披沙揀金，笨是笨極了，苦是苦極了，但是真正做學問的人，總離不開這條路。

那麼，怎樣才能做好讀書摘錄呢？我們說通常需要注意以下五個方面：

★ **選準目標，定向累積，防止盲目摘抄**：也就是說，要根據自己的工作的實際，今後奮鬥目標，以及某學科某項重大研究課題等，有目的的集中摘錄相關的文獻資料。

在這裡，要切忌沒有明確目標隨意摘錄，縱然摘錄本子一大疊，但真正能用得上的卻很少，這樣既浪費了時間和精力，也會影響摘錄的情緒，久而久之，學習收穫也甚微。

★ **持之以恆，養成習慣**：俗話說：「一日一根線，十年織成緞。」摘錄全靠點滴累積。蘇聯教育家馬卡連柯（Makarenko）曾說：「只有你不斷的記，不要由於偷懶、忙碌和忘記，而一日中斷，這樣的『記事簿』，才能使你得到益處。」我們不要因為工作忙，時間少，就三天打魚兩天晒網；或者只從興趣出發，高興則記，掃興則棄，防止記記停停，知識的累積，就在我們的持之以恆的努力之中。

★ **經常翻閱，善於運用，防止只摘不用**：俗話說：「摘而不看一陣風，摘而不用一場空。」就是說，經常翻閱、運用，才能鞏固記憶，把摘

下的知識不斷化為己有；經常翻閱、運用，才能溫故而知新，舉一反三，學到更多的東西。

★ **做好分類，便於查找和補充**：我們經常做摘錄，時間久了，就會有十幾萬、二十幾萬，甚至數百萬字的資料。如果這些摘錄，不進行科學化的分類，就會變成雜亂無章的資料堆。

那麼怎樣進行分類呢？這個問題要因人而宜，不能一概而論或者千篇一律。這裡主要根據個人的工作、業務、興趣、學習的內容以及主攻的方向等來確定分類。一般來講，可先分若干大類，每一大類下，再分若干小類。每一類再按時間和筆畫順序排列。這樣既方便翻閱和查找，又方便今後的整理和補充。這樣，每一類實際上就成了一個專題摘錄資料庫。

第五，做卡片式摘錄為宜。通常來說，書本式和卡片式兩者中以卡片式摘錄為宜。這是因為：卡片式便於分類，便於翻閱，便於補充，便於整理，便於收藏。

只有勤於摘錄的人，才能成為知識淵博而有所成就的人。

摘錄非今日，唯須積年多，且看溪澗水，萬匯始成河。

● 平面書，立體讀 —— 立體讀書法

> 人生如大海，出海越遠，然後越感到浩淼無邊。昨日僅窺空了世復世相之一角，則矍然自以為得之，今日既由一角而幾及全面，這才嗒然自失，覺得終究還是井底之蛙。
>
> —— 茅盾（中國現代作家）

教育家加里寧（Kalinin）曾經說過：「當你們獨自閱覽時，你們只了解到一面，即使了解了三面，還是沒有了解到第四面。終於把四面全都了

解了，哪知這東西不是一個平方體，而是一個立方體，總共有六面。」我們把這種全方位的讀書方法稱作「立體讀書法」。

立體讀書法，就是要求你讀書時不單從一方面去讀，而從多角度、多方面去讀。既看正面，也看反面；既橫閱，也縱閱；既可左顧，也可右盼。總之，務將各方含義都理解。

魯迅先生也常常採用立體讀書法。他對這種讀書法有自己精闢的見解：「倘要看文藝作品呢，則先看幾種名家的選本，從中覺得誰的作品自己最愛看，然後再看這一個作者的專集，然後再從文學史上看他在歷史上的位置；倘要知道得更詳細，就看一、兩本這人的傳記，那便可以大略了解了。」

在這裡，我們可以看到，魯迅指導讀書的方法是：先從泛覽諸家做起，從中選出合於自己心意的作者，再集中精力，深入鑽研他的專集，這一步是由「面」到「點」的過程。為了更好的讀好「專集」，再由點擴而大之 —— 去讀「史」，也就是再從史的角度去理解這部書。如仍不滿足，便輔之以讀作者的傳記，從了解作者的經歷、思想的角度去進一步探求書的含義。按照這種方法讀書，那就既包含一般的泛讀，又有重點的「深掘」，既有橫讀又有縱覽，怎能讀不好書呢？

書，是記錄人們對客觀事物的認知成果的。許多書，尤其文學作品，並不是對一般生活現象簡單的描述，而是對現實社會的提煉、綜合與昇華。正如魯迅先生所說：「人物的模特兒……，沒有專用過同一個人，往往嘴在浙江，臉在北京，衣服在山西，是一個拼湊起來的角色。」為追求最佳的讀書效果，讀書者當然應該講求「立體讀書法」。

「立體讀書法」是根據人的思考規律所制定的。我們知道，單一的、平面的思考是不能適應對事物越來越深入的認識要求的。這正如平面幾

何，它對於研究平面幾何圖形的形式尚是有效的，但一進入多度空間、彎曲表面或球面體時，它就無能為力了。因此，科學家引進了一個新的概念——「立體思維」。這種思考方式要求對認識對象採取多方位、多角度、多手段的思索、考察，力圖真實的反映這個事物的整體及其與周圍事物的關聯。科學家們認為，這是一種最富創造性、最有成效的思考方式。

在這裡，我們提出幾點建議：

首先，要多思。「多思」既指多方面的思考，也指深入的思索。只有多思，才能理解書的多方面意義，不僅知其正面，還知其反面；不僅知其表面，還知其骨髓；不僅知其本意，還知其喻意、轉意及言外之意等等。

傳統思考形式呈點狀，它的掃描範圍狹窄，只能適應自然經濟的需求，終將被進步的思維力量所突破，形成線狀思維。線狀思維是縱向發展的思考形態。它思考的起點不老是局限在事物的初始狀態，而是著重於事物的現有狀態，匯成一股推動社會向前發展的思想力量。

但線狀思維也有局限性，也終於要被更先進的思考形態所突破，進入扇狀思維領域，把思考力射入各個方向，鑄成發現潛在用途的思維結構。而當人類進入現代社會之後，只有全方位、多側面的立體思考方式，才能適應不斷高速度發展的社會生活。

牛頓（Newton）講過：「把複雜的現象看得簡單，可能發現新定律；把簡單的事情思考得很複雜，也可能發現新領域。」我們可以把這句至理名言看作是讀書思維的訣竅。

會讀書的人是這樣獲得知識、開拓思維境界的：他的眼睛盯著書本，心靈伴隨書上的資訊運轉著、激盪著，或者聯想回顧，或者對比概括，或者辨析道理，或者萌生新意，或者碰撞出新的思想火花……

透過緊張專注的思考活動，你會感到胸臆開闊，視透古今；會覺得模

糊的遠古變清晰了，神祕的世界變明朗了。你站在書籍砌成的大廈上，覺得視野中有豐富的天地萬物；覺得自己渾身是勁，想對著蒼山大海呼喊，想經由一種合理的管道，實現久蘊心間的使命。可見，讀書時培育的思考力，可以「力透紙背」，使人頓悟出字裡行間之外別人未能發現的東西，從而達到平面書立體讀的功效。

其次，要重讀。人的讀書是與讀書者當時的認知水準、所處環境和關心的問題有直接關係的。這次無法理解的問題，下次讀就可能理解；這次不需要、不關注的內容，下次就可能是最急需的。因此，重讀一次，便能有一次新的收穫。

早在兩千四百多年前，思想家、教育家孔子就說過「溫故而知新」。「溫故」只是方法，「知新」才是目的。我們這裡所說的重讀，不是那種機械的重複。如果每一次重讀都只是上一次讀書活動的「翻版」，倒不如省下時間去讀幾本其他的書，學習一些新知識。

只讀一次書，很可能只了解到書的一面，即使是了解到二面或三面，也不能算是了解到了全面。如果我們每次重讀時以不同角度或視點，甚至帶著不同的感情去審視所讀的圖書，每次就可能觸及到知識的不同層面，有不同的收穫。如此反覆讀書，必然獲得立體讀書的效果。

再次，要多議。多議，就是找人多討論。在節奏不斷加快的現代生活中，僅僅靠個人的奮鬥、個人的能力，要完全做到立體思考、多方觀照和對事物多角度的理解是很困難的，只有聯合興趣相投、才能不同的個人，建立立體形的知識資訊網，構成團體優勢，才能達到這個境界。

大凡嗜書者遇在一起，總愛談書論報。透過討論與交流觀點，使人的心志振作，促發人的激奮之情，豐富人們的精神活力。況且，一本書，幾個人同時去讀，各自的理解角度往往是不相同的。你注意了這一面，他可

能注意了另一面。經過討論，可以互相啟發，有助於對書中內容的全面理解。

有一位著名的化學教授說，他在學生時代常常和幾個志趣一樣的年輕人，定期在一間矮小的閣樓裡聚會、討論，有時爭論得面紅耳赤。於是，在思想的彼此交流、靈感的互相觸動中，使他們大開眼界，很快接觸到科學發展的前端。於是，論文在這裡孕育，人才幼苗從這裡破土而出。

在議論中，可以刺激思考的熱情、亢奮，可以驅除掉個人沉思冥想中往往發生的懶惰情緒，使人的思想處於興奮狀態，表現出超乎尋常的敏感機智。在這種有聲有色的動態氛圍裡，記憶力也比平時加強了。所以，有的人過了一段時間，甚至十年、二十年，也能記起當時的環境特徵和說話人的音容笑貌。

總之，平面書，可作立體讀。恰當而靈活的運用「立體讀書法」，不僅會涉及到知識的各個層面，使你把書讀得更深透，理解得更全面，而且思考的觸角會不斷的觸及到平時被忽略和遺忘的每一個角落，從中挖掘出新的知識「寶藏」。

不讀書，倒覺得天地不過這麼大，自己無所不曉。越是讀書，就越覺得書讀不透，越覺得自己對世界認識的片面，越覺得自己無知，越覺得天地之博大，個人之渺小。

● 反覆提煉，濃縮精華 —— 濃縮讀書法

最優秀的書籍是一種由高貴的語言和閃亮的思想構成的財富，為人類所銘記，所珍惜，是我們永恆的伴侶和慰藉。

—— 斯邁爾斯（英國作家）

精讀篇

不同的書有不同的價值，世上許多書只有很低的價值，甚至完全是廢礦，可憐那些沒有鑑別力的讀者辛苦的去開鑿，結果一無所獲。價值高的書，第一言之有物，傳達了獨特的思想或感受；第二文字凝練，賦予了這些思想或感受以最簡潔的形式。這樣的書自有一種深入人心的力量，使人過目難忘。

在我們讀書的過程中對閱讀的素材也是如此，要去粗取精，提煉濃縮，找出最重要的、最有價值的內容加以反覆推敲、精雕細刻、深入鑽研。一位作家對此曾有過精闢的見解，他說：「讀過的書得擇要在心裡儲藏起來，使它真正成為自己精神上的財富。」這裡「擇要 —— 儲藏」的過程，實際上就是「濃縮」的過程。對閱讀素材加以濃縮，就是要處理好一個有用資訊和無用資訊、重點資訊和非重點資訊的關係問題。

費爾巴哈（Feuerbach）說：「湯瑪斯‧霍布斯（Thomas Hobbes）只閱讀非常傑出的著作，因此他讀的書為數不多，他甚至經常說，如果他像其他學者那樣閱讀那麼多的書籍，他就會與他們一樣無知了。」宋代學者黃山谷也有類似見解，他說：「大率學者喜博而常病不精，氾濫百書，不若精於一也。有餘力，然後及諸書。則涉獵諸篇，亦得其精。」

濃縮式的讀書法和做筆記、摘要、卡片有密切關係。做讀書筆記實際上就是一個把閱讀素材加以濃縮、提煉的過程。筆記不應該僅僅是原書的簡縮本，而應該是經過反覆考慮和斟酌挑選出來的重心，核心內容。摘要法是抄讀的一種常用方法。主要是把閱讀後認為重點的部分、有資料價值的部分記錄下來，這樣做，既能累積知識，儲存資料，還能使理解加深，記憶牢固。卡片法是指用做卡片摘錄資料來輔助閱讀的一種方法。這些內容應該如愛因斯坦所說的：「在閱讀的書本中找出可以把自己引到深處的東西。」

濃縮記憶法也是濃縮讀書法的一種形式。主要是把一些複雜的知識進

行簡化，用具有代表性的字或詞改成簡練的語句，來進行記憶。濃縮記憶法的關鍵在於尋找具有代表性的字或詞，這些簡練的語句能產生提示作用，使記憶的知識像串珠一樣被由點帶線的回憶起來。

比如，為記得歷史上秦末農民戰爭的原因，則將概括為「稅重、役多、法酷」。氧化—還原反應規律，「物質所含元素化合價升高的反應是氧化反應，該物質是還原劑；物質所含元素化合價降低的反應是還原反應，該物質是氧化劑。」這段話記憶起來很不方便。如果濃縮成「失—氧—還，得—還—氧，」意思是「失電子（的物質）—被氧化了—（該物質即是）氧化劑」這樣複雜的氧化—還原規律一經濃縮既容易理解，又容易掌握。

還有一種更廣義的濃縮，它表現在選擇讀物上。前人留下那麼多書籍，讀遍是不可能的，只能加以精選。

曹雪芹借林黛玉之口闡述讀詩如何精 —— 《紅樓夢》第四十八回裡，香菱向黛玉請教如何作詩，黛玉說：「這裡有《王摩詰全集》，妳且把他的五言律一百首細心揣摩透熟了，然後再讀一百二十首老杜的七言律，次之再李青蓮的七言絕句讀一二百首；肚子裡先有了這三個人做底子，然後再把陶淵明、應、劉、謝、阮、庚、鮑等人的一看，妳又是這樣一個極聰明伶俐的人，不用一年工夫，不愁不是詩翁了。」香菱按照黛玉的講法去做，果然她作詩有了很大的進步。

濃縮和精選，與博覽並不矛盾。前人的經驗告訴我們，博覽解決的是知識廣度問題，它是一個基礎。在這個基礎之上，才能確定怎樣精選，怎樣濃縮，從而解決知識的深度問題。讀書只有廣度而沒有深度，人就不能有所創造，有所前進。但是沒有廣度，也就難有深度。因此，讀書的博與精是相輔相成的。

● 愛吾師尤愛真理 ── 思考讀書法

> 光讀書不善於思考是不行的，不思考便不會有新收穫。
>
> ── 編者摘選

孔子有一句話：「學而不思則罔，思而不學則殆。」意思是說，讀書與思考是緊密相連、不可分開的。如果分開的話，就會兩敗俱傷，不是學之迷惑不解，就是思之岌岌可危，最終必會徒勞無益。這就是說，讀書與思考是學習過程中密不可分的兩個重要環節。光讀書而不思考，就會迷惘無知，沒有結果。可以說，思考是讀書的靈魂，思考在學習中具有重大意義。

世界著名物理學家牛頓，一生都痴迷於創造性的讀書和思考之中，據說有一天，他牽著馬，扛著馬鞍到山裡去，一路上陷入了思考之中，時而比比劃劃，時而自言自語，等走上山坡，覺得有些累，才想起騎馬。這時，他才發現手裡只拿了一根韁繩，馬兒早就無影無蹤了。有人問他獲得傑出的發明創造，有什麼「訣竅」？牛頓回答說：「我只是對一些問題用了很長的時間去思索罷了。」

愛因斯坦（Einstein）經過「十年的沉思」，建立了狹義相對論。他說：「思考，思考，再思考，我就是靠這個學習方法成為科學家的。」伽利略（Galileo）從教堂頂上油燈的擺動中，發現了單擺振動定律，也是透過思考。施萬維奇（Schwanwitsch）透過觀察蝴蝶翅膀上的花紋，經過多年思考和研究，終於製成迷彩偽裝，並廣泛的應用在軍事目標的掩護上。由此可見，讀書需要思考，讀書不思考如同隔靴搔癢，不會有什麼效果。

《聊齋志異》中有一個人，每天都發奮讀書，把自己家中一萬多卷書都讀完了。但他是光讀不思，到最後，也不會使用書中知識去做事情，更

談不到發明創造了，結果成為空無所獲的人。

在讀書過程中，一本一本的讀而不留下思考的時間，碰到問題就繞開。這樣，書雖讀得多，卻不會有什麼收穫。可見，不思考，就不能把書本上的知識變成自己有用的知識，不思考，就不會有新收穫。

獨立思考，可以把書本上的知識加以消化，變成自己的東西。對書本上的東西加以分析、鑑別後，去粗取精，去偽存真，就可在讀書的基礎上，產生自己的創見。

清末民初的著名學者章太炎，曾東渡日本，在那開辦國學，講授文學知識。當時留日的魯迅常去聽他的課，每次聽課，都認真做筆記。

但他並不盲從，每次都認真思考，提出自己的見解。一次上課，章太炎指出「文學」與「學說」沒有區別。魯迅經過認真的思考後，認為兩者應該有所區別。他結合實際引證作品分析比較，闡明自己的看法。當時大家都稱讚他是「愛吾師尤愛真理」。

正是由於獨立思考，魯迅在當時紛亂繁雜的社會思潮中尋得了真理。他反對人云亦云、亦步亦趨的傳統習見，把獨立思考作為重要的讀書方法。

魯迅讀書，能透過思考找出裡面的矛盾和解決矛盾的辦法，這是值得我們學習的。只有認真思考，才能夠產生真正的知識。光讀書不思考，就會變成書的奴隸；但光思考不讀書，結果也是架空了知識，得不到真正的知識。所以，既要善於讀書，也要善於思考，才能夠掌握好學習中這兩個重要環節。

馬克思在倫敦寫作《資本論》時，一邊讀書，一邊思考摘記，僅三年時間，就寫了二十四本讀書筆記。

古今中外的名人都是在讀書中透過思考，把書本裡的豐富知識變成了

自己的精神財富。有位科學家說得好：「我只是堅持不懈的思考。」思考是事業成功的重要因素。每項傑出的發明創造或每部優秀著作的誕生，都是思考的結晶。

有時候，經過長時間的思考，往往會迸發出靈感使問題突然解決。數學家阿基米德（Archimedes）為了檢驗金製王冠的真偽而苦思不得其法。他透過讀書，在長時間的思索中，從一次洗澡時水溢出澡盆的現象中，突然悟出了其中道理，發明了浮力定律，並用浮力定律檢驗出王冠的黃金含量是多少，使問題得到了解決。

可見，有許多思想家和發明家，他們幾乎都有讀書思考的美德。

西元 1886 年，在荷屬東印度軍隊中流行著腳氣病。得病士兵雙腳浮腫，全身無力。艾克曼（Eijkman）醫生為了解決這一難題，查找了大量資料，卻一無所獲。

後來，他在實驗室裡，發現得了與士兵一樣腳氣病的雞又活蹦亂跳了。於是思索其中奧妙，經過調查和不斷的思考，終於從雞吃糙米中發現了維生素，戲劇性的用糙米解決了腳氣病的難題。

常言道，手越練越巧，腦越用越靈。在讀書過程中，人一旦肯思考，學會使用書籍，就能產生強大的作用，做出大膽的創造。思促讀，讀促思，讀得多，思則廣。當年物理學家湯瑪士‧楊格（Thomas Young）以光作波動說，否定了牛頓的光的微粒說，就是不斷讀書，願意思考的一例。

湯瑪士‧楊格不迷信權威，以「愛吾師尤愛真理」之心，既學習前人創造的知識，又願意獨立思考，勇於提出自己的見解，勇於創新，這都是獨立思考的結果。

獨立思考可使人們由單純模仿型向創造型轉化，幫助人們更深刻，更準確的掌握所學的知識。思考的越多，發現問題也就越容易；思考的水準

越高，才智也就越高，人也變得越聰明。思考讀書法，對我們的學習大有益處。

首先是可以抱著提升自己的目的讀書思索，防止囫圇吞棗的毛病。讀書能從中吸取精華，提高自己的知識水準。

再就是可以促使人們邊讀邊思，讀思結合，養成讀書用腦的習慣。一打開書本，就是用腦的開始，閱讀、理解、釋疑、解惑，整個都是用腦思索的過程。比如讀一篇新聞，從標題開始邊讀邊思，對導言、背景、段落、結尾都不停的思考，作者這些地方有哪些長處，我會怎樣寫，得到什麼啟發，今後該怎樣去寫。這樣去讀，就會提高讀書的品質。

最後是在思考中，既能快速掌握書本上的知識，又能提高自己的創造能力，鍛鍊自己的創造力。

那麼，怎樣去思考呢？首先要明確為什麼思考，思考什麼，也就是要明確思考的目的和方向。

有目的的思考容易發現問題，並能隨時注意與思考有關的東西。反之，沒有思考目的，就不知從何著手思考，只能像無頭蒼蠅亂竄一樣東猜西想，不易發現問題，而且所注意的跟要解答的問題關係不大。所以，思考目的是思考過程中的主要環節。

動腦思考，要著眼於事物的關係和連結，這是思考的方向。

思考要掌握正確的概念並做出恰當的判斷，進行合乎邏輯的推理。這樣，才能掌握系統的知識。同時，要把思考引導到掌握知識結構之間的本質關聯方面去，以便掌握知識的規律性。只有這樣，才能了解事物內部的規律性，達到思考的目的。

要自覺培養獨立思考的習慣，學會正確思考。用最合理的方法對知識進行分析、比較、歸納、綜合，創造良好的思考習慣。

為使思路廣闊、正確、清晰，我們應該以各個不同的方面和角度提出問題進行思考。思考一個問題時，要多讀幾遍，想到多種可能性，學會從多種思路中選出一種最合理的思路，並找出解決問題的途徑和方法。明確思考的重點，抓住關鍵進行思考，就一定能培養出一個良好的思考習慣。

需要指出的是，獨立思考並不排斥虛心向別人學習，聽取別人意見。獨立思考不等於自我封閉。每個人都有自己的長處與短處，知識基礎與思想方法不一樣，對事物與問題的反映也不同。因此，在讀書過程中要防止自以為是的傾向，要注意利用討論交流，集思廣益，取長補短，從中得到啟示。

孔子說過：「獨學而無友，則孤陋寡聞。」意思是一個人埋頭讀書思考，不喜歡和朋友們討論問題，就不會有豐富的知識。馬克思和恩格斯就經常一起討論問題，有時還爭論起來。當他們不在一起，無法會面時，還常以書信的形式討論問題。可見，正是因為他們愛討論愛爭論，才發展了他們的思維，開拓了他們的思路，這也是他們獲得重大成就的扎實基礎。

法國作家拉布呂耶爾（La Bruyère）說過：「所有人的智慧，加在一起，也不能幫助一個沒有自己智慧的人；正如失去視力的人，不能用周圍人的視力來彌補自己的缺陷一樣。」讀書思考，是開發智力，活躍思維，有所成就的必經之路。一個人在讀書學習中，應當留下自己思考的腳印。

讀書猶如播種，思考好比農田管理，創造就是秋天的收穫。

● 盡信書則不如無書 —— 質疑讀書法

> 在學問上最好的解決問題的方法就是要堅持的和經常的懷疑。
>
> —— 阿伯拉爾（Abélard，法國哲學家）

「盡信書則不如無書」是孟子說過的一句話。這裡說的書，雖然指的是《書經》，但仍有著普遍的指導意義。

在明代，有一個醫生替病人診完脈後，隨手開了一個藥方，其中有藥引子「錫」。一個叫戴元禮的醫生見了這個處方，感到懷疑，就問那個醫生開處方的依據是什麼。那個醫生拿出一部醫書，理直氣壯的說：「你拿去自己看吧。」戴元禮拿過書來一看，書上確實是這樣寫的。但是，為了弄清楚這個問題，還是翻閱了大量的醫書。結果發現在另一版本上寫的藥引子是「餳」。那時，「餳」是糖的古體字。戴元禮終於弄清楚了這是翻版重印時的錯誤。由於戴元禮的質疑，避免了一次「醫療事故」。

這則故事使我們悟出了一個道理，凡事只有大膽質疑，才能獲得進步。小疑有小進步，大疑有大進步。疑，是覺悟之機，覺悟才能有長進。做事是這樣，讀書更是這樣。

人類的進步，離開了書籍便不可想像。人不讀書，就很難從愚昧和落後中解放出來。誠然，讀書可以使人變得充實、聰明，但是，並不是任何一本書都能產生積極的作用。因為在汗牛充棟的書海中，也還存在不少的壞書；在一些基本上是較好的書中，仍然夾雜著不太健康、不太正確的部分或觀點。我們不能由於怕受欺騙而「因噎廢食」，不去讀書，更不能良莠不齊的統統接受，盲目「信書」。這就需要我們在讀書時運用「質疑讀書法」。

對於壞書，人們都能持質疑和批判的態度；對於一般的書，因為數量占有比例較大，尤其是古代書籍，受歷史的局限，常有魚目混珠的現象。因此，我們必須取其精華，去其糟粕才行。以《醒世恆言》、《二刻拍案驚奇》等為例，書中既有歌頌男女青年忠貞不渝的愛情故事，也有許多色情淫穢的描寫。因此，對於這些書，不能以純欣賞的態度去讀，而要大膽

的質疑，才能學到其中精華。

　　那麼，對好書是否需要質疑呢？俗話說，金無足赤，人無完人，好書也不例外，它不可能絕對完善無瑕。如《黃帝內經》是中國醫學界權威性的經典著作。可是，清朝的解剖生理學家王清任卻指出了它的錯誤之處。針對錯誤之處，他寫了一本《醫林改錯》，對《黃帝內經》中出現的錯誤進行了質疑。眾所周知，《康熙字典》是中國古代解釋文字的巨著，這是一部「體例精密，考證賅洽」的書。但也被清代學者王夫之看出問題，經過認真考證，指出該書有兩千五百八十八條失誤之處。

　　我們認為：讀書既要有大膽懷疑的精神，又要有尋根究底的勇氣和意志。這樣才能保護正確的東西。我們提出「質疑讀書法」，是指在讀書過程中，透過思考發現疑點，進而透過探索、分析、研究，解決這些疑點。因此，動動腦筋，善於提問，提出自己的不同觀點是最基本的要求。

　　那麼，「質疑讀書法」對我們有哪些幫助呢？首先，它對開發思路有幫助。現代科學研究證明，從人的神經功能上看，疑點會促使大腦出現高度興奮狀態，隨之產生一種「興奮點」，引起定向，也就是探研反射，從而使精神高度集中，保證最佳的讀書效果。在這種狀態下讀書，能使你更加深刻的理解和掌握知識。可以說，疑問是開啟未知王國寶庫大門的鑰匙。

　　疑問是人生的老師。朱熹曾把疑問說成是讀書過程，它是一個從無疑到生疑，從釋疑到前進的過程。讀書善於質疑，就能開發思路，與「裝筐式」、「填鴨式」相比，質疑讀書法的效果不知要強多少倍。

　　漢時有個叫鄭玄的經學家，他在學習期間從不放過書中的疑難問題，遇到問題及時請教，以至於幾乎找不到能幫助自己釋疑解難的老師了。為了求知，他千里迢迢來到西安，拜當時最著名的學者馬融為師，向他請教

了許多疑難問題。因而，鄭玄的學問大有長進，在整理古代歷史文獻方面做出了重要的貢獻。成為中國著名的漢代經學家。由此可見，學起於思，思源於疑。鄭玄正因為不斷的深入質疑，才獲得了好的成就。

其次，利用「質疑讀書法」，能打破知識舊框框的束縛，促進新的發明和創造。一位著名的地質學家說過：「不懷疑不能見真理，所以我希望大家都採取懷疑的態度，不要為已成的學說壓倒。」顯然，質疑是讀書中不可缺少的一種方法。質疑，能否定舊的傳統觀念；質疑，能產生新的科學理論。

「血液循環論」就是透過質疑而產生的學說。最初，古希臘的大學者亞里斯多德認為：人的動脈血管裡充滿著空氣。而古羅馬醫師蓋倫（Galen）對這種觀點產生了懷疑，他做了大量實驗，證明了血管裡流的不是空氣而是血，但沒有解決血液流向問題。後來，英國的威廉·哈維（William Harvey），在對前人質疑的基礎上，經反覆研究，終於發現了血液循環規律。以上事實說明，只有對舊學說、舊理論質疑，才能產生新的科學理論。

質疑讀書法，需要獨立思考，提出自己的觀點，進行質疑。阿伯拉爾說過：「由於懷疑，我們就驗證，由於驗證，我們就獲得真理。」質疑讀書法就是讀書時要提出疑問，同時還要深入實踐，透過實踐解決疑問，產生新觀點。也就是說，把書本上的疑點帶入實踐中，從實踐中做出正確的判斷。

明代醫學家李時珍，在行醫中，通讀了明代之前的藥物書籍。在讀書過程中，對當時被奉為標準藥典的《證類本草》產生了疑問。於是他用了27年時間，對該書和其他多種「本草」書中的中草藥，詳細分析，認真研究，逐條訂證，對其中謬誤和失訛的記載，進行了修改補訂。最終寫出了52卷醫藥巨著《本草綱目》。

《本草綱目》一書共收藥品 1,892 種，附藥方 11,096 個、圖 1,160 幅，是全世界著名的中醫藥巨著。而且，目前已有日、英、俄、德、法等文本在世界各地風行，為人類的健康提出重大的貢獻。

　　試想，如果李時珍在披閱明代以前的各種「藥物」著作時，凡書皆信，師古不變，不進行質疑，不在實踐中加以考證、修訂、完善，能有鴻篇巨著《本草綱目》問世並造福於子孫萬代嗎？

　　從上述舉例可以看出，透過實踐驗證質疑，就可得出大家所信服的正確結論。當然，我們要掌握「質疑讀書法」的原則，大膽使用「質疑讀書法」，還要有足夠的勇氣和無所畏懼的精神。馬克思說過：「在科學的入口處，正像在地獄的入口處一樣，必須提出這樣的要求，這裡必須根絕一切猶豫，在這裡任何怯懦都無濟於事。」如果我們沒有對真理的嚮往、對科學的執著追求和一定的氣魄膽略，要想疑人所未疑，疑人所不敢疑是絕對辦不到的。

　　西元前 6 世紀，古希臘的畢達哥拉斯學派認為，上帝只創造了整數和分數。但年輕的數學家希帕索斯（Hippasus）對此提出疑問。他在讀書與實踐的過程中提出了無理數的概念。由此可見，讀書要提倡破除迷信，堅持真理，勇敢質疑的精神。對於質疑對象，則要反覆推證，進行多方面的考察和研究，深入分析疑點產生的原因、背景及表現形式，透過現象揭示本質，還可以對別人的質疑進行反質疑。

　　一位數學家在休息之餘愛讀唐詩。他不光是讀，還常提出疑問。唐朝詩人盧綸有一首〈塞下曲〉：「月黑雁飛高，單于夜遁逃。欲將輕騎逐，大雪滿弓刀。」他讀這首詩時，心中覺得納悶：群雁在北方下大雪時早已南歸了，即使偶有飛雁，月黑又如何看得清呢？於是就作五言詩質疑：「北方大雪時，雁群早南歸。月黑天高處，怎得見雁飛！」此詩一發表，

立刻被許多報刊轉載。

過了不久，又有一些人提出反質疑。他們認為盧綸的詩是對的，而數學家的質疑是錯的。理由是，唐朝時，許多邊塞詩人都寫過大雪天有飛雁的詩句。如高適寫的「千里黃雲白日曛，北風吹雁雪紛紛」，李頎的「野雲萬里無城廓，雨雪紛紛連大漠。胡雁哀鳴夜夜飛，胡兒眼淚雙雙落。」這樣的反質疑有根據，也能使人信服。不難看出，正確的質疑離不開豐富廣博的知識。

當我們在學習生活中使用「質疑讀書法」的時候，請記住培根的名言吧：「如果一個人從肯定開始，必以疑問告終。如果他準備從疑問著手，則會以肯定結束。」

用善疑好問這把鑰匙，去開啟知識寶庫的大門吧。

● 閱讀理解，消化吸收 ── 同化讀書法

> 為學讀書，須是耐煩，細意去領會，切不可粗心。
> ── 朱熹（宋代學者）

在科學技術迅猛發展的今天，必須掌握大量的知識和資訊，才能跟上時代的步伐。要掌握大量的知識和資訊，自然離不開學習。學習就要讀書，而閱讀是讀書的一個過程，在閱讀過程中，對書中的思想內容仔細理解，反覆琢磨，慢慢消化、吸收變成自己的思想觀點。這種方法就是同化讀書法。

同化讀書法的宗旨是「閱讀理解，消化吸收」。

同化讀書法的目的是掌握全書的理論、精華及細節，直到把書本上的東西完全變成自己有用的東西。

精讀篇

同化讀書法的優點是能夠很好的消化吸收書本中的知識，尤其是書中的精華部分。實際上，同化讀書法是精讀法的一種。這種方法，早在古代就已有人使用。

據說在戰國時期，有位高士隱居於鬼谷地方，自號「鬼谷子」。鬼谷子有個學生叫蘇秦，是當時很有名氣的外交家。他很崇拜鬼谷子的才華，便拜他為師，跟他學習治國用兵之法。蘇秦學成拜別老師的那天，鬼谷子送他一本《陰符經》，並語重心長的說：「這是一本專講治國用兵的好書，你只讀過一遍是不夠的，還須再三精讀，這對你今後的事業大有用處。」蘇秦話別老師後，遊說秦王失敗，於是想起老師臨別時的囑咐，又把《陰符經》從頭至尾認認真真的攻讀了一年。

這次讀書，蘇秦所用的方法就是同化讀書法。他對書中的內容仔細閱讀，尤其對精采之處，更是細細的琢磨，了解作者的思路，深入的理解書中意思，不斷的吸收和消化。最後真正的掌握了書中精髓，使「天下大勢，如在掌中」。

後來蘇秦奔波於列國之間遊說，果然獲得了成功。這就是歷史上有名的「合縱抗秦」。

這個故事告訴我們：不管讀什麼書，只有閱讀理解，吸收消化，才能悟出其中真諦，把書上的東西變成自己有用的東西。

同化讀書法意在對所讀的書要仔細的閱讀，用心理解精心品味。對書中的詞、句、段都要進行深入的分析和思考。

對於詞，既要弄懂它的表面意義，還要理解它的表達作用和感情色彩；對於句子，要了解其表達意思和深刻的含義；對於段，不僅能概括其大意，還要理解它在全文中的地位及自身結構。這樣，就能歸納出全文的中心思想，清楚它的結構方式，了解作者的思路，達到最佳閱讀的效果。

怎樣才能達到這種效果呢？我們知道，閱讀的關鍵在於理解，只有理解好，才能消化吸收。而理解的深淺決定於是否善於思考。

善於思考，是指讀書時要邊讀邊想，作者為什麼要用這個題目？文章結構是否合理？作者為什麼要這樣寫？它的優點是什麼？有沒有不足？等等。

只要能夠善於思考，邊讀邊想，就會很好的運用分析、綜合、歸納、抽象、概括等科學的思考方法，對所讀的東西進行細膩的剖析。最終達到最佳閱讀理解的效果。

朱熹曾對同化讀書法做過這樣的評價：「朱未見道理時，如數重物，包裹在裡面，無緣得見。須是今日去一重，又得見一重，明日去一重，又得見一重。去盡皮，方見肉，去盡肉，方見骨，去盡骨，方見髓。」

朱熹的話不僅道出了同化讀書法的重要性，還對這種讀書方法做了具體描述。

當然，同化讀書法，不光是名人的「專利」，它也是普通人讀書所需要的方法。

有一名高中生，他根據學科增加，知識量加大的特點，選用了同化讀書法。他利用這種方法，每讀一本書，都像牛吃草那樣，先盡情的吞。不過到了精采之處，則「勒馬徐行」，放慢速度，反覆閱讀，慢慢咀嚼，然後在大腦中進行反芻，把看到的東西細細品味，不斷思考和消化，直到徹底吸收。利用這種方法，他的成績一直名列前茅。

試想，如果讀書不去閱讀理解，而只是像蜻蜓那樣去點水，那麼，用不了幾天，就會忘得一乾二淨。這與沒讀書又有什麼區別？因此，沒有閱讀理解，就等於沒有學習的結果。可見，閱讀理解是讀書學習中非常重要的一個環節。

掌握了同化讀書法，就得到了獲取知識的重要途徑。

● 好書不厭百回讀 ── 循環讀書法

> 學者觀書，每見每知新意，則學進矣。
>
> ── 張載（宋代學者）

古人有句名言：「好書不厭百回讀，熟讀深思子自知。」這句名言告訴我們；一本好書只要不厭其煩、來回的讀，就能讀出書中最深奧最深刻的道理來。在循環讀書的過程中，每次讀都能讀出新意，這樣才能把一本好書讀懂「吃透」。

許多書籍，尤其是經典，內容豐富，意義深邃，不是只讀一遍便能理解的。別林斯基（Belinsky）談到果戈里（Gogol）的小說《死魂靈》時說：「如同一切精深的創作一樣，《死魂靈》不是在第一次閱讀時就能完全了解的，第二次閱讀它時，完全就像新的、從來沒有看見過的著作一樣。」像別林斯基這樣一位傑出的文學評論家，閱讀同代人的文藝名著，尚且有此感受，我們普通人在讀書時，如果僅僅看一遍就束之高閣，又能從中得到多大教益呢？

當然，重複並不是簡單的來回看幾遍，而是在循環中「消化」、「吸收」書中的精華。好書不厭反覆讀，特別是一些古今中外、有識之士公認的好書，經典之作，循環閱讀，不僅可以補充過去閱讀時理解不清之處，而且還可以糾正以前閱讀時看法上的錯誤，更重要的是在循環閱讀中「舉一反三」，觸類旁通，獲得新的啟示，得出新的結論。所以說：「讀書尤其是讀好書不在多，而在於精。」

循環讀書法是一種對一本書多次閱讀的方法，適用於很多有價值的讀物。循環讀書法又分短期內循環和長期內循環兩種。

　　短期內循環適用於讀某一本書或某一篇文章時。因為書的內容較難理解，讀一遍兩遍不能完全明白。於是就像作戰一樣，正面進攻不行就側面攻，從不同方位去進攻目標。正如狄慈根所說的那樣：「當我閱讀我不懂其內容的著作時，我的方法是求得對內容有一個膚淺的理解，瀏覽許多篇章，最後再從頭讀起。透過多次反覆，求得完善的理解。」對於對象越熟悉，認識能力就越強。最後，它的開頭也會明白起來。短期內循環，如果有目的、有要求，並且目標明確，精力集中，那就比較容易收到好的效果。

　　長期內循環多用於讀名著，間隔一、兩年，甚至五年、十年，再去讀同一本書，不僅勾起了記憶，克服了遺忘，而且由於生活經驗與知識累積的增長，原本不懂的地方，這時弄懂了，原本理解膚淺的地方，這時深化了。

　　所以說，無論短期內循環還是長期內循環，都不僅是加深理解的方法，而且是突破難點的方法。每一次閱讀，都要善於選擇不同角度，好像鑽探一樣，四處打眼，尋找目標，可以從歷史的發展來看，從而把一個整體切割成不同的小塊從不同方面來認識；有時也需要把一次次循環後的認識進行連貫的思考，得出綜合的理解，或者說是從宏觀的角度來理解。讀書原為自己受用，多讀不能算是榮譽，少讀也不能算是羞恥，少讀如果徹底，必能養成深思熟慮的習慣，涵泳悠遊，以至於變化氣質；多讀如果不求甚解，雖馳騁千里，卻空手而歸。因此，讀好書不應求多，而應求得徹底，只有反覆循環的讀，才能讀到書中精深之處，最後變為自己的財富，受用不盡。詞學研究家夏承燾說自己在讀書時，遇到心愛的作品，反覆吟誦，一次有一次的領會，一次有一次的境界。吟誦的多了自然會背，背多了，自然會作，且不至局限於某一人之風格。只要多讀不僅能加深理解，

而且還能熟讀成誦，讀書讀到能背誦的地步，確是受用無窮。

怎樣才能把書讀「精」呢？想要把書讀「精」，必須循環反覆的讀，才能讀出書中味，掌握書中精華。可以說，「循環讀書法」是把書讀「精」的一個捷徑。

中國古代學者因書籍難得，皓首窮年才能治一經，書雖讀得少，讀一部卻就是一部，口誦心惟，嘴嚼得爛熟、透人身心，變成一種精神的原動力，一生受用不盡。現在社會，書籍多得可以信手拈來，人們完全能夠做到過目萬卷，然而，「過目」的雖多，真正「留心」的卻又有多少呢？

讀書並不在多，最重要的是選得精，讀得徹底，與其讀十部無關輕重的書，不如以讀十部的時間和精力去讀一部真正值得讀的書；與其十部書都泛覽一遍，不如取一部書精讀十遍。「好書不厭百回讀，熟讀深思子自知」，這兩句古代的至理名言現今仍值得每個讀書人作為自己的讀書座右銘。

在買書的時候，更不要買那些只能讀一遍，不能使人願意再讀的書。中國古語所謂書籍「汗牛充棟，浩如煙海」。在21世紀已經來臨的今天，一個人的精力是很有限的，恐怕不能讀盡所有的書。因此，我們在不十分閒暇的人生之中，能忙裡偷閒，將自己所讀過的書再讀一遍，是其樂無窮的。

將讀過的書重讀一遍，好比去某個名勝景觀故地重遊，同樣的風景，同樣的人，卻因遊覽者心情和整個社會環境氛圍的不同，產生一種熟稔而又新鮮的感覺。這也正如在人生中與一位多年不見的舊友重逢，你知道他的過去，但是同時又揣測他的近況如何。

這就像上面所提到的，與其讀一百部好書，不如將五十部重讀一遍，因為仔細的將已經獲得的重新加以咀嚼，有時比生吞活剝更有好處，但可

惜人生太短，好書不多，人們遂在顧此失彼之中生活，正如有人所感慨的：「唉，那些不能有機會再讀一遍的書啊！」

人們所惋惜的，不僅是那些可以重讀的書，更指那少數的可以百讀不厭的書，正如一位哲人所說：「溫雅的安靜的書，高貴的啟迪的書，那些值得的埋頭細嚼的不僅一次而可以重讀多次的書，這些曾經於我有所收益的書，要像老朋友一樣記起他們，像邂逅的舊友一樣，會獲得新知、新的感覺、新的啟迪。」

有些書，通讀一遍，其義自明；有些書，來來回回的精讀數遍，仍嫌不足。但是不管多難讀的書，只要用心專一，假以時日，總會越讀越明瞭。這就正如古人所說的「書讀百遍，其義自見」。

有一位考上文科第一志願大學的學生在介紹自己的讀書經歷時談到：在讀書期間，他對語文語法知識怎麼也讀不進去，什麼主、謂、賓、定、狀、補越讀越不明白。過後總是不甘心，就買來一本《現代漢語》反覆讀。讀不進去，過幾天再讀，來回讀了許多遍，每讀一遍時就反覆琢磨，終得其要領，「主謂賓」是句之主幹，「定狀補」是句之枝葉，還有「連謂式」、「兼語式」，掌握規律，靈活運用，領悟於心，以此方法堅持數年，領會就越來越深了。最後，他終於考上自己的理想的大學。

由此可見，只要不厭其煩，常讀多思。是能弄通書中之「義」的。這也是無論名人還是凡人的讀書心得吧。

在讀書過程中，你會發覺，將自己喜歡的好書或經典之作重讀一遍或多遍，是一件多麼愉快的事。

● 前後貫穿，出入自如 —— 出入讀書法

> 「讀書須知出入法，始當求所以入，終當求所以出，見得親切，
> 此是『入書法』；用得透澈，此是『出書法』，蓋不能入得書，
> 則不知古人用心處；不能出得書，則又死在言下，唯知出知入，
> 得盡讀書之法也。」
>
> —— 陳善（南宋學者）

　　當代著名學者一貫主張要活讀書不要死讀書，更反對教條主義的讀書方法。古人在很早以前也有這樣的觀點。

　　早在西元 12 世紀後半期，南宋人陳善在《捫虱新話》一書中就首先提出：「讀書須知出入法。始當求所以入，終當求所以出。見得親切，此是『入書法』；用得透澈，此是『出書法』。蓋不能入得書，則不知古人用心處；不能出得書，則又死在言下，唯知出知入，得盡讀書之法也。」這一主張也就是今天學者所提的讀書法。可見，在很早以前就能提出這麼鮮明的主張是多麼難能可貴的。古今名人都提出這種出入讀書法，在讀書治學中是非常有效的。到了清代，著名學者惠周惕對這種讀書方法又進行了深入闡述，他說：「初讀貴能入，即讀貴能出。古人云『博聞強記』，又云『不守章句』，二者似乎相反而實相成。」這兩種方法在應用上有階段性，開始讀一本書的內容，記住它的要點，不能夠放下書本就忘得一乾二淨。在熟讀以後，要善於思考，領會精神實質，消化書中的內容，把書上的死文字，變成自己的活知識。唯博聞強記，前後貫穿，爛熟於胸中，而後能領會其意於章句之外，否則，「生生疏疏，恍恍惚惚，才掩卷便爾忘卻，安有新機相引哉？惟讀之熟，思之深，則古人之書皆為我物，惟我所用矣」。

在惠周惕看來，讀書既要博聞強記，又要不守章句，這兩者是相輔相成的。只有經過博聞強記，牢牢記住書中的要點、警句，把前後內容貫穿起來，達到十分熟悉的地步，才能進一步深入領會文章的深刻含義。這就是「能入」。否則，對文章的觀點不了了之，放下書本就什麼都忘記了，就不可能有新的體會和心得。

康熙三十四年，惠周惕在寫給他的兒子惠士奇的一封家信中，談到了他主張的讀書方法。他認為「能入」，就是要「博聞強記」，「博聞強記」就是指多學、多看、多記，用知識把頭裝滿，即所謂的「初讀能入」。「能出」就是「不守章法」，也是指進行思考和運用，不被書本的章節字句所約束，領會其精神實質，變為自己的活知識，即所謂的「既讀能出」。惠周惕指導兒子用這種讀書方法鑽研儒家經典，學到許多真知，終於成為著名學者。

出入讀書法，其實是古人一向主張的所謂「熟讀精思」，「讀書要有問」，就是指透過讀書深究其義，發現問題，找出矛盾，做到「沉浸於中而超拔於外」。

明代的李詡在《戒庵老人漫筆》中也提到過這種讀書法。用今天的眼光來看，「出入法」還包含了書本知識與實際相結合的關係問題。能入，就是能鑽到書本 —— 前人知識經驗的結晶中去；能出，就是把書本知識和實踐相結合。陸游說：「汝果欲學詩，工夫在詩外。」正是這個意思。英國哲學家培根說：「書並不以用處告人，用書之智不在書中，而在書外。」其基本精神和「能入能出」也是一致的。

讀書有死讀書和活讀書兩種。死讀書能入而不能出，活讀書既能入也能出。著名學者馮友蘭說過這樣一段話：「領會了書的精神實質就算讀懂了。如果明其理，我就知胸中的意。我的意當然也是主觀的，也可能不完

全符合於客觀的理。但我們可以把我的意與前人的意互相比較，互相糾正。這可能有一個比較正確的意。這個意是我的，我就可以用它來處理事務，解決問題。好像我用我自己的腿走路，只要我心裡一想走，腿就自然而然的走了。讀到這個程度才算把書讀活了。」馮老在這裡雖然沒有直接提到入出書的問題，他的入書「領會前人意」，出書「有了我的意」，實際上是對入書和出書的最好詮釋。

學者李公樸也曾講過便於從書中跳出來的「三條路」。一條叫作「讀活書」，這就是說讀書方法要靈活，動腦筋多思考，了解其中的「骨髓」和得失優劣。一條叫作「讀書活」，指讀書要連結實際，強調一個「用」字，做到學以致用，並且用得恰當、靈活，亦即「用得透脫」。所以說，所謂出入讀書法，就是讀書首先要鑽進去弄清楚一本書的內容，記住它的要點，把人家寫的東西真正讀懂，不能讀書不用心，放下書本就忘得一乾二淨。其後是從書本裡走出來，不要被書本上具體字句所束縛。要連結實際，轉動腦筋，善於思考，領會精神實質，消化書本上的內容，把書本上的死文字變為自己的活知識。想想人家寫出來的東西好在哪裡？有沒有錯誤或片面性？怎樣取其精華，棄其糟粕？不鑽進去，走馬看花，一目十行的讀書，只能了解皮毛，得不到什麼大的益處；不跳出來，不下一番思考分析的工夫，沒有批判精神，不考慮實際運用，就是讀死書，大腦就變成了他人的跑馬場，就會出現本本主義的毛病。出入讀書法是一種很重要的讀書方法。用現代語來講，入是學習；出就是實踐；入是鑽進去，出就是走出來；入是方法，出就是目的。第一步是「入」，第二步才是「出」。只入不出，謂之讀死書，鑽牛角尖，學習一堆死知識，毫無用處；只出不入，腹中空空如也，沒有雄厚的根基，也是無法「出」的。表現在現實的讀書實踐中，光能入不能出者，縱然博覽群書，卻理解不深，只知皮毛，

不知內在，更不能學以致用。能出而不能入者，主觀上想做一番事業，想把實踐提升到理論的高度，可惜腹中空空，老大而才疏學淺，最後還是一事無成。學習出入讀書法，就要學習古人善於學習，善於理解和運用，真正做到能入能出，出入自如。

我們每個人在讀書時，如能像陳善、惠周惕、李公樸講的那樣，既能「入」又能「出」，知其深意，又能理論連結實際，採取靈活的方法，從書中跳出來，那才是真正掌握了出入讀書法了。

● 沙裡淘金，掌握精髓 —— 去粗取精讀書法

> 在所閱讀的書本中找出可以把自己引到深處的東西，並把其他的一切統統拋掉，就是拋掉使頭腦負擔過重和會把自己誘離到不良之處的一切。
>
> —— 愛因斯坦（美籍德國物理學家）

英國詩人柯勒律治（Coleridge）非常形象化的把讀書方法比喻為四類：第一類，好像計時用的沙漏，注進去，漏出來，到頭來一點痕跡也沒有留下。第二類，好像海綿，什麼都吸收，不會消化。第三類，好像濾豆漿的布袋，豆漿都流走了，只剩下豆渣。第四類，好像寶石礦工，把礦石挖出來，然後去粗取精，選出寶石為我所用。

「沙漏型」讀書走馬看花，只圖熱鬧，不加思考，不去記憶，一邊讀一邊忘。結果到頭來，讀了等於沒讀，一事無成。

「海綿型」讀書絲毫不加以選擇鑑別，無論什麼書一律全收。結果是良莠摻雜，「消化不良」，難以從書中汲取有用的營養。搞不好還會讀書越多，受害中毒越深。

精讀篇

「濾豆漿型」讀書捨本逐末，不得要領，書中精華沒用心去體會，花費了大量精力和時間，剩下的卻是一點點可憐的皮毛，甚至是渣滓。

「礦工型」在讀書過程中不斷累積知識，並認真研究反覆思考，找出書中的錯誤，去糟粕，取精華。

這最後一種方法才是讀書之正法。就像宋代學者朱熹所說：「為學讀書，須是耐煩細心體會，……今日學一重，又見得一重，明日又去一重，又見得一重。去盡皮，方見肉；去盡肉，方見骨；去盡骨，方見髓。」

著名物理學家愛因斯坦就是用這種方法讀專業書籍。他把這種讀書方法稱為「淘金法」。其實這種方法也是去粗取精法。就像沙裡淘金一樣，把有用的「金子」留起來，而將那些無用的「沙子」統統扔掉。

在從事物理學研究和創造時，愛因斯坦大量閱讀了伽利略、牛頓等前輩物理學家的著作。這些著作已經歷了幾百年的歷史，其中有些觀點與 19 世紀物理學中的新發現產生了矛盾。於是愛因斯坦如淘金一般，拋棄了那些已經過時的東西，吸取了一些有益於自己從事的研究中的東西，建立起一整套自己的理論體系，創造了全世界矚目的「相對論」，為人類做出重大的貢獻。

愛因斯坦在讀其他書籍時，也是運用「淘金法」。他有時在讀完一本很厚的書後，擱下這本書，就能將書中的精華部分很有條理的講述出來，有人很羨慕他讀書的本領，向他探詢讀書的方法，他說，我是「抓住了書的骨肉，拋掉了書的皮毛」。

正因為愛因斯坦善於使用這種「淘金術」讀書學習，所以他能去粗取精，不被那些使其負擔過重的「沙子」困擾，而由「金子」把自己引到深處，不斷為現代物理學開闢出新的道路，成為世界物理科學的巨匠。

由此可以看出，「去粗取精讀書法」對愛因斯坦在物理學領域中的成

功起了舉足輕重的作用。所以說，一個人在學習和工作中獲得成功與他選擇恰當的讀書治學方法是分不開的。在無數的讀書方法中，要善於運用；在長期的實踐中總結或創造出最適合於自己的讀書的方法，這是非常重要的。

三百年前，哲學家培根說了句聰明的話：世上讀書治學的人可分為三種，那就是，第一種蜘蛛式的，亦是靠自己肚子裡分泌出絲來，把網做得很美很漂亮，也很有經緯，下點雨的時候，網上掛著雨絲，從側面看過去，那種斜光也是很美。但是雖然好，那點學問卻只是從他自己的肚子造出來的。第二種是螞蟻式的，只知道集聚，這裡有一顆米，地上三三兩兩的抬了去，死了一個蒼蠅，也把牠抬了去，在地洞裡堆起很多東西，能消化不能消化卻不管，有用沒用也是不管，這是勤力而理解不足。第三種是蜜蜂式的，這種最高，蜜蜂採了花蜜，再加上一些製造，取其精華而去其糟粕，是經過改造製造出新成績的。

顯而易見，蜜蜂的方法是理想的讀書方法。我們讀書時，也應像蜜蜂一樣，又學又思，在學和思中，加以改造，去粗取精，去偽存真，最後變為自己的東西，將其儲存起來。

另一方面，在選擇要讀的書時，也要去粗取精。為什麼在選書的時候也要去粗取精呢？

古今中外的書真是一輩子也讀不完，所以讀書也要有選擇的讀。清末張之洞寫一本叫《書目答問》的書，這是為他的學生們寫的。書中就闡述了這方面的問題。他說寫這本書有三個目的，第一個目的是為學生指出門徑，從何入手；第二個目的是要他們選擇良莠，即好不好，好的書才念，不好的書不念；第三個目的是分門別類，再加以注解，以幫助學生讀書。從《書目答問》看，讀書就要有個選擇的問題，好書才讀，不好就不用讀。

精讀篇

　　書海茫茫，而人的時間和精力卻是有限的。因此，選擇書很重要。如果不加選擇，讀的是一本沒用的書，甚至是一本壞書，那就不只是浪費時間，有時還接受些錯誤的東西。到底讀什麼不讀什麼？這就用得到「去粗取精讀書法」了。是要在眾多的書籍中，挑選精華的書，拋棄那些糟粕，在沙裡淘金，才能為讀好書打下基礎。在選書時的去粗取精和在讀書過程中的去粗取精是同等重要的。

　　無論是在讀書過程中，還是在選書過程中，「去粗取精」這種讀書方法都是非常適用的。一位著名語言學家也主張讀書「要有選擇」，要「去粗取精」；一位作家對於讀書也提過「泥沙悉淘汰，所取唯珠玉」。可見，去粗取精法是許多成功的學者都注重的讀書方法。

　　去粗取精讀書法，就其性質而言，是運用內部語言對書中內容進行簡縮的讀書方法，有人替這種方法歸納為以下幾類：

★ **掃視法**：把按字按詞的閱讀變為按行按段按頁的掃視法。由慢而快，先按行速讀，最後做到按頁掃視。步驟是翻書掃視—合書回憶掃視所得—形成印象。若印象不深，再重複掃視。

★ **搜捕法**：在擴大視覺幅度的基礎上要學會找目標，即文眼、段眼、句眼及自己所需要的某項內容。

★ **連結法**：文章的段意一般表現得較明確：領起句；收結句；中間的中心句。採用此法讀書時，要留心這一特點，進行連結，比較分析，從而較準確的掌握全段的大意。

★ **借助法**：借助文章注釋、簡介、副標題、小標題、序言、跋、提示等條件，較快較準的理解大意。

★ **摘要法**：透過掃視，迅速理出文章的要點，諸如題目，寫作背景、文

章要素、主要內容、寫作特點等。

★ **代替法**：透過此法閱讀，把段變為句，把句變為詞。在閱讀過程中，配合思索、分析、歸納，掌握大意後進行提煉，使文章變為邏輯相連，高度概括的詞。

★ **取捨法**：即帶著明確的目的去掃視全書，取己所需，就像雷達追蹤監測目標一般，敏銳的抓住文中精華，將其他捨去。

總之，去粗取精讀書的目的要明確。在保證求知品質的前提下，逐步加快；要從實際出發，從讀書要求和個人水準的實際出發；要注意透過做筆記、常複習、勤回憶等方式，不斷鞏固讀書的效果。

實踐證明，讀書像在沙裡淘金，去其糟粕，才能掌握住書中精髓。反之，不求甚解的讀書或什麼書都讀，雖說可以讀書百萬，但吸取的精華卻很少，久而久之，就會逐漸淡薄甚至全部遺忘，更談不上把精髓之處加以改造，變為自己的養料儲存起來。

書海浩瀚無際涯，勤學巧讀需妙法。去粗存精是真諦，淘沙取金得精華。

● 十目一行，只求精深 —— 精讀讀書法

> 熟能通其竅，精能盡其妙。
>
> —— 杜甫（唐代詩人）

元代學者袁桷在《清容集》自序中說：「夫為學之道，用志不能不一，用力不能不專，農民莽而廣種，不如狹墾之為實也。工人泛而雜學，不如一技之為精也。」就是說，讀書盲目的貪多求廣，無目的泛而雜學，不如

精讀篇

在具備必需的「廣種」知識基礎上，早一點選擇適合自己「狹墾」的學科和書籍來，精耕細作，才能獲得豐碩的果實。袁枚所說的「狹墾」就是精讀。袁枚少年時讀書，也不得其法，濫於讀書，用力不專，結果收效甚微。他用自己的讀書經驗來告誡人們避免「廣種薄收」之弊，要精耕細作。

精讀，也稱為「詳讀」、「細讀」，「十目一行」式的閱讀。古今名人學者對精讀都有很多精闢的論述。

宋代朱熹認為，熟讀之後應該「繼以精思，使其忘皆若出於吾之心，然後可以有得爾」。意思是說讀書首先必須仔細反覆的閱讀，使書中的知識，都成為自己的思想，這樣就可以有所收穫了。他把詳讀方法總結為「提要勾弦」。即把有體會的地方先用紅筆勾出，再讀時又把新的體會處用藍筆勾出，以後又用黃筆勾出。如此尋根究底從全篇的內容到細枝末節的錙銖必較，都不輕易放過，直到「深思有得」，「漸漸向裡尋到精華處」。

清代學者阮元用的也是「十目一行」讀書法，他說：「世人每矜一目十行之才，余哂之。夫必十目一行，始是真能讀書也。」的確，只有十目一行的潛心精讀，才能真有所得。對一般性知識，或一般性資料，可以粗看略看，淺嘗輒止。對重要的知識，重要的資料或潛心研究的攻關項目的資料等，卻非要用「十目一行，字字入心」的精讀方法細心研究不可了。一位歷史學家的「通一經讀書法」，也是讀書不但要求自己讀得多，而且讀得精，讀得仔細認真。一位史學暨收藏家則認為讀書時，「對經典著作、基礎知識、理論著作和重要的歷史書籍，一定要精讀、深鑽、重要章節甚至熟到能背下來。」由此可以看出，這些寶貴的經驗我們是值得好好借鑑的。

更有趣的是有的人提出，精讀要發揚螞蟻啃骨頭的精神，從一點一滴入手，注意各章節、上下段落、前後句子的關聯。不能被表面所迷惑，要

取其真諦。讀書時採用圈、點、評、注的形式，把重點內容畫點點、難點畫圈圈；學習目標、有指導意義的句子給予簡單評價；不懂的詞，不認識的字加以注釋。精讀要少、細、精、慢中求其快。逐步做到：以教學為中心講究全，以目標為中心講究細。讀有所思，讀有所需，不放任自流。

一位現代著名散文學家提出精讀還要學習老牛的方法。他說：「深夜走過拴牛的地方，時常可以見到老牛悠然自得，動著嘴巴把白天吞嚥的東西再次『反芻』，細細咀嚼尋味的情景。我想，我們如果對應該精讀的東西，學習老牛的方法，把它咀嚼到極細才吞下，那麼，難消化的東西也會變得容易消化了，難吸收的東西也會變得容易吸收了。」

在這裡，「反芻」只不過是譬喻，我們不一定像老牛一樣，先來一個粗略吞下，然後再吐出來重新仔細咀嚼。我們盡可以從一開頭就精細的閱讀。但是，對某一部分著作，學習時完全參照老牛的「反芻」過程，先尋清大概，然後分段細細研讀體會，也是未嘗不可的。像對文學作品中某一精粹的段落，對某幾首凝練的詩歌等，就可以這樣做。

古代有人對於必須精讀的東西，採用抄寫的方式來學習，抄它一次、兩次、三次，這樣的卷抄，其實也是一種精讀的方法。對重要的著作，讀一本而能充分理解吸收，比讀三本五本而印象浮光掠影、模模糊糊，還是要好得多。所以說這種「精讀法」或「十目一行」式的讀書法在讀書治學中是能發揮很大作用的。

精讀有三個主要的特徵：

★ 有明確的、特定的目的。

★ 讀的速度較慢，甚至反覆讀。

★ 要在書上做些勾畫、眉批、邊注，或做些讀書筆記、卡片、心得體會之類。

精讀篇

精讀者還必須做到三勤：勤查、勤問、勤記。

學生讀的教科書是最典型的一種精讀。它包括以下幾個程序：上課之前先略讀一遍，找出問題的難點；上課時一邊聽老師講解，一邊對教材進行反覆閱讀、勾畫，一邊記筆記，理解書中的重點、難點；課後要複習上課講的東西，對關鍵或生僻詞、重點段落、精采章節、公式、定理、推導過程、圖表等，還要背會記牢；在此基礎上，完成書中規定的作業。

工作者為提高自己的工作技術或其他專業人員因工作所需而閱讀專業書籍，又是一種精讀。這種精讀的目的，常常是學以致用，把理論付諸實踐，甚至要對書中觀點和理論提出質疑，加以批判性分析。因此，這種精讀的具體做法，對不同教育程度的人來說，差別往往很大。所以說精讀應該是因人而宜，最好是選擇那些和你專業相關的書籍來讀效果更明顯。

怎樣才能做到精讀呢？

★ **要精選**：人的精力是有限的。要把浩如煙海的書籍全都精讀一遍，是不可能的，所以一定要從讀書的目標出發，精選值得精讀的書來精讀。否則就會白浪費時間和精力。一位中文系教授就曾說過：「精讀深研，選才要嚴。因為精讀是在略讀的基礎上進行的，目的在於求深求精，以期有發明創造，真正鑽研透幾部好書，闖過文字關，讀書就從此豁然開朗了。讀書之人才能成為通才，而更深入、進一步用功，必然精進。」

★ **要專心**：既然是精讀，當然要字斟句酌，一絲不苟；逐字逐段，深研細究，「讀書不放一字過，閉戶忽驚雙鬢秋」。把一頁書好好的消化，勝過匆忙的閱讀一本書。精讀時細心與否，其效果大相徑庭。朱熹曾提出：字求其訓，句索其旨。一字一句都務必弄明白它的含義，一點一滴的把書中的「精華」採擷出來，積存在腦子裡。儘管一點一

滴微不足道，但「飛瀑之下，必有深潭」。

★ **要理清線索**：會讀書的人往往能把一篇文章的主要線索找出來 —— 這篇文章的中心是什麼？說的是幾個要點？哪句話是線索？每段是什麼意思？它和上下文之間的關係是什麼？只有理清這些線索才能找出精讀部分，才能夠分清主次，讀起書來才能更「精」。

★ **讀書要掌握實質**：往往一本好書，它的內涵很深刻，不容易一看就明白，所以要求把字、詞、句、整篇文章仔細斟酌，才能準確的找出它的實質。如果粗心大意的讀，那就會使你對所讀東西產生似是而非的狀態中去，這常常是讀不好一篇文章的主要原因。更談不到精讀了。

運用精讀讀書法的主要方式有如下幾種：

★ **四遍研讀法**：即一遍細讀書中全文，連結文題思考本書主要的內容。二遍默讀，邊讀邊想，理清書中的思路，分析文章的內容層次，仔細分析文章的中心，抓住要旨。三遍連讀，分析本書的寫法和特點，注意從素材選擇、謀篇布局，表現手法，語言特點等方面去分析和理解。四遍研讀要注意抓住書中或文章的最精采的部分，細細的玩味，從中去領略書和文章的妙處。

★ **點面結合法**：是採用重點研讀和全面閱讀相結合的方式來閱讀。相對來說，要把整本書都細細的研讀是辦不到的。採用點面結合的方式可以收到事半功倍的效果。運用這種方式有四步：一是通讀全書，初知大意，分析並找出閱讀的重點、難點和疑點；二是細讀各「點」，分析理解各「點」的意義，逐步掌握全書要旨。三是由點及面，將分點研讀與全書通覽相結合，進一步明確全書的中心，使理解進一步深入。四是重點品味，全書相關章節賞析其優美生動之筆。

精讀篇

★ **咬文嚼字法**：採用逐字逐句細讀的方式。對全書都一一分析，並且由字面理解到內容分析，一絲不苟的進行。這種方式主要用於文言詩文的學習和理解，其步驟常有三步：一是細讀全文，一字一句的把文字讀通；二是譯讀和理解文章的內容；三是進一步分析和歸納文章或書中的要旨。

★ **比較鑑賞法**：一般都是指在已有閱讀基礎上進行深層次精讀。比較式精讀是指將同一類書，或者同一作者的兩篇以上作品拿來比較，以分析其發展演變或者將兩個以上流派的作品拿來比較，以分析其不同或相同的特點。從而更深層的分析作品的意義。鑑賞性精讀主要是評判和欣賞作者的寫作志趣、宗旨及寫作的功力、風格等。比較性精讀與鑑賞性精讀都是對作品甚至由作品到作者進行評判，分析都要在理解作品的基礎上進行綜合研讀，並且需要進行創造性思考。因此又是一種深層次精讀。

當然，「精讀」、「詳讀」並不是要求「詳讀」到把整本書從頭到尾的背誦出來。如果這樣去理解，那是把「詳讀」的意思搞錯了，因為真正吃透書中精華，弄懂書中的要點，從而進行深入的研究，才是「詳讀」之目的。

據一位學者的見解，似乎應該是這樣：基礎稍差一點的，讀書時間短一些的，還是以「詳讀」為主，「瀏覽」為輔好些。這樣才能達到「寧可少些，但要好些」的目的。先養成「詳讀」的好習慣，打好基礎。正如一位作家曾經告誡初讀書者，「精讀是準備」在「博中求精」，才能打好知識的基礎結構，向高的階段發展。

氾濫百萬，不如精於一也。有餘力然後及諸書，則涉獵諸篇亦得其精。

● 以求吃盡書中味 ── 三遍讀書法

> 讀書，第一遍可先讀個大概，第二遍、第三遍可逐步加以體會。
>
> ── 編者摘選

　　三遍讀書法以一位當代知名作家最為典型。他的作品具有濃烈的抒情色彩和新鮮活潑、輕鬆幽默的格調，思想性藝術性都相當高，得到文藝界的交口稱讚。這與他的讀書方法是分不開的。

　　他的讀書法頗有獨到之處，他讀文學名著，喜歡把一個作家的作品盡可能都找到，按發表的順序看一遍，以獲得較為深刻的印象。對於價值最高的代表作，他要來個「三遍讀」，第一遍是通讀，盡情的享受藝術，讓自己沉醉於其間，領略作品人物形象之美，語言技巧之美；意境之美。第二遍，邊讀邊對作品進行分析解剖，進行「大拆卸」，像機槍手學習拆卸和裝配一樣，仔細考查每一個零件的性能、製作方法和它們的關聯，學習作者的寫作技巧。第三遍閱讀又是系統通讀，主要是獲得寫作技巧的完整印象。有時候，為了更詳細的了解某種寫作技巧，他還需要同時瀏覽多種名著，看人家對文章結構或者是非曲直是怎樣寫的。回頭再將文章全文綜覽一遍，鞏固加深已有的印象。

　　透過這樣的三遍讀，他對文學名著的理解逐步加深了 ── 按語言或者按表現手法，或者按藝術形象等作分類研讀，看情節是怎樣安排的，語言是怎樣運用的，人物、場面、情感是怎樣表達的……在第一遍知其美的基礎上，深入探尋了其所以美的道理。

　　現代文學巨匠茅盾也曾用過這種「三遍讀書法」。茅盾讀書，特別是讀名著，一般至少要讀三遍。第一遍是「鳥瞰」式，即迅速的通讀一遍，使整個文章在自己的頭腦中先有個印象。「鳥瞰式」要掌握三個要點：一

精讀篇

快，一口氣讀完；二全，居高臨下，全面了解主要內容；三粗，概要掌握基本內容。第二遍是「精讀式」，即細細的咀嚼，慢慢的回味，體會作品的「來龍去脈」。但也應注意三個要點：一慢，逐一研讀，二細，全面研讀，三深，挖掘作品深意。第三遍是「消化式」，即弄懂整個作品的意思，用他自己的話說，就是從「情感上的感動」到「理智上的感動」。這「消化式」的第三遍閱讀，將讀書引向了更深的層次 —— 書中之精華，經過消化，變為了自己的東西，再經過長期累積，在後來的創作中發揮了應有的作用。

許多有識之士都認為，所謂三遍其實是多遍的意思。雖然人的理解能力、研究目標各有不同，但讀一遍只能達到一遍的目的，而真正讀懂、弄通則需要幾遍，才能完成。有句古話，叫作「書讀百遍，其義自見」，就是說書要多讀才能讀懂，其實，讀書不容易，把書讀懂更不容易。只有多讀，才能更深刻的了解書中真正的內涵。每本書都匆匆忙忙的讀一遍，就讀另一本，不求甚解，讀了等於白讀，過眼雲煙，最後一無所得。

一本好書或好的文學作品僅僅讀一遍，只能對書中內容有一個粗略的了解，而真正想讀懂則需要幾遍，甚至更多遍才能完成，才能領會書中的韻味。三遍讀書法最適合讀文學作品。一遍只能初步了解，二遍不能深入到精髓之處，只有三遍恰到好處，可以很好的理解作品內在和外在含義，又可增強記憶。

一位現代作家也採用三遍讀書法。他早年讀書時，就想將來當個作家。所以他讀了大量郭沫若、魯迅、葉聖陶、茅盾等中國新文學作家的作品，讀了《水滸傳》、《紅樓夢》、《儒林外史》、《二十年來目睹之怪現象》等名著和部分外國作家的著作，甚至於如醉如痴的將《復活》連讀三遍，深刻的理解了作者寫這本書的含義，對自己的文學創作也大有好處，

受益匪淺。

　　一位教授也提倡三遍讀書法。他說:「我讀《紅樓夢》、《西遊記》、《三國演義》都是這樣的。我喜歡《聊齋志異》,不知讀了多少遍,起初有些地方不懂,我就先讀下去,以後,再讀就逐步加深理解。讀數學書也是這樣,要把一部書一下子讀懂不容易,我一般邊讀邊想,讀到最末一遍,題目也全部做完。讀書不必太多,要讀得精,要讀到你知道這本書的優點缺點和錯誤了,這才算讀好、讀精了。」

　　仔細來看,這幾位名人的讀書方法,倒有異曲同工之妙。

　　另外,讀書要有毅力。不能這一本讀三遍,另一本就讀兩遍,要堅持長久,特別是對那些名著和好的文學作品更應該多讀幾遍,才能收到好的效果,否則,只有幾本讀得很透澈,其他都一帶而過,那樣就收效甚微。

　　一位著名作家說:「我讀古人書濃圈密點,旁注,十分認真,一字一句也不放過,以求吃盡書中味,對作者的感情、思想、所處時代環境以及藝術表現特點,都要求大體了解。我對他們的作品並不盲目歌頌,有的為之擊節,萬遍常新;有的則以為平常,並不為我佩服。我欣賞的東西,特別是詩詞之類,全憑兩點:一是長期的生活經驗;另一點是五十年的創作實踐,用這兩點去體會,去驗證。這兩點看似平常,得來卻都不容易。」

　　總而言之,掌握和運用三遍讀書法,其要旨就在於層層深入,由粗讀到細讀,由粗知到理解,由淺知到深刻體會,由消化到掌握。當然,在具體讀書中,並不一定拘泥於三遍的限制。這個三遍讀書的步驟和程序,僅僅是一個可供參考的方向和方法。

　　有句諺語說得好:「井掏三遍吃好水。」讀書也一樣,書讀三遍知其「味」。

● 由易到難，逐步推進 —— 層級讀書法

> 學習和研究好比爬梯子，要一步步的往上爬。企圖一下子登四五步平地登天，就必然會摔跤。
>
> —— 編者摘選

前面引用的這段話比喻得真是很形象化。學習和研究必須由淺到深逐步推進。而無論學習還是研究都離不開讀書，所以讀書也應如此。這是為什麼呢？

大凡書本知識的內在邏輯都是從低階到高階，由淺薄到高深，由簡單到複雜，由易到難，由點到面的逐步發展開的。如果用登山來打比方，也許這個問題更容易說得清楚一點。

我們大都有過登山的經歷。登山，必須從山腳起步，一步一步的逐步往上登，從山腳到山腰，從山腰到山頂，一步一步的前進，一腳一腳的攀登，最終到達頂峰，捨此別無其他捷徑。乍聽起來，這似乎和讀書風馬牛不相及，但是，細想想道理是一樣的。讀書，也是必須從基礎知識學起，一步一步循序漸進，由淺入深，由簡到繁，從點到面，從易至難。

縱觀古今中外的成功者，他們讀書都經歷了逐步漸進的過程。這就是本文要闡述的層級讀書法。

運用層級讀書法，最重要的就是從基礎知識讀起，把學好的基礎知識當作打好地基、築蓋大廈的第一步，然後才能一層層，一步步，最後築起知識的大廈。宋代學者朱熹曾說過：「未得乎前，則不敢求其後；未通乎此，則不敢志其彼。」英國首相邱吉爾（Churchill）也發表過這樣的見解，他說：「太年輕便讀巨著十分可惜。第一個印象非常重要，如果印象太淺，所能寄望於他的便也只有那麼多了。過早的接觸硬化了表層，第二

次閱讀時可能無法深入。」這些名人都談到了讀書要從簡單做起、從基礎做起的這個道理。可見，它在讀書學習中是多麼的重要啊！對於不重視基礎知識的學風，古人曾予以辛辣的諷刺，見載於《百喻經》上的「愚人築樓」的故事就是一個生動的例子：

據說在古時候，有一個吝嗇而又愚蠢的富人。一天在街上散步，看到一戶有錢人家住著一棟非常漂亮的三層樓房，他羨慕極了。回到家裡後，他叫來許多的匠人，決心也蓋一棟。他對眾匠人說：「也為我蓋一棟那樣的三層樓吧！」匠人們應下此事，隨即備齊了工料破土動工。他們打好了基石，從地面上砌起磚來。這時富翁跑來問道：「疊磚做什麼？」匠人答：「你不是要蓋一棟三層樓嗎？」富翁把頭搖得像個波浪鼓似的說：「我只要樓房的第三層，不要下面那兩層。」眾匠人聽罷笑道：「哪有這樣的事，不蓋第一層、第二層，哪能會有第三層？」

這個愚蠢的富翁要建「空中樓閣」的故事，乍聽起來似乎有些滑稽。可是，只要我們仔細的想想，那些不想讀基礎書籍，就想掌握較深奧知識的人，又與那個只要「空中樓閣」的富翁有什麼本質的區別呢？

這個有趣的故事，無非是告訴讀書學習的人，在讀書的過程中，一定要有個程序，一定從基礎書籍讀起，逐步深入，讀過一節再讀一節，讀一章再讀一章，讀完一本再讀一本，學好基礎知識，一點點的深入，以此為基點去攀登科學的高峰。最後，就像登梯子一樣，一級一級而上，最終會達到屋頂。

美國哲學家阿德勒（Adler）對層級讀書法有更為系統、精闢的論述。他把讀書分為四個層次：初級閱讀、檢視閱讀、分析閱讀、綜合閱讀。

★ **初級閱讀**：是基本的閱讀或開端的閱讀。讀者僅僅能提出的問題是：這個句子是說什麼？初學者首先接觸的就是這個層級的閱讀。

精讀篇

★ **檢視閱讀**：即在指定時間內，以求從書本上得到最大的收穫。其特點是讀者必須在規定的時間內完成閱讀的步驟。檢視閱讀包含兩種不同方式，即略讀和預讀。一本書到手，由於時間限制只能採取略讀或預讀。略讀和預讀主要目的是要知道該書是否有精讀的必要。其具體方法是，首先要注意導言，從副標題中找出作者特別強調的重點及目的；其次要從目錄中了解書的結構，並對該書的範圍獲取初步的印象，再次要找出幾個重要論點所在（許多作者都習慣在最後幾頁中將作品最新、最重要的觀點進行概括的論述），仔細閱讀。完成上述步驟後，便知道這本書是否應該精讀了。這裡還有一個值得注意的問題，即閱讀的速度。為了避免閱讀中產生速度減慢的現象，可採取一種強制的提高速度的方法，即將拇指和食指放在一起，將這個「指標」順著文字一行一行的指下去，稍微比眼睛移動的速度快一點，這樣，會使你的閱讀速度增快 2 ～ 3 倍。

★ **分析閱讀**：就是全盤、完整的閱讀，一般不受時間的限制。分析閱讀有以下幾個要素：

・確定你要讀的是哪一類書。

・能夠使用一個或幾個簡單的句子或小段文句來敘述整本書的內容。

・說明書的主要部分，並解釋作者如何依次將它們完整的組合起來。

・找出作者所要討論的問題。

・找出作品中的重要字眼，並了解作者使用它的方法。

・找出重要的詞句及所含的命題，繼而用自己的話來敘述，促進知識的消化和理解。

・從書中找出關於作者論點的段落，則從一個段落中找出論點，則從

各個段落中找出重要的句子，直到將所包含與論點有關的一連串句子組合起來為止。

· 找出作者的解答。

· 批判性的吸收作品，必須提出你評價的理由。

★ **綜合閱讀**：指在一段時間內閱讀較多的彼此內容相關、討論的主題相近的書籍和文章的閱讀方法。綜合閱讀並不是單指內容上的比較，讀者還必須根據主題建立一套分析的理論。因此，綜合閱讀是一種最積極的閱讀，也是一種最費心的閱讀。綜合閱讀有兩個主要的階段：

· **準備階段**：根據目錄、專家的建議以及作品中的參考文獻，提出一套適合自己的閱讀主題的暫時性和參考書目。瀏覽這份暫時性的書目上的所有書籍，找出最貼近主題的作品

· **正式的綜合閱讀階段**：瀏覽第一階段收集的相關作品，尋找相關的章節；建立一套能注釋這類大多數作品的適當名詞；提出一套適度的問題；劃分各種主要與次要的爭論，將正面與反面的意見分門別類的加以組織與整理；按順序分析不同的問題與爭論，將主題理出頭緒。

上述四個閱讀層級是層層相因的，並且高層級包含低層級。一般來說，有很多好書值得分析閱讀和綜合閱讀，但大多數書只需要檢視閱讀，因為一個人的精力和時間畢竟有限。 所以，不管是從理論還是實踐，都說明了任何事情，任何事物都得從簡到繁，從低到高，從基礎開始，按照「逐步推進」的方法去讀。「九層之臺，起於累土」，「合抑之木，出於毫末」，「千里之行，始於足下」，做各種工作都是如此，讀書求知，更不例外。

讀書，千萬要牢記「萬丈高樓平地起，欲速則不達」。

● 熟讀唐詩三百首，不會作詩也會吟 —— 背誦讀書法

> 好書不厭百回讀，熟讀深思子自知。
>
> —— 古詩

　　大家也許還記得郭沫若創作的著名歷史劇《蔡文姬》吧！觀眾無不為劇中主角蔡文姬動盪、坎坷的人生經歷所感慨，同時也無不嘆服於她在〈悲憤詩〉、〈胡笳十八拍〉等傳世名作中所展示出的才華。蔡文姬在文學上獲得的成就，除了與她顛沛流離的身世有關外，很大程度上得益於她好讀書、喜背誦的學習方法。

　　文姬從匈奴返漢後，有一次，曹操問她：「聽說夫人家中先前有許多古書，不知還記得否？」文姬回答說：「從前父親在世時曾賜給我四千多卷書，由於戰亂，這些書都失散了。我現在所能記誦的，只有四百多篇。」曹操非常高興，說：「請夫人口授，叫人記錄下來。」文姬說：「不用了，就請伯父授紙筆於我，我回去寫出來就是了。」過了一段時間，文姬果然將默寫的四百多篇文章呈給了曹操。

　　據史料記載，文姬自幼刻苦讀書，她曾反覆背誦過千卷以上的書，正是這種反覆背誦的方法使她終身受益，成為中國歷史上著名的才女。

　　由此可見，青少年時期有選擇、有重點的背誦一些作品，是非常重要的。尤其對一些古典文學、古代散文、古典詩詞等名篇佳句，更應透過背誦達到呼之即出的程度。

　　一聽到「背誦」二字，很多人會立刻皺起眉頭，想到「死記硬背」，認為這是一個老生常談的話題，或者是在鼓吹一種早已過時的、甚至應當受到極力反對的讀書方法。其實不然。無論是古代對兒童進行啟蒙教育的方法，還是幾十年前業務員熟記幾千個電話號碼的方法，以及我們日常學

習工作中對知識的汲取，可以說，沒有任何一種記憶的好方法是可以完全脫離開背誦的。

捷克教育家康門紐斯（Comenius）說：「記憶不應該得到休息，因為沒有一種能力比它更易動作，更能由動作得到發展的。」背誦是記憶的基本的必用方式。背誦的好處有三點：一是幫助我們記住，也就是「熟」。二是幫助我們加深理解，從而更牢固的記住，也就是「巧」。三是促進我們的大腦積極性，讓它經常處於工作狀態，也就是「動」。

一位高分考上第一志願大學的學生，下面就是她關於「死記活用」學物理的體會：「我對於物理的理解，不僅是知道它，更重要的是記住它、懂得它，這樣，便有了先前所說的『死記』。就像學文科一樣，我對物理書是相當熟悉的。主要的定理、概念，我在一節課上完後就背下來，就是『死記』。因為記它們時，我是一字不差的記。我一直認為要真正理解一段文字，就是要一個字一個字的讀明白，而背出來則是真正做到讀明白。由於經常背概念，我往往會找到一些規律。例如，背『閉合電路歐姆定律』，從中發現不論『閉合電路』或『部分電路』定律針對的都是『電流』這個物理量，而其他涉及到的物理量，或是用來定義它，或是用來計算它。抓住這樣的規律，什麼定理、定律都不難以理解了。此外，由於弄清楚並記住了每一個定理、定律，以後遇到相關內容就容易歸類與連結。」

從她學物理的經驗可以看出，問題的關鍵不是出在「背誦」這個方法上，而是背誦的人應該怎麼背誦上，這就需要連結到下面這些方法了。

要提高背誦的效率，應注意以下幾點：

首先，對背誦要有明確的目的意識，要在主觀上注意帶動自己的興趣和意志，使大腦始終處於「啟動」的興奮狀態。其次，要注意在理解的基

礎上背誦，生吞活剝、死記硬背只能事倍功半。再次，在條件允許的時候，要透過出聲朗讀的辦法加強記憶。最後，要掌握記憶規律，合理安排背誦時間和適時加強學習。

年輕人記憶力好，平時學習工作中注意留心背些東西，日積月累，就能達到「胸藏萬匯憑吞吐，筆有千鈞任歙張」的境界。

泛讀篇

● 讓眼球與大腦同步前進 ── 「板塊」讀書法

> 閱讀的藝術，就是怎樣適當的略過不必要閱讀的部分。
>
> ── 哈密頓（Hamilton，英國數學家）

世上人們讀書的速度和效率的差異是驚人的。同樣是一本十幾萬字的書，有的人一夜之間就把它看完了，並且能提綱挈領的掌握其主要內容、中心思想，對某些特別精采的章節還能背誦出來。而有的人讀了三、五天，甚至十天半個月也沒看完。按道理後者花的時間多，學到的知識也應該多而牢。其實不然，慢吞吞看書的人，不一定都能讀深學透。有人曾對大學生做過實驗調查，發現那些迫切想知道書中內容的讀者，比起那些從容不迫，按部就班的讀者來，對書的內容理解得更深，記得更牢。

在當今知識經濟的時代，如果還是以五十年前至一百年前的速度，即每分鐘 15 ～ 200 個單字的速度讀書，已經無法跟上時代前進的步伐，無法滿足對大量知識資訊的需求。因此，要求人們必須加快閱讀速度，採用一種既節省時間，又講究效益的最佳方法，這種方法就是「板塊」讀書法。

所謂「板塊」讀書法，是指把一個片語、一個句子、一段文字、一頁文字，甚至一個章節視為一個小整體 ── 「板塊」，在閱讀時，把這個小整體「板塊」作為視讀單位，有意識的略過不必要閱讀部分的一種快速閱讀法。

自古以來，運用「板塊」讀書法的大有人在。明代御史大夫景清，上「國學」時得知同窗珍藏一部「祕書」。便多次求借，那藏書人才允許他看一夜，而且第二天一大早便催他還書，景清很生氣，就說：「我沒借你的書！」藏書人告到官府，景清拿著那書去見官，說那是自己經常課讀的

一本書。官府問：「有何為證？」景清說：「我能背誦書中內容。」說完便從頭背誦書中的文句。官府讓那藏書人背時，他竟一句也背不出。結果官府把藏書人趕出公堂。走出官府後，景清把那書還給了藏書的同窗，並說：「我認為你對自己的書珍惜得太過分了，有意跟你開個玩笑。」

景清的做法不一定可取，但景清能在一夜之間看完一本書，並能過目成誦，除了驚人的記憶力外，就是靠高超的快速讀書法。類似的例子歷代不絕於書。《後漢書》讚張衡「一覽便知」，傳說他騎馬看道旁的碑文，馬不停蹄，便能記下來。《梁書》稱簡文帝「讀書十行俱下」。《北齊書》讚王孝渝「讀書敏速，十行俱下」。宋文學家劉克莊自云：「五更三點待漏，一目十行讀書……」

能「一目十行」者何只古人，許多中外偉人、名人都是其中的佼佼者。列寧讀書的速度和理解的深度就異常驚人。他曾說：「我讀書很快，已經養成習慣了。我必須讀很多書，因此慢慢讀是不行的。」據別人回憶說，列寧甚至能「一目半頁」、「一目一頁」的讀，並能準確掌握所讀的一切。過一段時間，他能憑記憶援引書中某些句子和段落，好像他對讀過的一切東西都進行了專門研究一樣。據說德國一位總統在繁忙的國務事情之餘，每天還能閱讀近十萬字的資料。魯迅先生一生看過幾萬冊的書，他讀書也是常採用「跳躍式」，即跳字、跳行、跳段、跳頁的讀。

目前，速讀在國外許多國家已成為一門獨立的學問，速讀學術會、速讀講習班如雨後春筍般出現。美國前總統甘迺迪（Kennedy）就接受過速讀訓練，每分鐘可達英語單字 1,200 個，比原來提高了 4 倍。

實踐證明，「板塊」讀書法是一種行之有效的快讀法。那麼，掌握此種方法的關鍵是什麼呢？回答這個問題，必須首先了解閱讀的原理和過程。

現代閱讀心理學告訴我們：閱讀，是人們的眼睛和大腦對文字資料的感知和接受，其過程不僅表現在眼球的移動，而且涉及到知覺的廣度。閱讀時，人的眼球並非連續不斷的移動，而是忽動忽停的跳動。辨認文字不是在眼動時，而是在眼球不動的瞬間，這瞬間叫「眼停」。每次眼停所注視的對象叫視讀單位。眼球是按眼停—掃描—眼停……的方式連續不斷的運動的。我們所說的「一目」，其實就是一次「眼停」，所談的「十行」，即「板塊」，就是一個較大的視讀單位。閱讀能力不同的人，視讀單位也不同。此外，閱讀時眼球不僅做向前的「正移動」，有時因意義不明或未看清楚還得做向後的「負移動」。顯然，「負移動」的次數越多，讀書的速度就越慢。

可見，速讀的關鍵和奧妙就在於眼停時抓住的字數多，掃瞄的次數少，「負移動」的頻率低。反之，速度就慢，效率就低。

現代閱讀心理學還告訴我們：在閱讀的過程中，視覺和思考並非同步並行的。視覺接收文字信號的速度遠遠低於思考速度，即大腦往往是跑在眼球的前面，它在閱讀過程中總是以概念為單位展開，眼睛只要看到一個詞或一個句子裡的幾個關鍵字，大腦便能迅速而準確的判斷並辨別出詞和句子的含義。這是因為每個讀者的腦中，總是儲存著一定的相關詞、片語、句子以及它們之間的邏輯關係的知識。這樣看到前面一個字，就可預知下面一個字，見到上句，就可預知下句。當接受新事物時，許多相關的內容腦中已有印象無須再記的，或不甚重要的，就可以忽略跳躍過去。

於是，我們得出這樣結論：掌握「板塊」讀書法的關鍵是必須加大視覺捕獲的資訊容量，使閱讀與思考同步，減少大腦的「空轉」。而加大視覺捕獲的資訊容量，即擴大視覺範圍，將「板塊」作為視讀單位的關鍵是要學會從一個片語中抓住中心詞，從一句話中抓住關鍵字，從一個段落中

抓住段意，從一篇文章中抓住標題與中心，從一本書中抓住提要與目錄。這樣就可忽略相對不重要的部分，擴大「板塊」容量。

那麼，怎樣運用「板塊」讀書法呢？

首先，要高度集中注意力。注意力是外界資訊進入大腦的「大門」，精神集中的程度和控制注意力的能力是快速閱讀的象徵。列寧的讀書速度為何那樣快？他的夫人克魯普斯卡婭（Krupskaya）揭開了謎底。她說：「當他閱讀時，精神非常集中，所以閱讀很快。」善於排除一切來自外界和內心的干擾，聚精會神的讀書，是快速閱讀的先決條件。注意力不集中，很難成功的運用「板塊」讀書法。

其次，要因人而異，靈活掌握，每個人的教育程度不同，理解、接受、記憶的能力也不盡相同。基礎好的，知識面廣的人，可以擴大「板塊」的容量，加快閱讀速度，像魯迅、列寧那樣一目十行，一目一頁的跳躍式讀書。反之，就要縮小「板塊」的容量，放慢閱讀速度，特別是動用「板塊」讀書法的人，更應該有一個從少到多，由慢到快的循序漸進的過程。

再次，要因目的而異，決定取捨。提高閱讀速度，是為了捕捉更多有效的資訊，哪些知識資訊應該捕捉，哪些知識資訊可以忽略，這完全取決於閱讀者的目的和需求。有人從實踐中總結出以下幾點資訊在讀書時應該注意捕捉。一是最有用、最急需的知識資訊；二是擴大知識面的基礎資訊；三是防止知識老化的更新資訊；四是開闊思路的不同見解的矛盾資訊；五是常用的、重要的定理、公式、資料等資料資訊。屬於上述五種資訊的知識，閱讀時要減少「板塊」容量，放低速度，盡可能一次性理解和接受，並在大腦中儲存起來。不屬於這五種資訊的內容，可加大「板塊」容量，快速翻閱瀏覽。

最後，為更好的運用「板塊」讀書法，必須提倡視讀、默讀，不宜口讀，更不要大聲朗讀。特別是學習外語，用視讀的效果最佳。有人曾分別用視讀、默讀和朗讀方法快速閱讀一篇外語短文，結果所用時間依次是40秒、60秒、80秒。心理學實驗資料證明，閱書的速度比讀書的速度高10～100倍。

　　有人會問，怎樣才能熟練的掌握和運用「板塊」讀書法呢？答案是：必須有意識的進行速讀訓練，訓練的重點是開發視覺能力的同時努力開發大腦的潛能。下面簡介幾種訓練方法。

★ **協調訓練法**：閱讀活動從大腦受理資訊過程上看，首先是透過視覺系統和其他感知系統攝取文字資訊，接下來是大腦對這些輸入的資訊進行分析、理解、處理和儲存。大腦緊張工作時，全身各器官也隨之相應緊張，大腦和人體整個機能易疲勞，影響閱讀和記憶的速度及其理解、處理資訊的能量。對此，可透過放鬆法，先做肌肉放鬆後做心理放鬆；意守法，以「一念代萬念」，使心寧、腦靜；心理暗示法，堅定相信自己具有超常的閱讀和記憶能力等方法進行協調訓練，使腦、身、心功能得到調整，使大腦產生有利於閱讀、記憶的電波，從而大腦勤奮工作而身、心輕鬆和諧。這是訓練速讀超常記憶的一個重要方法。

★ **理解訓練法**：理解是快速閱讀的生命。快速閱讀不是「走馬看花」、「蜻蜓點水」，而是在積極的進行創造性的理解的基礎上進行的。所謂創造性理解，就是在快速閱讀時進行聯想感知的訓練，即抓住關鍵字，聯想感知句意；抓住關鍵句，聯想感知段落大意；抓住段落大意，聯想感知全篇中心思想；抓住全書主要篇章，聯想感知全書內容和特點。這樣，透過反覆訓練，一定會逐步提高理解力，從而為速讀提供有效的保證。

★ **限額訓練法**：閱讀時預先為自己定下時速限額。這樣，無形中向自己施加一種外在的壓力，從而強制自己，逐步擴大「板塊」容量，不斷提高閱讀速度。採用限額法的關鍵是要說到做到，不要流於形式，切記思想一放鬆，限額就失去了意義。限額要因人而異，太高太低都不好，應當確定一個自己經過努力可以達到目標的最佳值。

★ **視覺訓練法**：主要是增強視覺的靈敏度和廣度。初學「板塊」讀書法的人，可採用固定物凝視法，眼球上下左右移動法，來增強視覺的靈敏度和廣度。也可採用遮蓋法，即讀書時，用一張白紙遮蓋住以下各行，隨著紙片不斷移動，逐行逐行的讀下去，從而培養一目一行的閱讀習慣。時間長了，就可以一目兩行……一目十行的讀了。

「板塊」讀書法節約的是時間，追求的是效率。所以，運用「板塊」讀書法要注意質和量的統一，千萬不要圖表面上的虛假數量，盡可能做到好中求快，快中求好。

最機靈的捕魚人總是開大網；最優秀的射手總是一箭中的；最高明的雕刻家總是把石頭多餘的部分恰到好處的鑿掉。

● 善於捕捉，掌握實質 —— 通觀大略讀書法

> 萬山磅礴，必有主峰；龍袞九章，但挈一領。
>
> —— 韓愈（唐代文學家）

提起三國時的著名政治家、軍事家、文學家諸葛亮，腦海中就會很自然的浮現「聰明絕頂」、「洞察先機」等字眼。然而，諸葛亮之所以能夠運籌於帷幄之中，決勝於千里之外，是與他勤奮的學習精神和有效的學習

方法分不開的。據《三國志》記載，諸葛亮與徐庶、石廣元、孟公威一起讀書，但風格卻各有不同，「三人務於精熟，而亮獨觀大略」。

所謂「務於精熟」，即在「透澈」上下功夫；所謂「觀大略」，即從整體上高屋建瓴的掌握書本上的精神實質，不被枝節問題所糾纏，以致浪費精力，誤入歧途。

可知，這裡的「觀其大略」，是一種科學的讀書方法，即提綱挈領的領會精神實質和要點的讀書方法。

大略，含策略統領之意。古人曾注：「略，謂舉其大綱。」每一篇章，每一本書籍，都有它的最精粹部分，抓住了它再進行深鑽細研，就能較好的掌握通篇主要精神，使所學知識扎實深刻而不淺薄，從而達到事半功倍、融會貫通的效果。

某年，一群大學的辯手們在新加坡首屆國際大專辯論會上奪下獎盃，他們的才學、智慧、機敏讓人們留下了深刻的印象。辯論會中的辯題包括倫理道德、經濟學、醫學、社會學、哲學等諸多方面的內容。辯手們能在很短的時間裡掌握並恰當的運用許多並非自己所學的專業知識，這與他們平時的知識累積和集訓時有效的讀書方法是分不開的。

在集訓的一百多個日日夜夜裡，每一個隊員都翻閱了將近一百多本書籍，其中包括儒家的四書五經，西方經濟學的各家代表著作，哲學、社會學、政治學的名著，中西文化史、思想史的權威著作，乃至各類人物傳記。閱讀每本書他們都力求捕捉最先進的知識，力求有效掌握每一本書的實質內容並弄清楚最基本的概念、定理、口號、標語等，以便在辯論場上能從容面對對方辯手的每一個刁鑽問題。他們這種「善於捕捉」而又能很好的「掌握實質」的讀書方法，使他們在知識的獲取上有效而迅速，在知識的吸收學習上達到深刻而不淺薄的境界。

我們都知道，知識浩如煙海、廣袤無垠，要完全透澈的掌握它們好比天方夜譚。其實，有時對一個學科的一個點的透澈學習和研究，就要窮其一生，更何況是對所有知識的完全徹底的掌握。但是，要對許許多多的知識有所掌握和了解，這並非不可能。

諸葛亮就是掌握和能靈活運用許多知識的典型，他上通天象氣候、下知人文地理，知識可謂包羅萬象。漢代學者鄭玄講過，「舉一綱而萬目張，介一篇而眾篇明。」對浩如煙海的知識，只要「提綱挈領」，抓住那個綱，就可以「綱舉目張」，很好的掌握理解它。這就譬如天上的星辰，看起來令人眼花撩亂，但是經過天文學家把那些肉眼可見的星分為幾十個星座，就使它們「各歸各位」了。而認識了一些最重要的星座以後，也就可以從星辰來辨認方向了。可見，許許多多的學問，都是這樣可以從提綱挈領式的「通觀大略」讀書中獲取的。

掌握並使用通觀大略讀書法，要注意以下幾點：

★ 要有一定的哲學修養，善於概括提煉。在瀏覽中善於捕捉發現有價值的資料、觀點，經過篩選、綜合後摘記下來。

★ 既要鑽進書中，又能站在書上，獨立思考。鑽進書中，重在「意境之領會」，不要拘泥於字句。站在書上，指站的角度要高，應重在其高深要旨。

★ 要經常注意最先進的知識，站在本學科知識的尖端。

★ 要弄清楚最基本的概念、定理、原理，才能達到融會貫通的境界。

張之洞指出過，「讀書不知要領，勞而無功」。掌握並好好利用「通觀大略讀書法」，讀書學習中就可以避免勞而無功，更可以事半功倍達到對知識的融會貫通。

● 讀書破萬卷，下筆如有神 ── 博覽讀書法

> 讀書無嗜好，就不能盡其多，不先泛覽群書，則會無所適從或失之偏好。廣然後深，博然後精。
>
> ── 魯迅（現代文學家）

有句俗話說「蜂採百花釀甜蜜，人讀群書明真理」，講的就是要博覽群書。

博覽群書是古今中外許多卓有成就的學者、專家的一個共同特點，例如，三國時期的政治家、文學家諸葛亮，東晉時期的大詩人陶淵明，唐代大詩人杜甫，英國著名作家毛姆（Maugham），進化論奠基人達爾文（Darwin），馬克思以及近代偉大的文學家魯迅等等，都是博覽群書、學識淵博的人。他們不但善於從社會生活中獲得各種知識，而且善於從大量的書籍中獲得知識。「多讀書，讀好書」；「廣泛涉獵、開闊思路」；「讀書破萬卷，下筆如有神」，這些有益的格言警句，就是他們讀書治學經驗的總結。

那麼，為什麼要博覽群書？它的意義何在呢？我們說，世界上的事物是複雜的，要想深入探索客觀的奧祕，就需要具備多方面的知識，隨著社會和科學技術的進步，各門學科之間的關聯日益緊密，對客觀世界的認識也日益深入，如果作繭自縛，把自己局限於一個狹小的範圍內，那就難以具有開闊的視野，也難以做出突出的成績。同時，不廣泛的吸收人類文明文化的優秀成果，也難以在原有的基礎上推陳出新、繼承和發展。

例如，東漢傑出的思想家、哲學家王充，所著《論衡》一書，就是他博覽群書，以十餘年的精力而寫成的。

王充出身卑賤，幼好讀書，六歲始讀，八歲習《論語》、《尚書》等古代經書。他每天堅持背誦一千多字，沒用幾年時間，就把家鄉能夠找到

的書籍全部讀完了。

　　大約二十歲左右，王充被薦舉到京城洛陽的太學學習。在京城學習的幾年中，洛陽城中繁華的街道，雄偉的宮殿，熱鬧的商店及名勝古蹟，都沒有引起他的絲毫興致，他經常流連忘返的卻是洛陽的書坊。可是王充實在太窮，根本無力買書。於是，他就只好站在書坊裡翻閱各種書籍。他每看完一本書，就挑另一本接著看。這樣，經過數年，他走遍了洛陽的書坊，幾乎把所有書坊的書都看過了。

　　王充讀書重在一個「博」字，他博覽群書，務求破萬卷。據統計，《漢書・藝文志》中所列六藝、諸子、詩賦、兵書、術數、方技等六類書，共達一萬三千多卷，只要當時存世的，他幾乎都一一讀過。

　　再如，馬克思為了寫作《資本論》，閱讀了大量的書籍，初步統計約一千四百餘種，引用了近數十個學科，約數百個學者的觀點。馬克思在文學藝術方面也極有修養，對海涅（Heine）、歌德、但丁、巴爾札克（Balzac）、尤其是莎士比亞等當時著名作家的作品，都異常熟悉，如數家珍，許多名言佳句都能隨口背誦，信手拈來。除此而外，馬克思在自然科學方面也造詣頗深，曾經博覽和研究了物理學、化學、生理學、地質學、天文學以及工業、農業、商業、金融等方面的書籍和知識。總之，馬克思透過廣泛而深入的讀書研究，使他的頭腦像一個取之不竭，用之不盡的知識寶庫。

　　博覽讀書法，包含兩層意思。一是廣博泛覽，二是專精攻讀。

　　有詩云：「萬綠叢中一點紅」。這裡，不妨借喻來，把讀書的廣博泛覽比作萬綠之叢，把專精攻讀看成一點之紅。如果進而把「萬綠」比為茂密的樹葉，那麼，沒有綠葉就育不出紅花；沒有紅花，綠葉也是徒有其茂、空具其綠。因此，讀書必須把廣博泛覽與專精攻讀的範圍和內容選擇

好，結合巧，不能只泛覽而不精讀，也不能「精讀於一而漏萬」。同時，又不能該「泛覽」的書偏「精讀」，應「精讀」的書又「泛覽」，使泛覽和精讀的範圍顛倒或模稜兩可。這樣，就叫作「學不善法」，引出的結果，就是「事倍功半」。

廣博泛覽和專精攻讀是對立的統一，兩者是互相滲透、相輔相成的。古語說：「不通百經不能治一經，不通一經不能治百經。」唯有博，才能功力於專；唯有專，才能融會於博。精通一門，可以「聞一以知十」，為博學奠定基礎；廣博泛覽，又可以幫助我們對某一學科的精通。從這一點看，精通的學科又是博學的結晶。博離開了精，就會轉化為另一種要不得的東西——「雜」；精離開了博，也會轉化為另一種要不得的東西——「陋」。「廣博」是「精專」的基礎，「精專」又能反作用於「廣博」。

丹麥有句名諺說得好：「聰明人接觸各種知識，但他是從精通一門來認識世界的。」這段寓意深刻的諺語告訴我們：僅靠廣泛的接觸各類知識，僅靠「廣博」的瀏覽各種書籍，並不是我們讀書的目的，我們要透過讀書去認識世界，改造世界，必須在「廣博」的同時，努力「精專」一門，「由博返約」才能學到真正的知識。才能建立起較為理想的「知識大廈」。

在這方面，魯迅先生為我們做出了典範。

魯迅一生博覽群書，除政治理論、文藝作品外，還廣泛涉獵了自然科學、社會學、文物考古、美學，甚至佛學方面的書籍。並形成了富有特色的博覽群書讀書方法。其讀書方法的要點有五：

★ 泛覽：「愛看書的青年，大可以看看本分以外的書。即課外的書，不要只將課內的書抱住。應做的功課已完而有閒暇，大可以看看各種各樣的書。」

魯迅提倡「博採眾家取其所長，不要專看一個人的作品」，「必須如蜜蜂一樣，採過許多花，這才能釀出蜜來，倘若叮在一處，所得就非常有限，枯燥了」。主張在消閒的時候，要「隨便翻翻」，以增長知識，擴展視野。同時，還應重視讀反面的東西，「明知道和自己意見相反的書，已經過時的書」，也要翻一翻。「翻來翻去，一多翻，就有比較，比較是醫治受騙的好方子」。

★ **硬看**：對較難懂的必讀書，硬著頭皮讀下去，直到讀懂鑽透為止。「學外國文學須每日不放下，記生字和文法是不夠的，要硬看。比如一本書，拿來硬看，一面翻生字，記文法，到看完，自然不大懂，便放下，再看別的。數月或半年之後，再看前一本，一定比第一次懂得多。」若遇到暫時弄不懂的地方，則採取跳讀，連結上文甚至全文來「硬看」，直至理解。「若是碰到疑問而只看那個地方，那麼無論到多久都不會懂的。所以跳過去，再向前進，於是連以前的地方都明白了。」

★ **專精**：魯迅提倡以「泛覽」為基礎，「然後抉擇而入於自己所愛的較專的一門或幾門」，深入的研究下去。否則，會成為「雜耍」，讀書雖多，但一事無成。其《中國小說史略》、《古小說鉤沉》、《唐宋傳奇集》、《小說舊聞鈔》的編纂結集，堪為讀書專精的典範。

★ **活讀**：魯迅主張讀書要獨立思考，注重觀察並重視實踐。他指出，讀死書是害己，一開口就害人。他說：「專讀書也有弊病，所以必須和社會接觸，使所讀的書活起來。」要「自己思索，自己觀察，倘只看書，便變成書櫥，即使自己覺得有趣，而那趣味其實已在逐漸硬化，逐漸死去了」。並主張「留心世事」，「用自己的眼睛去讀世間這一部活書」。

★ **參讀**：魯迅讀書不但讀選本，還參讀作者傳記、專集，以便了解其所處的時代和地位，由此深化對作品的理解。他說：「我總以為倘要論文，最好是顧及全篇，並且顧及作者的全人，以及他所處的社會狀態，這才較為確鑿。」、「倘要看文藝作品呢，則先看幾種名家的選本，從中覺得誰的作品自己最愛看，然後再看這個作者的專集，然後再從文學史上看看他在文學史上的位置；倘要知道得更詳細，就看一、兩本這個人的傳記，那便可以大略了解了。」魯迅一生廣泛讀書，善於「拿來」、「占有」和「挑選」，並與現實生活相結合。

泰山不辭握土泥丸而能巍峨屹立，長江不棄涓涓細流才成浩瀚汪洋。廣泛閱覽，我方吸收，方能臻於博大精深。

● 開闊視野，啟迪思路 ── 多翻讀書法

> 書在手頭，不管它是什麼，總要拿來翻一下，或者看一遍序目，或者讀幾頁內容。
>
> ── 魯迅（現代文學家）

在資訊時代，書刊浩如煙海，一個人在有限的時間裡，不可能都讀完。為盡量多的獲取資訊和知識，必須學習「多翻」讀書法。

多翻讀書法是魯迅的主張，他在讀書時，有一個習慣，叫作隨便翻翻，也就是輕鬆的瀏覽一般的報刊雜書，有時從一本書裡選一篇或幾篇文章讀讀，有時甚至只看看目錄。這樣的讀書能有收穫嗎？

當年人們佩服魯迅看書很多，他回答是因為常常「多翻」的緣故。

魯迅先生在 1934 年寫過一篇叫〈隨便翻翻〉的短文，專門介紹了這種讀書方法。他說：「書在手頭，不管它是什麼，總要拿來翻一下，或者

看一遍序目，或者讀幾頁內容。」這是一種廣泛涉獵，開拓視野，啟迪思路，快速瀏覽的讀書方法。

據學生回憶，魯迅有一個習慣，就是在工作之餘的空隙時間，見縫插針，閱讀書報。除了一些重要的外國書和社會科學書是細細的研讀之外，普通雜誌一般是選幾篇或一部來看看，有的刊物拿過來隨手翻翻，對於報紙，也總要花十來分鐘過目一下。

魯迅認為這種方法很有益處。他說，譬如我們看一家的陳年帳簿，每天寫著「豆腐三文，青菜十文，魚五十文，醬油一文」，就知道以前這幾個錢就可買一天的小菜，夠一家人吃了，既可了解當時的市場價格，又可知曉普通人的生活情況；看一本舊曆書，上面寫著「不宜出行，不宜沐浴，不宜上梁」，就知道先前還有這麼多禁忌。

魯迅不僅主張多翻一般性的書刊，而且還提倡年輕人要多翻自身專業以外的其他專業的書籍。他說：「倘有餘暇，大可以看看各種的書，即使與本專業毫不相干的，也要泛覽。譬如學理科的，偏看看文學書，學文學的，偏看看科學書，看看別人在那裡研究的，究竟是怎麼一回事。這樣子，對於別人，別事，可以有更深的了解。」他還批評那時候的文學青年，「往往厭惡數學、理化、史地、生物學，以為這些都無輕重，後來變成連常識也沒有，研究文學固然不明白，自己作起文章也糊塗。」

魯迅還認為，書「翻」多了，可以防止某些壞書的欺騙，因為「一多翻」就有比較，比較是醫治受騙的好方子，從而收到沙裡淘金的好效果。

多翻書，可增長知識和智慧，能夠開拓視野，啟迪思路，可謂善矣。

● 走馬看花，一目十行 —— 瀏覽讀書法

> 我閱讀關於我所不懂的題目之書籍時，所用的方法，是先求得該題目的表面的見解，先瀏覽許多頁和許多章，然後才從頭重新讀起，以求獲得精密的知識。
>
> —— 狄慈根

在讀書的問題上，每人的方式和方法不盡相同。或許你會發現，有些書是匆匆翻了一遍就放過去了；有些書雖然細細讀過，但讀完就了事；有些書只須讀讀開頭，就不再去理會；而有些書則經過多次的反覆閱讀，甚至做下了讀書筆記。

讀書方式雖然多種多樣，但是，如果進行歸類，實質上只屬兩種，一是觀其大意，知其概略即可的「瀏覽」方式；一是認真尋究，取其要領的「詳讀」方式。

這兩種讀書方式，就時間來說，前一種可以節省些，後一種要花得多一點；就效果來說，前一種要差一些，而後一種則好得多。但是，不論是「瀏覽」還是詳讀，都十分重要，因為它們是提高讀書效率的相輔相成的對立統一形式，須予以足夠的重視。

瀏覽，就是說，在讀一本書之初，先概括的審察一遍。這個階段特別著重看書的序、前言、內容提要、目錄、正文中的大小標題、圖、表、照片，以及注釋、參考文獻和索引這些附加部分，以便對全書有一個整體直覺印象。這不僅可獲得對全書框架的大體了解，還可以把自己原先已掌握的相關知識與經驗整合起來，為進一步閱讀和研究打下良好的基礎。

古今中外，凡學識淵博，大有成就的名人、學者，無一不是把「瀏覽」和「詳讀」系統化結合起來的典範。

被譽為世界文壇中最有成就的作家之一的魯迅，在博覽群書時有一個習慣，叫作隨便翻翻，也就是輕鬆的瀏覽一般的報刊雜誌，有時從一本書裡選一篇或幾篇文章讀讀，有時甚至只看看目錄。

也許有人會問，這樣讀書能有收穫嗎？其實，我們認為瀏覽是「隨便翻翻」的代名詞，是一種很有價值的讀書方法。

書海漫漫，如果每本書都一絲不苟的讀一遍，一則時間不允許，二則有些書報也無認真研讀之必要。所以，對一般的參考性書籍、資料性書籍和消遣性書報，只需要隨便的「瀏覽」一下即可，這樣即省時間，而且效率又高。

魯迅說，要想得到一點東西不容易，「隨便翻翻」卻可以幫助我們廣收博採、累積和獲得學問。

許廣平在《魯迅回憶錄》中說，魯迅單在 1912 ～ 1913 年兩年間讀過的書就有詩話、雜著、畫譜、雜記、叢書、尺牘、史書、彙刊、墓誌、碑帖等等。此後幾年間，還有詩稿、作家文集、壁畫、造像、畫集以及世界名人的一些作品。據不完全統計，魯迅的藏書現在還保存著的，就達3,800 多種，12,000 多冊，此外還有 5,000 多張碑拓片。這些書，絕大多數都是魯迅「瀏覽」過的。

可以想見，魯迅先生若不採用「瀏覽」的讀書方法，而是每書必「句句導究」、「一一索清」，那是無論如何也讀不了這麼多書的。

對魯迅的「隨便翻翻」瀏覽式的讀書法應怎樣認識？首先是他養成了良好的讀書習慣和濃厚的讀書興趣。書在手頭不讀不快，總「要看一遍目錄」或「看幾頁內容」，從中獲得知識。其次是魯迅把「瀏覽」作為一種調節讀書氣氛，消除疲勞的有效方法。因為他在運用這種讀書方法時，「往往在作文或看非看不可的書籍之後，覺得疲勞的時候，也拿這玩意作

消遣了，而且它也的確能恢復疲勞」。

「隨便翻翻」是瀏覽，是泛讀，魯迅強調要把泛讀和精讀結合起來，使兩者相輔相成。要在瀏覽的基礎上，根據自己的基礎和愛好，盡可能結合工作和專業，選擇一種或幾種專業書籍做系統化的精深的鑽研，持之以恆，使自己的知識向著全面系統的方向發展。

人們主張讀書採取「瀏覽」的方式，那麼瀏覽讀書法的要求和目的是什麼呢？

第一，是為「詳讀」做準備的。因為在「詳讀」某一本書之前，首先須了解一下這本書的主要內容及章節安排，摸一下底，做到心中有數，以便在「詳讀」時有個重點，進行深入的鑽研。從這個意義講，「瀏覽」是為「精讀」打基礎。

第二，對一部書是否有必要去「詳讀」，瀏覽一遍，再做決定。從這個意義上講，「瀏覽」是為「詳讀」做好選擇，進行「投石問路」。

第三，「瀏覽」是為了開闊視野，豐富知識，爭取在短期內用少量的時間盡可能的多讀一些書。

第四，「瀏覽」也含有在「詳讀」之後調劑一下大腦的作用。這樣既可解除疲勞，又可不浪費時間。

瀏覽的速度是很快的，大有「一目十行」之勢。據一些人統計，一般人讀書的速度，平均為每秒鐘七個字，讀三十分鐘是一萬兩千六百字，也就是大約十五頁書。瀏覽則要比這種速度快得多，三十分鐘就可讀完一大本書。但是，「瀏覽」與「詳讀」的要求不完全相同，但也絕不意味著可以馬馬虎虎，不加思索的「走馬看花」。

每種讀書方法，都有自己的特徵，「瀏覽讀書法」的特徵有十：

★ 瀏覽是一種資訊查尋的藝術。

★ 瀏覽是一種資訊查尋的過程。

★ 瀏覽幫助建立諮詢的習慣。

★ 它是一種理性探索的發展和方法。

★ 它創作一種不曾被認識的環境。

★ 它把讀者推向一種未曾想過和分析的直接經歷。

★ 它作為一種必要的工具，對讀者自己的研究和工作具有啟迪作用。

★ 它能使想法「變成」思想。

★ 它形成資訊過程中一種相連的意識。

★ 它是無選擇性的。

　　瀏覽是獲取有用資訊的補充方式。正像任何真正的資訊探索，瀏覽作為學習過程的進化產物是一種極好的彌補資訊斷層的心力鍛鍊。

● 千山萬水有真知 ── 萬里行讀書法

> 大自然所表現出來的智慧，真是形形色色，變化多端。為了了解它，我們必須聯合我們大家的知識和努力才行。
>
> ── 拉普拉斯（Laplace，法國天文學家）

　　「讀萬卷書，行萬里路」，這是古人所提倡的。閉門讀書，是一種間接經驗的學習，走出書齋、課堂，面向社會，是一種直接經驗的學習。北宋的教育家胡瑗十分注重實地考察。他說，「學者只守一鄉，則滯於一曲，隘吝卑陋，必遊於四方，盡見人情物志，南北風俗，山川氣象，以廣其聞見。」他多次帶領學生遊歷名山大川，進行實地考察，開闊了學生的視野，增長了知識和才幹。

在當代，年輕學生利用假期或業餘時間，根據當時當地的條件，出外旅遊，飽覽風景名勝，瞻仰聖地古蹟，對於開拓視域，累積經驗，也是生動直接的一課。因此「萬里行」也是一種讀書之法，這與古人所講的「讀無字之書」的道理是相一致的。

古今中外的賢人志士，都在成功的畫面上，顯示出旅遊功能的鮮明印記。在遊歷中，人們能觀賞應接不暇的新奇景象，由狹小走向寬闊，走向社會生活與自然山川的廣闊天地；可以豐富年輕人的心智儲備；結識一批良師益友，相互交流思想，各獲啟迪；艱苦的旅行生活，還可以使人受到吃苦耐勞的意志錘鍊和情操的陶冶，利於身心健康。他們的成就常常是伴隨著「萬里行」而來的。

例如，漢代的司馬遷，周遊天下，「覽四海名山大川，與燕趙間豪傑交遊，故其文疏蕩，頗有奇氣」，因而《史記》才成為千古不朽之作。明代的徐霞客，幾度離家出遊，五十一歲時，又遊歷了湖北等六個省，後來寫成《徐霞客遊記》一書。英國的經濟學家亞當斯密（Adam Smith），曾經辭去教職，旅行歐洲大陸，考察各國的政治制度，歸國以後，他便專門從事經濟學研究，寫出令世界矚目的《國富論》一書。孟德斯鳩（Montesquieu）能夠寫出傳世的名著《論法的精神》一書，這和他熱愛遊覽，足跡遍及世界的嗜好有關。他漫遊了德國、義大利、英國等廣闊區域，考察了當地的社會制度和風俗習慣，終於寫出這部不朽之作。徐悲鴻的學生宗其香畫路很寬，這與他的閱歷和創作經驗有關，也和他熱愛大自然密不可分。從西南的雄峻山水到江南的秀麗風光，從桂林奇峰、灘江澄流，到街巷幽景，從人物百態到草木花鳥等，他都興致勃勃的將其傾注筆端，融入畫面。

在遊歷中最重要的一環是觀察，觀察，再觀察！其次才是因感受到的陶冶。這好比照相一樣，鏡頭不好，感光效果也不會理想。在遊歷中怎

樣觀察，觀察什麼？這些問題是很複雜的，不是三言兩語可以說清楚的。但值得注意的是關於風景點涉及的歷史沿革、園林建築史，以及相關的名人軼事等等，都在觀察、詢問和聯想的範疇中，都會使你增長知識。俗話說，「處處留心皆學問」。

採取「萬里行」的讀書方法，所讀的書是無字之書，是複雜的令人眼花繚亂的山水風景、社會生活之書。因此，在採取這種方法時，要注意以下三點：

★ **要有明確的目的**：這就是說，不要把「萬里行」看作是遊山玩水，而是讀書學習的一種方式。年輕朋友只要能從這個目的出發，有針對性的去觀察大自然的各種事物，形成具體的形象，就能將其變成自己有用的知識。

★ **要虛心請教**：在「萬里行」過程中，你會處處見到各式各樣的新鮮事物，尤其是對文物古蹟，民俗風情，不可能一見就會了然於心。而所有這些，也許正是你所要學習、研究和考察的，這就要求我們必須向當地人請教，要虛心學習，不恥下問。

★ **要不怕艱難困苦**：「萬里行」每一步都要付出相當的勇氣和一定代價的。例如，徐霞客一次去湖南茶陵縣的麻葉洞，傳說洞裡「有神龍奇鬼，非巫術不能服」，一個嚮導聽說他並非法士，到了洞口，慌忙退了出來，而徐霞客卻面無懼色，無所畏懼，還是和僕人一起進洞去了。洞不很深，「入處多險」，又暗又溼，僅走半里多路，就燒掉七根火炬，終於見到了「玉林圓豎，大小不一，而色皆瑩素，紋絕刻縷」的「洞中第一奇」。洞外的村民見他們好久不出，以為被「神」害死了，不料他卻安全出來，無不「稱異」。後來徐霞客把這段經歷寫進了書裡。

年輕朋友，世界上處處有名山秀水風景如畫，有各民族的悠久歷史，有各種文物古蹟，更有那值得我們觀賞的自然風光，不妨利用假期，走出家門，走出校園，跋山涉水，是會有所收益的。

● 不叫一日閒過 ── 「日課」讀書法

> 我也許還是這樣忙，但是，無論如何，我每天一定要讀五百頁書，這是我的定額。
>
> ── 史達林（Stalin，蘇聯政治家）

據《耆舊續聞》記載：有一天，蘇東坡的一個好友朱司農去拜訪蘇東坡。書僮告訴他，先生正在書房看書做「日課」。朱司農不便打擾，就在外屋等候。他等了很久，蘇東坡才從書房出來，對朱司農說：「適了些日課，失於探知，愧謝久候之意。」朱公問：「適來先生所謂日課者何？」蘇東坡回答說：「抄《漢書》。」

那麼，蘇東坡說的「日課」是什麼呢？所謂「日課」，就像在校的學生必須完成每日的功課一樣。看來「日課」讀書法，是蘇東坡常年堅持的讀書方法。

時下，有些年輕人讀書，就是缺乏「日課」來約束自己。高興時，廢寢忘食，孜孜不倦，興盡時，便把書丟在一旁，束之高閣，幾日或幾月都不翻它一頁，因此學習無計畫、無目標放任自流，得過且過。正如果戈里在《死魂靈》一書中描寫過的一種人：「他的書房裡總放著一本書，在第十四頁間總夾著一個書籤；這一本書，他還是在兩年以前開始看的」。這就是說，此人兩年內沒有看過這本書。如果是這樣讀書，哪會有什麼收穫呢？

歷史證明，「日課」讀書法，是眾多優秀的讀書方法的一種。

古今中外，許多名人、學者，大都採用「日課」讀書法，進行治學，最終成為大學問家或獲得極大成就的人。

明末清初的顧炎武，從十歲開始讀《資治通鑑》，此書三千五百卷，可謂卷帙浩繁。顧炎武為了能讀完它，替自己規定了一天之內定要讀完若干卷的「日課」，否則就不能上床休息。最終他以三年的時間就把《資治通鑑》通讀了一遍。

清朝學者程晉芳，一生十分勤奮好學。據記載，到了六十歲，他還堅持遵守每日讀書的規定。攻讀、複習經史，制訂讀幾章經，幾卷史，或瀏覽幾冊古人的詩文；每天按規定讀完書，他就在小盂裡放紅豆，記下所讀的數目，晚上再倒出豆子驗證、核實。就這樣，他博覽群書，對經史子集、天文地理，都有較深入的研究。皇天不負苦心人，最終，他學有所成，著有《周易知旨編》三十卷、《禮記集釋》二十卷、《葺園詩集》三十卷等。

史達林，雖然作為國家領袖，日理萬機，但仍堅持每天看書學習。有一次，幾位軍隊將領到史達林的住宅，只見辦公桌上堆著印刷廠剛送來的一大堆書。便問：「你有時間看這些書嗎？」史達林微微一笑回答說：「我也許還是這樣忙，但是，無論如何，我每天一定要讀五百頁書，這是我的定額。」五百頁！別說是國事繁忙的領袖，就是一個學者，也未必能讀完。將軍們個個投以敬佩的目光。

「日課」讀書法，重要的是定量、定時和有恆。

定量，就是說，要根據自己工作、身體以及學習等具體情況來確定，量不宜過大，不要貪多，不要因為過量讀書而影響工作。

定時，就是說，在制定讀書計畫時，用什麼時間讀書，是早上，還是

晚上睡前，或者其他什麼時間，要根據自身的實際來確定，因人而宜，總之，要選擇最佳的讀書時間。

有恆，在「日課」讀書法中是最重要的，如果沒有持之以恆的決心和毅力，沒有讀書的韌性，隨意性很大，那麼，是不會有什麼收穫的。

日有所讀，月有所累，年有所獲。

● 普遍連結，觸類旁通 ── 滾雪球讀書法

> 知識之球越大，則其與未知界接觸之面也越大。
>
> ── 丹皮爾（Dampier，英國學者）

車爾尼雪夫斯基（Chernyshevsky）還是在孩提時代，由於生長在「千里冰封，萬里雪飄」的北國，每當冬季來臨、紛紛揚揚的雪花如飛絮般飄落的時候，玩伴們歡呼著、雀躍著，不約而同的跑到屋外。在這銀裝素裹的世界裡，心中完全忘記了對嚴冬寒冷的恐懼，爭相用通紅的小手團起一個個雪團，再將眾多的雪團捏合在一起，變成一個較大的雪團，大家齊心合力，開始在潔白的雪地上一點點的滾雪球……

現在，雖然已經過了而立之年，但當記憶的潮水湧入時，兒時滾雪球、堆雪人的快樂情景，依舊歷歷在目；那堆成雪人後的喜悅心情，仍然記憶猶新。

孩童們用小手團起的雪團起初確實很小，但經過在雪地上堅持不懈的推滾，竟然積聚成了體積相當大的雪球，最後變成了一個活靈活現的雪人！

長大以後，懂得了有比滾雪球、堆雪人更重要的事情，那就是讀書學習。俄國作家車爾尼雪夫斯基說：「知識是取之不盡的礦山，它的所有者

越往深處挖掘，他就越會得到更加豐富的寶藏。」在長達將近 20 年的讀書生涯中，繁重的功課和激烈的競爭，早已再無暇顧及滾雪球、堆雪人的遊戲。但在讀書過程中，他漸漸發現有一種讀書方法，它的形式非常像兒時做的滾雪球遊戲，使他有機會重溫兒時滾雪球、堆雪人的快樂。

一位科學家曾形象化的比喻：「做學問就像滾雪球，越滾越大，不滾就化。」當讀一本書時，如果按照興趣點或欲望點的不斷延伸，去閱讀與這本書內容相關的另外一本書；再由這另外的一本書擴展到其他的幾本書，就能像滾雪球一樣，讓自己的知識之「球」越滾越大。這樣一來，便逐漸擴大了自己的知識面，增加某一學科相關知識在自己頭腦中的累積。我們權且比照科學家的說法，把這種讀書方法形象化的稱為「滾雪球讀書法」。

比如，閱讀中國古典名著《紅樓夢》時，當讀到「金鴛鴦三宣牙牌令」那一回，要想進一步弄清楚古人飲酒行令的事，便去找《中國烹飪史略》來讀；讀到《中國烹飪史略》中的酒具各具風味時，再去找關於中國民俗方面的書來讀。這種讀書法往往是幾本書放在一起讀，尋根溯源，取己所需。這麼一擴展，不僅欣賞了《紅樓夢》，同時，關於「酒」知識的「雪球」就越滾越大了。

又比如，學習〈孔雀東南飛〉這首古詩時，你對劉蘭芝的服飾感興趣，很想進一步了解，就可找《古代的衣食住行》等書來閱讀；因為〈孔雀東南飛〉中涉及到了古代的禮儀，你又想了解古代的禮儀，便可再找《古代文化知識要覽》等書閱讀。這樣，當你運用「滾雪球讀書法」學完〈孔雀東南飛〉這篇膾炙人口的古詩後，你的知識水準，絕對不是僅僅限於對這一首古詩的理解，恐怕對古代的衣食住行、古代的禮儀，也都能略知一二了吧？

義大利科學家伽利略說過：「人的認知是無限的，對於人的認知，任何界限都是不存在的。」使用「滾雪球讀書法」來讀書，實際上就是突破了各學科之間的人為界限，讓讀書者完全按照自己的意願和興趣來讀書，充分發揮了人類認知上的能動性。

「滾雪球讀書法」尤其適合年輕人讀書學習。因為青年時代在人的知識層次上，正是打基礎的時候。在這個時期，知識面宜廣而不宜窄，興趣宜泛不宜專。應該廣泛涉獵，什麼天文地理、物理化學、寫作外語、歷史生物等等，樣樣要學，絕不能單科獨進。

況且，在青年時代，可以說，絕大部分人一生的具體主攻方向並沒有確定，不知道應該具體鑽研哪方面的知識，或者不知道從哪一個學科入手。在這種情況下，「滾雪球讀書法」便不失為年輕人汲取知識、開闊眼界、打好基礎的行之有效的讀書方法。

一位作家說，讀一本書，要連結能夠和這本書的故事、寫作方法、情節內容、思想主題等等相關的書讀，觸類旁通。透過這一本找那一本，透過那一本再找另一本書，你就會發現，這一本的內容可以從其他的書中找到它的歷史根據，發展趨勢等等，從而加深自己的理解。這樣的讀書方法，可以促使你對一本書從前因到後果了解得非常清楚。

比如，看完長篇小說《李自成》以後，可以再找一些歷史書籍作補證，以便了解明朝末年的歷史情況和農民為什麼要起來抗爭的歷史背景。還可以了解清初的歷史情況和李自成農民起義軍失敗的原因。這無疑增加了你很多的知識。這種讀書方法，就是「透過這一本找那一本，透過那一本再找另一本」。

由於「滾雪球讀書法」是以一本書為中心，盡量閱讀相關的資料，向與其相關的知識面擴展的一種方法，因此，使用這種方法，既擴大了讀書

者的知識面，又圍繞著一定的中心，使所涉獵的大量知識成為一個有著內在關聯的知識體系，也使這種讀書行為不至於成為一種漫無目的的「濫讀」。

富於幻想、興趣廣泛、好奇心強、求知欲強，是讀書者使用「滾雪球讀書法」的一個必要的先決條件。愛因斯坦因為興趣廣泛，不僅在物理學上對人類有突出貢獻，還是個不錯的小提琴手；愛迪生（Edison）因為好奇心強，成為一個在各方面都卓有成就的發明家；楊振寧因為求知欲強，摘取了諾貝爾獎的桂冠……

興趣、好奇心和求知欲會驅使讀書者去追尋一個個「為什麼」的答案，無形之中就將知識的「雪球」越滾越大了。試想，如果一個讀書者對其所讀書之外的一切知識統統都不感興趣，他怎麼能願意去「滾」知識的「雪球」呢？又怎麼能獲得豐富的知識呢？

可見，「滾雪球讀書法」是年輕人求知、修身必不可少而又簡單易行的一種讀書方法。當然，使用「滾雪球讀書法」也應注意如下問題。

首先，不能鑽牛角尖。就好比我們只需要知道 1 加 1 等於 2，而不需要去論證為什麼 1 加 1 等於 2 一樣，使用「滾雪球讀書法」的目的是為了開闊眼界，擴展知識面，而不是針對某一項尖端學科或某一個艱深的問題糾纏不休，非要弄個水落石出。

對於讀書求知，馬克思曾經深有感觸的寫道：「任何時候我也不會滿足，越是多讀書，就越是深刻的感到不滿足，越感到自己知識的貧乏。科學是奧妙無窮的。」正是這種強烈的求知欲，促使馬克思勤奮的讀書。

我們讀書，也要發揚馬克思的那種永不滿足的求知精神。但要注意，在「雪球」滾到一定的程度後，切不可死鑽牛角尖，抱住一個問題，死抓不放。如果那樣，本來是一個「活」的讀書方法，卻因為死鑽牛角尖而被

用「死」了。知識的「雪球」還沒形成一定規模，就會停滯不前。讀書者恐怕也會因此而「營養不良」。

其次，要掌握住知識「雪球」的限度。就像兒時滾雪球一樣，雪球太大，是無法堆成雪人的。知識的「雪球」應該不斷的滾下去，但絕不能毫無界限的任意膨脹。

愛因斯坦曾說過：「用一個大圓圈代表我所學到的知識，但是圓圈之外是那麼多的空白，對我來說就意味著無知。而且圓圈越大，它的圓周就越長，它與外界空白的接觸面也就越大。由此可見，我感到不懂的地方還大得很呢！」

「滾雪球讀書法」固然是擴展知識的好方法，但應該牢記，「雪球」是圍繞著剛開始的「雪團」來滾的，也就是說這個「雪球」畢竟有一個限度。當「雪球」越滾越大，超過一定限度時，很可能就與原來的中心相去甚遠，讀書者恐怕又會因此而「消化不良」。

因此，使用「滾雪球讀書法」無論怎樣滾法，都應該尊重知識發展的自身規律，應該把已有知識作基礎，來決定「雪球」的滾向。如果雪球滾到一定的程度，就該選擇新的突破點，重新橫向滾下去。當我們另闢蹊徑，重新確定知識「雪球」的擴展方向時，就會驚奇的發現另一片嶄新的天地。

俗話說得好：「智慧是穿不破的衣裳，知識是挖不完的寶藏；書中有取不盡的滋養，學者有永不竭的智囊。」如果我們不斷的將知識的「雪球」滾下去，並且不斷的開闢新的讀書「戰場」，去累積新的知識「雪球」，那麼，幾個「雪球」匯聚在一起，就形成了你較為廣博的知識體系。

每一本好書，都是一顆星星，不過它不在天空閃爍，而是在求知者心靈中發光。當你的心靈蒼穹群星耀眼，璀璨閃爍時，你對整個世界的認

識，就起碼是「管中窺豹，略見一斑」了。讀書圈子越小，常識越少，見解越偏。應該目標如一，縱深開拓，像滾雪球似的豐富自己的知識。

● 將智慧的觸角伸向臨近的知識領域 —— 滲透讀書法

> 科學工作者應當成為這樣的人：他們每人都是自己領域中的專家，但是每人對他的鄰近的領域都有十分正確和熟練的知識。
>
> —— 維納（Wiener，美國科學家）

一些學者用的讀書方法就是「滲透讀書法」。滲透讀書法是一種擴大精讀效果的閱讀方法。讀者把精讀的文章或書籍作為出發點，然後向四面八方發展，如同陽光的輻射，雨水、空氣的滲透一般，由精讀一本書、一篇文章帶讀了多本書、多篇文章，從而有效的擴大了自己的知識面。

各門類的科學技術知識的關係是十分緊密的，它們相互交錯，彼此滲透，相互融合，相輔相成，互促共長，沒有哪一門學科是獨立存在的。即使最具嚴密性、科學性的數、理、化學科系統，也是用社會學科知識來表述的，是多門學科結合的產物。以科學和技術發展為例：19 世紀前，科學與技術是互不往來；後來，情況發生了急劇變化，產生了科學的「技術化」，技術的「科學化」。不僅如此，人們開始認識到社會科學與自然科學之間的相互關聯，相互促進的重要意義，開始了自然科學與社會科學的嫁接。結果出現了今天到處是連理枝，到處是嫁接果的學科發展的繁榮景象，為人類物質和精神的昌盛產生了不可估量的作用。

這種讀書方法頗有道理。知識是互相連結的。現代科學發展的一個重要特點，就是出現了各門科學相互滲透的趨向。任何人要想在本專業上研究出成果來，都必須了解其他領域的最新動向，借鑑和學習其他領域的知

識。相互滲透、互相輻射的讀書。

　　對於滲透讀書法，一位現代著名文學暨翻譯家也講過這樣的體會，他說他在研究某一個問題的時候，往往要看好幾種參考書，甲涉及到乙，乙涉及到丙，丙涉及到丁，那情景就像兒時入山採葛藤，眼前常常是枝條蔓延，互相糾結，甚至牽一葛藤而半山俱動。但是正是在這種追根溯源、越探越奇的求知過程中，知識豐富了，感到頗有興味。這樣的治學態度實在令人欽佩！在他的散文集中，那一篇篇優美閃亮、別具風味的珍珠之作，就是他廣博的知識之花的結晶。

　　美籍華人、諾貝爾獎獲得者、著名教授楊振寧說，有兩種學習方法，一種叫作「滲透法」，另一種叫作「按部就班」。他建議採用滲透性學習方法，不要害怕打破那種「按部就班」的常規。既然知識是互相滲透和擴展的，掌握知識的方法也應該與此相呼應。當我們專心學習一門課程、閱讀一本書或潛心鑽研一個課題時，如果有意識的把智慧的觸角伸向鄰近的知識領域，必然別有一番意境。在那些熟悉的知識鏈條上，如果嵌接上不熟悉知識鏈中的一環，則很可能得到意想不到的新發現。採用滲透性學習方法，會使我們的視野開闊，思路活躍，大大提高學習的效率。

　　當年孔子教兒子學詩，認為可以多識魚蟲鳥獸之名，就是因為他深知滲透讀書可以擴大知識之樂。確實，在中國古代詩詞中，由於大多數詩是透過形象來反映現實的，從歷史、地理到風俗、世情等一切知識，詩歌都可以從不同的側面反映到。所以讀詩可以得到旁通各門學科之樂。

　　而在當今的資訊社會中，沒有一本書或一種學問是游離於科學體系之外而獨立存在的，總是與其他學科或多或少的有著關聯。因此，滲透讀書法是我們應當掌握的讀書方法。大量的相關性書籍完全可以相連起來閱讀，以便加深我們對知識的理解和擴大知識面。對於科學工作者來說，使

用滲透讀書法對其研究同樣具有相當重要的意義。

一位氣象學家雖然從事自然科學研究，但他從青少年時代起，就十分喜愛中國古典文獻，廣泛閱讀至老不輟。他認為，自然科學家不能知識面過於狹窄，那會束縛自己的視野。多讀點文史知識，有利於建構合理的知識結構，促進專業的研究。他在自己的研究中就喜歡大量引用古典文獻資料，為自己論點提供強有力的佐證。

他在對氣候學的研究中，就引證了許多古代的詩句為證。如在談到長江黃河流域海拔超過 4,000 公尺的地方，不但無夏季，而且也無春秋時，就引用了李白的〈塞下曲〉：「五月天山雪，無花只有寒。笛中聞折柳，春色未曾看。」當讀者讀到李白的詩，會更形象化的體會到氣象學家在文章中所闡述的研究結果。

氣象學家的這番考證，比起一般的考證更有說服力。可見，自然科學工作者如果將其具有的廣泛的文史知識滲透、運用於科學研究中，不但能推動本身的科學研究，還能反過來影響文史研究。

古今中外許多學者名人的成功經驗都證明，學問的廣博和精深大都是經由學科的不斷滲透這個途徑獲得的。我們在讀一本重要的書籍時，應當由此及彼，向其他方面的書滲透，向四面八方發展開來。

採用滲透讀書方法，要注意如下四點：

★ 要確定精讀的內容，擬出讀書計畫。雖然滲透讀書法反對「按部就班」，但無論使用哪種讀書方法都必須有計畫，有次序。不能隨心血來潮，任意行事。

★ 要會查找目錄索引，善於利用圖書資料，以便有目的的尋找有關書籍，輻射、滲透出去。

★ 要牢記閱讀中心。讀書時注意學科的滲透固然重要，但絕對不可因注重滲透而脫離了讀書的中心，使讀書行為變成漫無邊際的信馬游韁，不知所蹤，最終迷失讀書的主攻方向。

★ 在使用滲透讀書法時也要講求累積。帶讀其他書時，雖然是為了解決某一問題，但是如果能順便把帶讀的書略讀一下，了解全書的面貌，既累積了知識，有利於今後的發展，又能較準確的理解某一問題，不至於斷章取義。

總而言之，現代科學發展的特點之一，是學科既高度分化，又高度綜合化。一方面，學科的劃分越來越細，另一方面，各種不同學科之間的相互關聯和相互滲透又越來越明顯。因此，一個生活在當代的人，他不應該僅僅懂得自己的專業，而沒有任何其他學科知識，如果那樣，他便很可能連自己的專業也做不好。這就是我們所說的「通才」。美國人杜拉克（Drucker）在《杜拉克談高效能的 5 個習慣》一書中對通才下了一個定義：「所謂『通才』，應該也是一位專家；是一位能將其所專的小領域與其他廣大知識領域連結的專家。」

澳洲動物病理學家貝弗里奇（Beveridge）說過：「成功的科學家往往是興趣廣泛的人。他們的獨創精神可能來自他們的博學。多樣化會使人觀點新鮮，而過於長時間鑽研一個狹窄的領域，則易使人愚蠢。」在競爭日益激烈的當代社會，誰成為一專多能的「通才」，誰就能在競爭中擁有最有利的機遇。而運用滲透讀書法讀書，不失為向「通才」方面努力的一種行之有效的方法。

雨雪潛移默化的滲透到地下，最終匯成了浩浩蕩蕩的暗河。百花齊放，姹紫嫣紅才構成了絢麗多彩的世界。

● 博採眾長，竭澤而漁 —— 拉網讀書法

> 學問，是一張漁網，一個結一個結，結出了捕魚的工具。
>
> —— 三毛（臺灣作家）

古人讀書，求博、求精，先博而後精。因為廣閱博覽乃是知識大廈賴以高聳的基石。杜甫「讀書破萬卷，下筆如有神」；顧炎武「學博而識精，理到而辭達」；孔子是「祕書微文，無所不定」；王安石則是「自百家諸子之書，至於《難經》、《素問》、《本草》、諸子說，無所不讀，農夫女工，無所不問」。他們幾乎窮盡有史以來的一切主要遺著，經過博採眾長、集思廣益，然後由博至約、觸類旁通，「匯百家之說而成一學」。從而在學術上較之於前人有所裨益、有所創新、有所突破，形成一個新的歷史里程碑。

古人云：「讀書破萬卷，下筆如有神。」當我們今天讀書時，一定要像採礦和進食那樣，以多路思考構成一張大「網」，做到一礦多金、一餐多養、多層次、多角度、多側面的「破卷取神」。這樣的讀書方法可以叫作「拉網讀書法」，也可稱為全方位掃描讀書法或竭澤而漁讀書法。

為了便於深入探索，人們從理論和形式上，將知識分門別類的加以研究。實際上，知識本身是一個龐大的系統，它就像一張極大的漁網，環環相扣，交錯糾結，相互連結，密不可分。在這個系統內部，各門科學都在互相滲透著：宇宙星系，自然環境，人類社會，科學研究等等，它們本身構成了一個和諧的不可分割的大網。

根據這種規律，讀書也要運用「拉網讀書法」，撒開大網，努力「網羅」、搜集更多的知識。只有這樣，才能與紛繁複雜的社會及知識系統相對應。

《周易・繫辭下》中有云：「君子藏器於身，待時而動。」一位法國哲人也曾在《偶感》一書中說：「『偶然』不會幫助準備不周的人。」這都是在告誡我們，在平時必須抓緊時間讀書學習，盡我們的最大努力掌握更多的知識和本領，為抓住轉瞬即逝的機遇做好準備。再講究的服裝無法掩飾個人知識的貧乏，再清寒的讀書人也無法擋住言談中的書香。知識與氣質是要透過自己的努力，耐心的、持久的透過讀書才能獲得的。當我們做好充分的準備後，就能應付各種機遇和挑戰，創造出驚人的成就和業績。相反，如果沒有廣博的知識和夠強的本領，就會因準備不充分錯失良機，抱恨終生。

有一位西方名人說過，大凡當醫生的、做海員的或者當兵打仗的人，成為作家的可能性比較大，因為他們的工作性質，決定了他們的見多識廣。這話很有些道理。因為，只有對生活素材的積蓄儲備又多又廣的人，支出的時候才不覺得倉庫無貨。在這方面，英國大作家狄更斯（Dickens）的成功經驗，堪稱典範。

狄更斯幼年時代家境貧窮，先做學徒工，後來當繕寫員，還做過新聞記者，一生寫了二十幾部小說。為了搜集素材，他去工廠與童工閒聊，篩選第一手資料加以儲備。他還經常到馬戲場和遊樂園去閒逛，藉以觀察那些形形色色的場面和千奇百怪的言行。他還曾到監獄去與即將行刑的囚犯聊天，趁機觀察處死犯人的情景，以備將來有機會把這死囚的心理，寫入小說裡去。

狄更斯還時常徘徊在倫敦街頭，如果看到某人很有特徵，他就像職業偵探一樣，興致勃勃的追蹤幾條街巷，以觀察他們的神情舉動。他也常到一些下等公寓或者咖啡館裡，靜靜的站在一旁，觀察、諦聽、琢磨目睹的情景，感受那種微妙的氣氛，然後把這些見聞一一的記在本子上。有時

候，他故意巧妙的站到一些高談闊論或者輕聲低語的人們的背後，悄悄的記下那些富有個性的語言或者典型的情態。狄更斯對街市上孤高的建築物，時常凝視默想，記下自己對這些無字書刊的感覺。

在這裡，狄更斯的累積知識方式，是隨意性的，是一種奠基性的累積知識模式。他使用「拉網法」，就像捕魚拉網一樣，並未在事先為自己規定一個題目，既不是為了解疑才漂入生活的激流，也不是為了達到某種明確的目的而殫精竭慮。然而，雖然他所讀的是無字書，但同樣達到了「拉網讀書」、「竭澤而漁」的效果。

以上方法是針對沒有明確讀書目的而言的。如果我們讀書時沒有什麼具體明確的目的，在書山面前無從下手，倒不如就像狄更斯一樣，面對浩瀚的知識海洋先撒攔河網捕魚，網到什麼就是什麼。被網到的東西，也許眼下看來並沒有什麼用處，但這些累積的知識就宛若補鞋匠收存的那些邊角革料一樣，反正遲早都用得到。

其實，讀書本身就是一個累積知識的過程。在事事都有機會成本的情況下，多讀書、讀好書仍然是最值得提倡的。讀書不僅沒有機會成本，而且還替你節省了支出、增加了知識。即使因為你讀了十個小時的好書，使你少賺了十個小時的錢，那麼你仍然可以告慰自己：讀好書是一項長期的投資，短期收入的減少仍然是值得的。連不一定懂機會成本的先人們，不也早就提醒我們「書中自有黃金屋」嗎？

如此說來，有了明確的讀書目的，是否還要採用「拉網讀書法」呢？答案是肯定的，但具體方法卻要與上述「撒大網，任意撈，捕到什麼算什麼」有所不同。當你閱讀一本書或要了解一個知識體系時，一般應該採取以下幾個步驟：

★「水情勘察」：調查一下「水」中是否有「魚」，大致有多少「魚」。就是透過全方位掃描的瀏覽或通讀，了解全書或整個知識體系的概貌，以便從中發現有哪幾方面是自己所感興趣的內容。

★「拉網捕魚」：力求把大大小小的「魚」都拉出來，乃至「竭澤而漁」。與此同時，要下一番「去偽存真」的工夫，把那些陳舊的、錯誤的或者有害的東西濾除掉，篩選出至今仍然有意義、有價值的東西，進行標記或摘錄。

★「分類揀選」：累積知識，應當分門別類，眉清目秀，切不可各式各樣的衣服料子都胡亂的堆一起。在這一步裡，應該把各種捕撈上來的「魚」按品種進行分類。再下一番「去粗取精」的工夫，擇其要者和精者，寫出心得筆記。

★「發揮創新」：經過咀嚼、消化和吸收，把它化為自己的營養。還要下一番「由此及彼、由表及裡」的工夫，從繼承過程轉入創造過程。

應該注意的是，採用這種拉網讀書法時需要具備兩個條件：客觀上，所讀之書必須是廣博精深之作；主觀上，必須具有廣泛的興趣和網狀的知識結構。知今又知古，才能做到以今測古，以古鑑今。

當然，拉網讀書法雖是一種有效的讀書方法，但也只是眾多讀書方法大花園裡的一朵小花。不應把它當作「放之四海而皆準」的「萬應靈藥」，尤其是在書不勝讀的今天。

或許，應讀一些「閒書」。實際上，「閒書」並不「閒」，有時它會出乎意料的使你覺得非常有用。甚至能夠使你觸及解決那些久想解決而尚未找到門徑、線索的問題。

● 積土成山，風雨興焉 ── 累積讀書法

> 古今中外有學問的人，有成就的人，總是十分注意累積。知識是累積起來的，經驗也是累積起來的，我們對什麼事都不應該像「過眼雲煙」。真正所謂成就，也就是在前人的知識和經驗的基礎上有所發展。沒有累積，就什麼也談不上。
>
> ── 編者摘選

在讀書治學過程中，累積資料是十分必要的，歷來受到人們的重視。從某種意義上來講，不懂得資料的累積，就不懂得治學之道。因為任何一種知識，都是人們透過在實踐中對資料的累積再進行分析、綜合後才得到的。假如沒有資料的累積，也就不會有深入透澈的分析和對客觀世界的全面綜合，也就不會有新的知識創新和創造了。所以，累積在日常生活、工作學習中尤其重要。

累積知識的重要，古今皆有所論。中國南朝文學評論家劉勰就提出：「積學以儲寶。」一位科學家從親身經歷中也體會到：「聰明在於學習，天才在於累積。」老子在《道德經》中說過：「九層之臺，起於累土，千里之行，始於足下。」荀子在《勸學篇》中講得更為具體：「不積跬步，無以至千里，不積小流，無以成江海。」先人們的至理名言生動的說明了積少成多、積小成大的道理，強調了知識累積的重要。

「無滴水不成河，無粒米不成籮」。有人計算，一公斤芝麻，竟有四萬五千粒。芝麻雖小，微乎其微，可是如果沒有這一粒粒的累積，又怎麼能組成兩和斤呢？又怎麼聚成擔和噸呢？俗話說：「知識好比池中水，日旬月年常累積。」知識的點滴累積，開始的時候可能顯得微不足道，可當累積到一定程度時，就會由量變到質變。正如魯迅先生所說：「無論什麼

事,如果繼續收集資料,積之十年,總可成學者。」

　　一位教育家四十三歲去法國時才開始學習外語。當時有人說他年紀大了,學好法語不容易。但他卻信心百倍的說:「我今年四十三歲了,一天學一個字,一年可積三百六十五個字,七年就可學習累積兩千五百五十字,到了五十歲時,豈不就是一個通法語的人了嗎?」果然,經五年時間的學習累積,他就能夠閱讀法文書籍了。這不僅反映了他持之以恆的毅力,同時也證明了「積碎石而成山」,「匯細流而成川」的道理。

　　據說元末明初文學家陶宗儀在做農事休息的時候,也不忘讀書、寫作。他讀書時想到什麼或者是見到什麼有價值的東西,就隨手記在樹葉上,回家後存放在一個瓦罐中。十幾年後竟然累積了十幾罐。後來他對罐中所累積的文字進行整理,匯集成三十多卷的《南村輟耕錄》,為後世留下了不朽的篇章。

　　點滴的累積雖然微不足道,但事業的成功不正是靠我們平時處處留心,在讀書、學習和實踐中一點一滴累積而獲得的嗎?所以,從這個意義上來說,成功的起點正是讀書過程中的累積,累積是通往成功的必經之路。

　　在使用累積讀書法時,要注意以下兩點:

　　首先,要有明確的目標和方向。

　　知識的海洋浩瀚無邊,如果沒有一定的目標,漫無邊際的飄遊累積,東一錘子,西一榔頭,費力不小卻收效甚微。而有了目標,就使累積變得有計畫,就能選擇「積」什麼,「累」什麼。

　　一方面,那些缺乏內在連結的知識,或雖有關聯但彼此相距太遠的知識,累積得再多也難以發揮作用。另一方面,任何一門知識都具有或大或小的價值作用,但對某一個人或某一事物來說,又具有相對性。學習古漢

語對於歷史、文學價值較大，而相對於做自動化研究的人，價值就小多了。因此要從自己的實際情況和需求出發，確定累積的目標。只有這樣才能在較短的時間內掌握較多的知識，才能避免半途而廢的現象。

其次，知識的累積要持之以恆，堅持不懈，吃苦耐勞。

使用累積讀書法，要像蜜蜂那樣辛勤的吮取累積。不僅如此，在累積的過程中還要做到三勤 —— 眼勤、手勤、腦勤，養成隨時隨地日積月累的好習慣。

一位著名歷史學家曾以農民拾糞為例，做過生動的比喻：「你看農民出門，總隨手帶糞筐，見糞就撿，成為習慣。專門出門撿糞，倒不一定能撿很多，但一成了隨時撿糞的習慣，自然就會積少成多。知識累積也應該有農民積糞的幹勁。」

他不僅是這樣說的，而且也是這樣做的。他將自己讀書過程中的累積，稱之為「隨意性累積」與「系統性累積」。平時讀書看報，發現感興趣的、有價值的資料就隨時隨地的摘錄下來，摘錄多了就把它們做成卡片，然後分門別類的「歸檔存放」。這樣，就由平時的「隨意性累積」進入了「系統性累積」，而一旦運用起來就純熟自如多了。

從歷史學家所做的生動比喻和他的讀書學習過程來看，知識的累積無不起始於微末，著手於點滴。只要長期堅持不懈的累積，養成日積月累「三勤」的好習慣，一定會功到自然成，越積越多。

知識累積的方法很多，形式多種多樣，如筆記式、摘記式、提綱式、卡片式等等。究竟採取何種方法，一般根據具體情況而定，但應以準確、方便為宜。

清末浙江學者李慈銘，在讀書學習中採取的是日記形式，記述了他每天的讀書札記。後人據此編成一本內容非常豐富的《越漫堂日記》。一位

著名歷史學家採用的是卡片式累積方法，並據此先後出版了多本著作。另外，還有魯迅式的從文獻中收集累積，蒲松齡式的向群眾索取累積等方法。

　　總之，知識水準的提高，離不開科學有效的累積讀書法。相信點點滴滴的知識一定會實現「積土成山，風雨興焉」，並伴隨著你走向成功之路。

　　累積的知識越豐富，思路越寬廣，觀點也越明確。

研讀篇

● 廣博的知識面，精深的知識點 —— 點面讀書法

> 一切學科你都要知道一些，但是有些學科你要知道其中的一切。
> —— 季米里亞澤夫（Timiryazev，蘇聯自然科學家）

「點」的讀書法，實際上是讀書的第一階段。根據學習的需求確定一個大致的攻讀方向，以此為前提，廣泛的閱讀與之相關的書籍。目的在於累積知識，以求對攻讀的對象有一個整體的、粗略的印象。

「面」的讀書法，是以「點」讀書為目標的進一步擴大的階段。就是在對某一學科充分了解，掌握了其大致脈絡的情況下，再學習與之密切相連的鄰近學科的知識。

可見，廣泛的閱讀博覽可形成知識的「面」，專業的深度探索讀書可形成學科的「點」。兩者結合就能達到「以點帶面、以少勝多」的目的。那麼，如何才能做到「既有廣博的知識基礎，又能掌握專業的知識」、「既瀏覽了文章大意，又能知曉其精華所在」？

廣博與精深是知識大廈的兩塊重要基石。它們之間有其矛盾對立的一面，也有和諧的一面。兩者相輔相成，缺一不可。知識淵博而沒有專精，很容易流於「雜」。同樣的，有一門精通的學問而沒有廣博的知識面，又很容易流於「陋」。

可以說，廣博並非是讀書的目的。「博」雖然有益，但出現問題時，不能給人針對性強的、有效完整的幫助。傳說中有一種鼯鼠，牠會飛，會緣，會游，會穴，會走。但是，牠飛翔卻飛不過屋頂；攀緣而爬不到樹梢；游水卻游不過河；挖洞又不能藏身；奔跑還不及人跑得快。鼯鼠會五種本領，卻沒有一種技藝精湛得足以護其身、保其命。所以在弱肉強食的生物鏈中，牠最終喪生於黃鼠狼之口而遭受滅頂之災，也就不足為奇了。

由此可知，讀書鑽研學問既要有廣博的知識面，也要有其專業的深度。翻開近現代史冊，不難發現，在那樣一個外侮內憂、舉國動盪的惡劣治學環境下，卻盡出學術上堪稱泰斗且博古通今學貫中西、既博又專的大讀書人。

有革命、治學兩收穫的孫中山；有一代學術「託命」人尤專史學的陳寅恪；有學界靜獅、文苑代雄王國維；有「腳踏東西文化，一箋宇宙華章」的大文學家林語堂等人。他們不僅在「面」上的涉獵知識淵博，在各自的領域更是達到了前所未有的深度。

雖說廣博與精深有其相矛盾、相牽制的一面，但是從陳寅恪、王國維等人所達到的「面」的「廣博」與「點」的「精深」的自然融合中，人們不難得到一種良好的借鑑與鼓勵。

人的生命是有限的，而知識的海洋卻是浩瀚無垠的、無窮無盡的。所以，從這個意義上看，無論任何人，其知識的廣博是相對的，既是以研究方向或研究目的為中心，以自身的努力與天分、勤勉為動力的「面」的拓展。因此，這個知識的「面」可大可小，面大可謂博覽，面小可謂寡聞。

實際上，知識的「面」可以依個人的情況拓寬、加大到「無限大」，錢鍾書可算是此類奇人。錢先生博學多能，兼通數國外語，學貫中西，在文學創作和學術研究兩方面均成績卓越。

錢鍾書先生在文學研究和文學創作方面成就卓越。看一看錢鍾書用古文寫的《談藝錄》、《管錐編》即令人嘆為觀止。從先秦到近代，經史子集無不貫通。他的文言文汪洋恣肆，儀態萬方，不論散文駢文，詩詞曲賦，還是小說戲曲，俚語謠諺，他全能招之即來，奔湊筆端，遣詞造句，隸事用典，簡直如風行水上，自然成文。而其譯成多國文字在國外出版的《圍城》卻是道道地地的白話文。他筆下的白話文，清如水，明如鏡，

絕少沾染西洋味、古董氣與學究氣，揮灑自如而又耐人尋味。尤其是《圍城》，幾乎成為幽默文學語言的範本。

錢鍾書另一個非凡之處是他的博學。早在清華讀書之初，他便立志要「橫掃清華圖書館」，後來也做到了。以致當時，有一次有人要他幫忙開三本英文禁書的書目，他不加思索洋洋灑灑的開出了兩張紙的書目，還包括作者姓名與內容特徵，令人瞠目結舌。錢先生在清華求學階段閱讀獲取知識就已這般廣泛，可以想見，其後更是如何的廣泛博取。正因如此，看到夏志清稱他為「當代第一博學鴻儒」，舒展稱其為「文化昆侖」，任何人也不會感到言過其實了。

可以看出，錢鍾書的淵博是透過其以文學為方向、貫通中外的廣泛博覽而成就的。亦不難看出，錢鍾書的博學廣聞為其文學創作提供了最有效的奠基，就是說，錢鍾書的博學賦予了其作品（如《圍城》、《管錐編》）無與倫比的魅力。

明代思想家王延相說過：「君子之學，博於外尤貴精與內。」強調的是，既要博又要專精。然而，知識面的「博」與研究點的「專」究竟是怎樣一種辨證關係呢？

正如人們所知，知識是觸類旁通的。博覽是精深的前提，即為研究點的深度發展提供了更加廣闊的天空。研究點的精深是學習的目標、博覽的指導。一般說來，「面」上的知識的獲取要以主攻方向的周圍展開，沒有研究點為指導的廣博很容易陷於盲目。一言以蔽之，廣博是精深的基礎，精深是廣博的方向。

初學要廣，入門要深；知識面要博，鑽研點要深。

● 勤能補拙，水滴穿石 —— 硬啃猛攻讀書法

> 善讀書者，日攻日掃。攻則直透重圍，掃則了無一物。
>
> —— 鄭燮（清代學者）

俗話說，「冰凍三尺，非一日之寒。」一門知識乃至一種學說的掌握理解，如同人與人相遇、相識、相知需要很長時間一樣，通常都是需要一個過程的。初看一本經典的學術書或接觸一門新學科時，它不是可以一下子理解明白的，這時就需要你有水滴穿石的精神，抓住問題不放，用心去攻讀，即識別出不易理解、完全不懂的東西，反覆去揣摩或查看相關書籍、工具書等，直到弄明白弄通透為止。這就是硬啃猛攻讀書法。

魯迅在給曹白的信中，介紹了一種「硬看」讀書法：「學外國文須每日不放下，記生字和文法是不夠的，要硬看。比如一本書，拿來硬看，一面翻生字，記文法；到看完，自然不大懂，便放下，再看別的。數月或半年之後，再看前一本，一定比第一次懂得多。」

這種「硬看」法，不僅適用於學外語，也適用於學習深奧難懂但又必須精讀的經典著作。各門學科都有難「啃」的書，如果是屬於非「啃」不可的必讀書，就要依靠毅力、鑽勁，依靠工具書、參考書，硬著頭皮讀下去，直到讀懂鑽通為止。

也許，你看到一些成名的學者、專家博聞強記，講起艱澀難懂的書中內容也是招之即來、侃侃而談，相形之下，會覺得「硬啃猛攻讀書法」太老舊、太緩慢，實在是一個「笨拙」的方法。其實，那些學者、專家學成之前，何嘗不是發揮出異於常人的鑽研，付出了堅持不懈的努力來攻讀這些書籍的！

一位師範大學校長認為，讀書有略讀、閱讀、與攻讀之分。工作之餘，看看小說，翻翻雜誌，屬於略讀。一般的書籍、報紙和雜誌，內容淺顯易懂，又未必事關緊要，看一、兩遍就夠，這是閱讀。至於攻讀，那就是另一回事了。「攻」，常常表現為難點、難題、不容易理解的道理。攻堅之法，一在於鑽研，二在於堅持。長期圍困而且炮火猛烈，何愁攻城不下？何愁擊石不開？

　　因此，年輕朋友讀書，千萬不要急功近利，希冀有什麼一步登天的捷徑。只要老老實實、腳踏實地的刻苦攻讀，相信，水滴穿石、鐵杵成針的傳說在你的身上也能成為現實。

　　「勤能補拙，水滴石穿」的「硬啃猛攻讀書法」對打基礎的讀書人來說，何嘗不是最務實、最樸素的讀書道理。

● 取百家之長，走自己的路 —— 創造讀書法

> 從書中閱讀別人的思想，只是撿他人的智慧或殘渣而已。
>
> —— 叔本華（Schopenhauer，德國哲學家）

　　從前有一個英國人，非常喜歡收藏圖書，也非常愛讀書。他除了把自己收藏的七萬多冊藏書讀完外，還繼續找其他的書看，並且在讀書的同時，做了大量的讀書筆記。可是，他卻連一篇文章也寫不出來，一生沒有什麼成就。

　　俄國著名的教育家烏申斯基（Ushinsky）說過：「書籍對人類原有很大意義……但，書籍不僅對那些不會讀書的人毫無用處，就是對那些機械的讀完書卻不會從死的文字中引出活的思想的人，也是無用的。」那位英國人就是這樣的人。儘管他一生博覽群書，最後還是一事無成。

　　一位俄國劇作家曾經把讀書分為三種：一種是讀而不懂；另一種是既讀又懂；還有一種是能讀懂書上沒有的東西。讀而不懂，不如不讀。既讀又懂，只懂得書本上的知識，也是不夠的；只有透過讀書本上的知識再經過綜合分析，創造出自己的東西，這才是讀書的最高境界，也就是創造讀書法。

　　大多數人讀書僅僅滿足於只了解書本上的知識，把自己變成一座儲存知識的「倉庫」，而沒有把讀書作為提高主觀世界、改造客觀世界的創造過程。唐朝歷史學家劉知己曾有句名言：「夫有學無才，猶愚賈操金，不能殖貨。」也就是說：一個僅滿足於儲存知識，而不善於用探索精神和科學方法去消化、分析、創造的人，就好比一個愚蠢的商人，即使有滿口袋的金錢卻無法賺回一文錢。讀書也是這樣，如果我們鑽進書裡一味死讀書，過分迷信書本上的知識，視其為「雷池」、「頂峰」，不敢有任何自己的見解，就等於把自己完全禁錮在書本裡，那樣就會讀書越多，把自己「錮」得越緊。

　　那麼，如何掌握創造讀書方法呢？最重要的一點就是培養自己的創造力。

　　首先必須處理好繼承和創造的關係。創造並不是憑空想像，它是在繼承前人知識的基礎上得來的。知識累積得越多，就越容易發現其中合理與不合理的成分。從而產生創造的想法。

　　其次，要克服自卑、自怯的情緒，珍視自己的獨立見解。創造力是每個人都有的，千萬不要輕視自己的獨到見解。儘管有時它可能很虛幻。

　　一位數學家從小就愛動腦筋，經常有一些不同於別人的「怪」想法。小學二年級時，一次數學課上，他看著老師在黑板上演算，小腦袋瓜裡忽然產生了一個怪問題：做數學題能不能從左向右，從高位算起呢？別人都

說他異想天開，他卻頑強的探索起來。經過十多年的研究，他終於創造了十三位數以內的加減乘除和開方、平方的演算法。他的成功，顯然得益於他珍視自己的獨立見解。

再次，要有打破傳統，勇於向權威挑戰的勇氣。科學上新理論的產生，無不都是對舊傳統理論的否定，因而，沒有打破傳統，向權威挑戰的勇氣是不能堅持到底並獲得最後勝利的。

19 世紀末，在牛頓力學理論的基礎上發展起來的經典物理學，已經形成了完整的體系，然而，在以後的十多年裡，X 光、放射性、電子等驚人的發現層出不窮。原有的經典理論已無法解釋這些現象。經典物理學這座宏偉的大廈出現了不可彌補的裂縫。

德國物理學家普朗克（Planck），在讀書的實踐中，發現了前人理論上的缺誤，他大膽的拋棄了舊理論上的舊觀念，獨具匠心的引入了「能量子」的新概念，圓滿的解決了當時物理學的疑難。奠定了現代物理學的基礎。這無疑是一個偉大的發現，這種發現正是普朗克成功運用創造讀書法的結果。

然而，不幸的是，普朗克這時忽然不安起來，他見自己的創造性理論違背了傳統理論，便喪失了糾正前人的勇氣。甚至做了三次修改，力圖把自己的理論納入經典物理學的軌道，結果，他的後半生在理論上幾乎沒有什麼建樹。他在《科學自傳》中沉痛的寫道：「企圖使基本作用量子與經典理論調和起來的這種徒勞無功的打算，我持續了很多年，使我付出了龐大精力，我的同事們認為這幾乎是一個悲劇。」

正當普朗克徘徊不前之時，具有創造精神的另一批物理學家卻在普朗克的腳印中看到並做出了令人矚目的發現：1905 年，愛因斯坦將普朗克的「能量子」成功的推廣到了一切發光物體，提出了「光量子」，成功的解

釋了光電效應實驗；1911 年，波耳（Bohr）將「量子化」思想引入原子模型中，獲得了重大成就。可見向權威挑戰在創造中起了多麼大的作用啊！

最後，要分清創造和模仿。創造是能提出新見解，解決前人不曾解決過的問題，或者解決問題是運用別人不曾用過的捷徑。而模仿卻是照著現成的樣子去摹擬或仿製。所以說，模仿絕不是創造。

宋朝著名的文學家歐陽修，非常喜歡唐朝文人韓愈的作品，並且反覆研讀他的作品竭力向他學習。結果，他的文章雖頗負盛名，而詩卻沒有什麼成就。清代學者袁枚在《隨園詩話》裡對歐陽修評價說：「歐公學韓文，而所作文全不似韓，此八家中所以獨樹一幟也。公學韓詩，而作詩頗似韓，此宋詩中所以不能獨成一家也。」這是因為歐陽修學韓愈文章時，有創新，有發展，所以成為唐宋八大家之一；而在學韓愈詩時卻採取了亦步亦趨，墨守成規的方法，一味的模仿，因此，毫無發展，毫無創新，當然在詩歌方面也就不能自成一家了。

由此可見對書本的知識盲目崇拜，一味模仿，是很難有所創新的。只有「採百家之長，走自己的路」，這樣才能另闢蹊徑，別開洞天，才能有所創造。

要想熟練的掌握創造讀書法，當然還需要很多條件，如：好奇心，遠大的抱負，對圖書的濃厚興趣，善於思考等等。這些都不是我們一朝一夕就能具備的，它需要我們不斷在讀書的實踐中摸索和總結。

如果書使我們不能、不敢去創造，那就失去了讀書的意義。

● 精誠所至，金石為開 —— 專一讀書法

> 書富如海，百貨皆有。人之精力，不能兼收盡取，但得其所求者爾。故願學者每次作一意求之。
>
> —— 蘇軾（宋代文學家）

專一，意思是集中力量做一件事或只接觸某一方面的事物，而不管其他方面。其實，這還是一個很好的讀書方法。

很多人讀書時都可能有過這樣的壞習慣，看書一遇到困難，就不想再讀了，於是，又拿起另一本，遇到難題時又放下，結果沒有一本書能讀深讀透，弄得一知半解，知識殘缺不全。

一位化學家剛開始學習的時候，就有過這樣的經歷。後來他找有經驗的長輩推薦了一本好書，下決心把它讀懂，其後又找到其他書籍中有特色的章節來讀。這樣，他讀懂一本，再看其他，學習的效果大為提高。

一位科學家也有過同樣的經驗。他年輕時為了報考大學，決定自修英語。這個主攻目標確定後，他就將房間裡其他書籍都封存起來，只剩下英文書一種，整天手不釋卷，捧著英文書啃讀，使自己完全進入英文的「境界」中，不受其他書的任何干擾。第一天，他只記住了八個單字，到第二天早晨複習時發現已忘掉了三個。第二天仍然沒有記住幾個。但他毫不氣餒，繼續埋頭攻讀，堅持了一個星期之後，開始掌握了英文記憶的規律，一天能記住二十多個單字。一個月後每天能記五十餘個，兩個月掌握了四、五千個單字，基本能閱讀英文版的《讀者文摘》了。

他不僅專一的讀英文書，而且還套用一個小技巧 —— 在掌握了一定數量的單字後，他又用了一個星期的時間，專攻英文語法和英文寫作練習。接著，又專門用了一段時間強行背誦了五百句英語範文。結果，他總

共只用了三個月的時間，就基本把英文攻下來了，並能用英文寫出漂亮的文章。此後，他又用這種讀書方法，攻下德、法、日、俄四門外語，還攻克了代數、三角和解析幾何等難關。

這樣，每一個時期集中學一門，每一門裡有精讀重點書，便為進一步深入研究打下基礎，為知識的系統化創造了條件。

「專一」讀書方法，多半應用於應急性質的讀書學習。譬如，在期中、期末考試接近或者某一學科學得較差的情況下，可以適當的應用。其最大效能就是有利於單項累積，保持知識的系統性和連貫性。但是，我們並不提倡任何學科都運用「專一」的讀書方法。

兵法講究集中優勢兵力打殲滅戰。專一讀書方法也是這個道理，就是集中精力打一次圖書的「殲滅戰」。

● 儲存、比較、批判 ── 三步讀書法

> 蜜蜂，辛勤的盤旋在知識的百花叢中，擇其芳香濃郁的花朵，一點點的吮吸，一點點的累積，然後，經過自己的咀嚼，消化，來個去粗取精，去偽存真，最後釀成濃香醇甜、營養豐富的蜂蜜。
>
> ── 郁達夫（現代作家）

在現實生活中，常常看到這樣的現象：在同樣的學習時間環境中，甚至在同一老師的指導、閱讀同樣書籍的條件下，不同的人，卻有不同的收穫，有的人學到知識，增長才幹，促進了工作；有的人卻一無所獲，或收效甚微，根本談不上對工作有所裨益。原因是十分明顯的，前者掌握了科學的讀書方法，後者卻正相反。

古往今來，眾多名人、學者在讀書、治學的過程中，創造了許許多多

的讀書方法，至今還值得我們學習和借鑑。

18世紀法國著名的資產階級啟蒙思想家、文學家、哲學家和教育家盧梭（Rousseau），這個一生寫下了《民約論》、《論人類不平等的起源及基礎》、《懺悔錄》、《愛彌兒》等不朽著作，他是怎樣讀書的呢？他把自己的讀書過程總結為三個步驟：儲存—比較—批判，經過這樣三個步驟，盧梭既能全面掌握每本書的思想，又能站出來給予正確的評價，這就使他獲取知識具有主動性、批判性和創造性。

儲存，即廣泛閱讀：你先完全接受所讀的每本書的觀點，不摻入自己的觀點，也不和作者爭論，主要目的是累積知識。

古今中外有學問的人，有成就的人，總是十分注意累積的。對什麼事都不應該像過眼雲煙。要從無到有，從少到多，一點一滴的累積起來。

一位著名歷史學家，知識淵博，學貫中西，為後世留下了多種史學著作。他有一個重要的治學經驗：親手做讀書卡片。一生中親自動手累積的卡片幾萬張。

著名科學家愛迪生從事科學研究六十多年，發明創造了一千多項。他的成功祕訣之一就是隨身帶個小本子，記錄生活的素材、自己的一見一得；他說：「這就等於儲蓄，日積月累，腦子裡儲蓄多了，就能應付自如。」

以上事實說明，任何一門學問的研究，任何一種成就的獲得，都需要有廣泛的資料累積。這也是三步讀書法的第一步，只有透過這第一步，即掌握了大量的知識，才能進入第二步，對儲存的知識加以分析和比較。

比較，即比較從書中學到的知識，用理智的天平仔細衡量各種書的不同觀點。把論述同一問題的書都找出來，看哪本書論述新穎、獨到、準確、全面、深刻、生動、有說服力。透過比較，可以博採眾家之長，集大成於一身，從而獲得真才實學。

有一個美國學者，長期研究日本社會，他把日本報刊上關於風俗民情的資料剪下來，累積成卡片，進行分析比較，由此而出版了一本《菊與刀》，真實的描述了日本社會生活，轟動一時。這本書一度成為美國政府對日政策的參考書之一。

比較的優點是不同的作者對同一問題的論述有深有淺，透過比較，有助於我們加深對這一問題的理解；同時，不同作者對同一問題的論述的方法也不可能完全一樣，透過比較，還可以集思廣益，避免片面化、簡單化；有些作品由於作者的局限，難免有這樣那樣的疏忽和失誤；透過比較，可以發現問題、明辨是非、揚長避短；各類書的文筆有優劣之分，資料有詳簡之別，水準有高低之異，透過比較閱讀，可以採其所長，為我所用，避其所短，少走彎路。

在用比較的方法對自己儲存的知識進行鑑別後，第三步就是批判，即找出書中的謬誤並加以批判，從而只吸收書中的精華，吸取對自己有用的、有益的知識，拋棄那些無益的東西。馬克思主義的誕生，正是馬克思和恩格斯在對黑格爾（Hegel）、費爾巴哈、李嘉圖（Ricardo）、歐文（Owen）、傅立葉（Fourier）、聖西門（Saint-Simon）等的學說進行批判的研究的基礎上付出了嘔心瀝血的工作之後創立的。

掌握批判的方法，就是理論連結實際。一方面，在讀書時，要善於分析和綜合，克服盲目性，提倡獨創性，把書讀活，用探索的精神去讀書。另一方面，透過批判，把認知推到一個嶄新的境界，才是讀書學習的目的。

經過這樣三個步驟，你既能全面掌握每本書的思想，又能「採其精華」、「正其謬誤」，使之「是非有歸」，從而為你今後的學習和深入的研究打下一個扎實的基礎。

儲存大量的知識，善於反覆的比較，去偽存真的批判，掌握三步讀書法，你將成為博學多才之士。

● 圍繞自己所瞄準的問題讀書 —— 目標讀書法

> 漫無目標，無書不讀的人，他們的知識很難是非常精湛的。
> —— 柯南道爾（Conan Doyle，英國作家）

明確讀書的具體目的，往往直接關係到讀書的成效。

有的人讀書無具體目的，也沒有具體要求，東翻翻西翻翻，沒有緊迫感，沒有壓力，收穫自然甚微。有了明確目的，就有緊迫感，思想集中，積極思維，收穫自然顯著。

古往今來，有不少人主張有目的的讀書。因為，人的精力不僅是有限的，而且一個人一生中所能達到或實現的目標也是有限的，因此，只有把有限的精力集中到一個目標上，才能易於獲得成就，這與放大鏡聚光點火的道理相同，只有把分散的陽光集中起來，才能燃起熊熊的火焰。

蘇東坡曾經說過：「書富如海，百貨皆有。人之精力，不能兼收盡取，但得所欲求者爾。故願學者每次作一意求之。」這裡的「一意求之」，就是要有一個明確的目的，圍繞著自己所瞄準的問題讀書。

蘇聯著名教育家，蘇霍姆林斯基（Sukhomlynsky）善於瞄準教育領域人們所普遍關心的問題，追蹤它的來龍去脈，潛心研究探索其中的規律。他每天都圍繞這些問題讀書，孜孜不倦的讀教育學、心理學、教育史以及各種教育方法專著，寫了大量有創見的論文。他的著述被譽為「學校的百科全書」。

他還經常告誡他的學生們說：「你的周圍有一個浩瀚的書刊的海洋，

要非常嚴格慎重的選擇閱讀的書籍和雜誌。求知旺盛的人總是想博覽一切，然而這是做不到的。要善於限制閱讀範圍，從中排除那些可能會破壞學習制度的書刊。」可見，只有明確目標，才能在較短的時間內掌握較多的知識。

當然，為了達到目標，必須有內在力量去實現。這種力量就是追求。追求的目標有大有小。大目標是在沒有明顯外在壓力的情況下，由於自己的內心要求，如理想、求知欲、審美情趣等而產生的讀書動機，屬「內在的力量」。當你從內心裡意識到讀書學習是自己本身的需求時，就會爆發出無窮的「內動力」，就會毫無顧忌的全身心的投入。

古代學者歷來主張「自得」、「自勉」、「樂為」等具有內心要求的閱讀。如果缺少這種內在力量，目標就無法實現。而這種內在力量應該是為著某一目的而產生，沒有這一目的，這種力量既不能自覺，也不能持久。

小目標是在外部壓力下形成的閱讀願望，如為考試、為競賽、為逃避人們的責罰等而讀書。具體的、切近的目標是最能激勵我們奮力前進的直接動力。一個具體的小目標的實現，也最能堅定實現自我大目標的信心。列寧說過：「要向大目標走去，就得從小目標開始。」

當你透過努力，實現了很多小目標以後，你的大目標也就實現了。我們也可以把大目標分成許多小目標，靠日積月累，不可操之過急。小目標的實現有利於激發自己的興趣與熱情。比如說，你要在一個月內記熟 300 個英語單字，可以安排每天記熟 10 個。這樣把大目標分解成若干小目標以後，每天小目標就不難實現了。只要天天努力堅持下去，1 個月以後，你的大目標自然就實現了。

這就好比蓋房子，要從地基開始，一磚一磚往上砌，一層一層向上發

展，基礎如果打得不牢，房子遲早有倒塌的危險。讀書學習也是同樣的道理，圍繞自己所瞄準的問題，選擇一些較淺顯的書來讀。由淺到深，由簡單到複雜，一步一步的進行。不能用囫圇吞棗的方法，把自己所瞄準的目標範圍的書一下都讀完。也不可只讀皮毛，不入骨髓，只解大意，不求規律；應該向書籍裡鑽，鑽得越深，獲得的知識就越豐富。讀書要深鑽，才能把書讀透，融會貫通，把學過的知識融入到腦子裡。

每次讀書後，還要反覆思考，把前面的讀懂、記住、掌握，然後再往下讀。這樣才能擊中目標，捕捉到自己所需要的東西，打下扎實的基礎。應繞過與目標無關的內容和章節，直接瞄準與目標有關的實際內容的書來讀，這樣就會獲得事半功倍的效果。同時還要經常檢查自己的讀書目標的進度與方向，需要勤奮不懈的努力，以及持久耐心和頑強的毅力。

不論是為了大目標還是小目標的實現，都要有勤奮和吃苦的精神，還要有毅力，克服各種困難，才能有希望達到光輝的頂點。如果沒有毅力，沒有頑強吃苦的精神，那麼就等於沒有目標，設定的目標如同虛設。勤奮是講究讀書方法的前提。勤奮讀書又必然要求有目標，兩者結合便能夠達到理想的效果，反過來又推動我們勤奮讀書。所以說，勤奮讀書與講究目標讀書方法又是相互促進，相得益彰的。

古今中外，絕大多數總結過學習經驗的教育家、思想家等，沒有一個不把訂立目標和發揚勤奮讀書精神作為重要經驗之一的。

唐代學者韓愈說得好：「業精於勤，荒於嬉。」也就是說，學業因為勤奮而精良，因為貪玩而荒廢，主張勤奮學習。古希臘教育家蘇格拉底也說過：「學習無坦途。」他們都十分重視勤奮學習。

如果你對讀書學習有了明確的目的和強烈的願望，而現在基礎又差，讀書學習比較困難，可根據自己的實際情況，制定好切合自己實際的目

標，也就是在定目標時要與自己的興趣、愛好相結合。

　　大家想一想，修路為什麼要順著山勢去修呢？攀登高峰為什麼要從山底順著山勢一步一步的往上爬呢？你要想順利的達到頂峰，就要做好各方面的準備，充分思考會遇到哪些困難和如何解決這些困難，只要有頑強的毅力，堅持下去，形成良性循環，有了良好的結果，當然會變成力量。堅定不達到目標絕不終止，那我們都能夠心想事成。

　　可能每個人都有過這樣的體驗：對於你高興學的東西，你總是願意多下工夫，甚至學習起來不感到疲倦；同時，對所學的東西，越是下了工夫，你就越感到興趣濃厚，可以說是越學越有味。這就是目標、勤奮與興趣相互結合，相輔相成的結果。

　　可以說，興趣是勤奮的一種內在的力量，而勤奮是興趣的結果。如果沒有興趣，就不能勉勵人去努力，去勤奮學習；反過來，如果只定目標，不去努力，不去勤奮學習，那麼，對讀書學習的興趣很快消失。只有經過勤奮刻苦的努力，最初的學習興趣才能保持長久，讀書的興趣會更加自覺，才能獲得進步。

　　目標讀書就是好，瞄準問題去圍繞，勤奮學習收實效，確定目標能達到。

● 八面受敵，各個擊破 ── 八面受敵讀書法

> 先集中精力，打破一個缺口，建立一塊或幾塊根據地，然後乘勝追擊，逐步擴大研究領域，這種學習方法，對於研究自然科學的人也是行之有效的。
>
> ── 編者摘選

自唐宋以來，在中國文學史上，「韓柳歐蘇」享譽文壇。這「蘇」就是蘇軾。蘇軾與其父蘇洵、其弟蘇轍世稱「三蘇」，為唐宋八大家之三家，而蘇軾位居「三蘇」之首。

　　蘇軾的文章涵渾奔放，詩也清疏雋逸，又善書法，工畫。著有《易書傳》、《論語說》、《仇池筆記》、《東坡志林》、《東坡詞》、《東坡全集》等。其中《東坡全集》一百多卷，遺詩兩千七百多首，詞三百多首和大量優秀的散文作品。

　　在中國文學史上，蘇軾是顆璀璨的巨星。他之所以能獲得如此大的成就，首先與其終生勤於讀書密不可分。他自幼苦讀，曾三抄《漢書》、《史記》等。他反對「一目十行、不加思索」的讀書方法。其次，是他善於讀書，講究讀書方法。

　　勤奮而又科學化的讀書，使蘇軾才華橫溢，學識淵博，通古達今。向他請教治學經驗者甚多。他的姪女婿王庠就是其中一位，向蘇軾請教「求學」的「捷徑」。

　　蘇軾在〈又答王庠書〉中回答說：「實無捷徑必得之術」，但提出讀書要講求方法。

　　蘇軾說：「卑意欲少年為學者，每一書皆作數過盡之。書富如入海，百貨皆有。人之精力不能 兼收盡取，但得其所欲求者爾。故願學者每次作一意求之。如欲求古今興亡治亂聖賢作用，但作此意求之，勿生餘念。又別作一次，求事蹟故實，典章文物之類，亦如之。他皆仿此。此雖愚鈍，而他日學成，八面受敵，與涉獵者不可同日而語也。」

　　他的意思是：一本書的內容很豐富，讀一次是不能全部吸收的。因此，願意讀書的人，每次最好集中注意一個問題，這個問題解開後，再注意另一個問題。比如想探究歷代興亡治亂和賢者的影響，那麼就只從這個

角度讀。若再要探究史實，或者典章制度，那就再讀一遍。這個辦法雖然笨拙，但各方面學得扎實，與泛泛涉獵者大不一樣。

因蘇軾的原文中有「八面受敵」一語，後人便稱蘇軾的這種讀書方法為「八面受敵」法。

「八面受敵」一詞，是蘇東坡借用《孫子兵法》中的軍事術語來講讀書的，就是說讀書如用兵，要做到「我專而敵分」。如果八面受敵，則不應八面出擊，而要集中自己的全部精銳部隊擊敵一面，以眾擊寡，一次一次的分割包圍，各個擊破敵人。

一本書的內容是很豐富的，如果把各方面的知識比作「敵人」，可以說是「八面受敵」。

人的精力不可能「八面出擊」，一下子全都吸收，一口吃成胖子。蘇軾在攻讀《漢書》時，每抄讀一遍，都帶有一個明確的目的：讀第一遍，他從中學習「治世之道」；讀第二遍，是為了學用兵之法；讀第三遍，則是專門研究人物和官制。讀過數遍之後，他對《漢書》中多方面的內容，便由生而熟、由熟而精通。就是對文學一類的書，蘇軾也是一遍一遍不停的去讀；每讀一遍，目的也不盡相同。

蘇軾的這個方法，用現代術語來說，叫做「專題讀書法」。也就是說，把一本書化整為零，每次從一個角度去讀，逐一解剖研究。這種方法的特點是研究得深細，能獲得單項較系統的知識。心理學的實驗也顯示，大腦同時輸入多方面的雜亂的知識，不如每次只記憶單一的、有系統的知識效果好。

按現代科學理論來說，「八面受敵」包含著「運籌學」的內容，即如何科學化的運用自己的力量，使智慧達到顛峰。

蘇軾曾經說過：「舊書不厭百回讀，熟讀深思子自知。」由此可見，

蘇軾提倡的「八面受敵」讀書法，基礎在於「精讀」。

掌握運用「八面受敵」法的要領是「每次作一意求之」，集中注意書裡的一個問題，這樣，讀了幾遍之後對書裡講的主要精髓理解了，再在這基礎上「綜合」弄清楚全書甚至「書外之意」。

蘇軾的「八面受敵」讀書法，為中外學者所稱道，對當時與後世都有很大影響。

寫到這裡，不禁使我想起 1958 年諾貝爾生理學和醫學獎獲得者雷德伯格（Lederberg）的讀書方法。雷德伯格由於他耳聞目睹第二次世界大戰中死傷者的悲慘情景，決心立志去當一名救死扶傷的醫生。因此，大學畢業後就轉入本校的醫學院學習。大戰結束後，許多物理學家改行從事遺傳學研究，掀起了一股「到遺傳學裡去發現其他物理定律」的熱潮，雷德伯格對此產生強烈興趣，決定到遺傳學領域裡去闖一闖。

雷德伯格透過兩次「衝刺」獲得了偉大的成果。第一次「衝刺」花了一年時間，雷德伯格把整個遺傳學領域的歷史和現狀鑽研了一遍。他看到從孟德爾（Mendel）開始的經典遺傳學到 1938 年已經達到了它的全盛時期，可是遺傳研究的根本問題 ── 「基因是什麼？」仍未解決。

當雷德伯格提出查明細菌只有基因組合性機制的實驗方案，他的老師完全贊同，並答應他進行實驗，後來獲得了成功。接著，他就開始第二次「衝刺」，這次他在改變細菌基因的第一種方式 ──「接合」之後，又發現了具有更重大意義的第二種方式 ──「轉導」。雷德伯格這個「半路出家」者，「因其關於細菌的基因重組和遺傳物質結構方面的發現」而獲得了諾貝爾生理學和醫學獎。

綜上所述，雷德伯格發現遺傳學的開拓「空間」，都可以說「每次作一意求之」。而他的廣博學識和技能，卻是進入創造之境的基礎，與蘇軾

相比，實有異曲同工之妙。看來，蘇軾所提倡的「八面受敵」法，是具有普遍意義的。

當今資訊激增，「書富如海」，「一意求之」，一次一得，各個擊破，實為絕妙的讀書之法。

● 持之以恆，記述心得 —— 札記讀書法

> 新想法常常瞬間即逝，必須努力集中注意，牢記在心，方能捕獲。一貫普遍使用的好方法是養成隨身攜帶紙和筆的習慣，記下閃過腦際獨到之見的念頭。
>
> —— 貝弗里奇（澳洲動物病理學家）

善於讀書的人，讀書時總是離不開筆的。因為，札記之功不可少，如不札記，「則無窮妙者皆如雨珠落大海矣」。

清末的浙江學者李慈銘，從十二歲起就以日記形式記述了他每天的讀書札記，直到晚年，他一共寫了六十四冊，幾百萬字。在他日記中，保存了不少當時社會的重要歷史資料和他在閱讀、經學、史學、音韻、金石、詩文、風俗、評論書人書事等方面的心得體會，結集為《越漫堂日記》，在學術上很有價值，受到學者的重視。

那麼，何謂札記？用簡練的文字把讀書看報時的心得、體會、隨想、偶感、試析、初評、疑點、問題等思維火花或一閃而過的感想、看法、觀點、思想等及時記下來，就成為札記。寫札記在各種讀書筆記中難度較大，創造成分多，價值也比較大。中外很多有名的著作，其實都是由札記整理而成的。如康德（Kant）的《純粹理性批判》、恩格斯的《家庭、所有制和國家的起源》、列寧的《哲學筆記》、顧炎武的《日知錄》等等。

報紙上常見的「讀史札記」也是其中的一種。

寫好札記，能加強我們讀書的記憶力，促進我們在讀書時積極思考，啟動智慧的機器，把那些一隅之得，一閃之念用筆及時記錄下來；便於我們整理出書中的要點和線索，為進一步研究提供方便。

明末清初的思想家、歷史學家、考據學家顧炎武讀書時，運用的就是「札記法」。他邊讀書邊做札記筆記，讀完書後，再對札記筆記進行摘錄和提煉，做出總結，寫下自己的認知體會、偶得和見解。他的歷史學名著《日知錄》就是集他大半生札記筆記的結晶。這本書為後代的歷史學、地理學，尤其是對地方史和地方志的研究提供了寶貴的資料。

寫好札記，也是一個資料儲存的極有效方法。經常做札記筆記，可以累積大量的研究和創作資料，時間長了，這就是一筆極可寶貴的知識財富。

有一位大學教授，在他讀書尤其是讀外文小說時，不論遇到妙處還是敗筆，他都要寫上幾個字的評語。待到書讀完了，他再把當時瞬間記下的東西做一番加工，同時趁自己對全書記憶猶新時，寫幾點隨想式的讀後感，並記下情節。由於是趁熱打鐵，又不講究文采布局，也不必思考內容全面與否，有幾點就寫幾點，所以費時不多，卻受益匪淺。

後來，這位教授在教學中涉及到此類外國文學作品時，只要翻查一下所寫的資料就心中有底了。在他編寫全面反映澳洲文學的選讀本時，由於時間緊迫，要求數月內即完稿。顯然，如果將一本本書從頭看到底再選出滿意的片段來，那是無論如何也來不及的。但幸好平時教授有把自己的隨想記在卡片上的習慣，所以他記札記的讀書方法此時幫了他的大忙，很快就根據札記，整理出了一個滿意的選讀本。

札記的寫法相當靈活，形式上可零可整；內容上可多可少；篇幅上可長可短。

怎樣才能記好札記呢？

首先，要養成隨時記錄思想「閃念」的習慣。我們讀書的過程是累積思考的過程，在這個過程中經常會閃出一些思想火花。這些火花可以是片斷的，也可以是系統的，雖然是「一得之見」，但它們卻是我們深入思考的起點和契機。許多人正是從這種不起眼的「一隅之得」中逐漸深入，開拓發展，以致最後形成一種較完整的思想的。

一位著名學者在讀書時，一有心得體會即取紙片記下投到盒子裡。他記錄的小紙片內容豐富，凡屬社會科學幾乎無所不及。每隔一段時間，他便將其整理、歸納、研究，寫成文章。他的關於甲骨文、金文等的文章，就是這樣整理而成的。

當然，運用札記讀書法要做到恰到好處，不宜過於頻繁的放下書本去寫評點，否則就難以對作品形成完整印象，有捨本逐末之弊。

其次，在記錄自己的心得體會時，要在對讀物內容融會貫通的基礎上寫，寫出自己的想法很重要，落筆前要經過反覆醞釀，認真思考，有所思才有所得，有所得才有所寫。不能心血來潮，信手塗鴉，亂發不著邊際的議論。這樣，才能培養我們的思考力、啟發創造力。要勤於思索，勇於探求，最主要多問幾個為什麼，不要人云亦云。內容上要精粹，文字要簡練，以質為本，這樣方便整理。

另外，所記的札記不應是為做而做，不能做完撇在一邊了事，要注意加工整理。這些零散的資料經過補充、加工，很可能就是一篇好文章。

總之，養成讀書作札記筆記的良好習慣並掌握其方法技巧，是提高讀書效益、加快知識累積的一個不容忽視的讀書方法。這種方法看似笨拙，做起來也似乎慢些、苦些，但是其效果將會更好些。「好記性不如爛筆頭」。瞬間的火花，也能燃成熊熊大火。

● 沒有比較就沒有鑑別 —— 互比讀書法

> 任何東西，凡是我們拿來和別的東西比較時顯得高出許多的，便是偉大。
>
> —— 車爾尼雪夫斯基（俄國作家）

俗話說：「沒有規矩不成方圓。」說的是方法的重要性。法國的生理學家貝爾納（Bernard）也說：「良好的方法能使我們更好的發揮運用天賦的才能，而拙劣的方法則能阻礙才能的發揮。」所以，讀書也必須十分講究方法。

東晉時有一位傑出的女詩人謝道韞，據說有一年冬天，第一場雪紛紛揚揚落了下來，宰相謝安便問謝道韞，道：「白雪紛紛何所擬。」謝安又問，謝道韞吟道：「莫若柳絮因風起。」謝安聽了拍手稱絕。謝道韞因此被後人譽為「詠絮才」。她的這個雅號就是互比得來的結果。互比是決定優劣的最佳方法。同樣是詠雪花，與「撒鹽空中差可擬」相比，足見「莫若柳絮因風起」的高超和絕妙。

一次，詩人李白遊至黃鶴樓，憑欄遠眺，熱情滿懷，詩興大發，但抬頭看見唐朝詩人崔顥的題詩〈黃鶴樓〉，自愧不如，便寫了「眼前有景道不得，崔顥題詩在上頭」的千古名句，輟筆而去。正像戲劇家梅蘭芳先生所言，好和壞是比出來的，眼界狹隘的人自然不可能知道好的之上更有好的，不看壞的也感覺不出好的可貴。常言道「不見高山怎顯平川」，正是如此道理。

詩書也是要進行比較的，只有透過比較，才能分辨優劣高低，才能鑑別良莠差異。正如古人云，「獨學而無友，則孤陋寡聞」、「善學者，假人之長補其短」。透過比較，我們可以有以下收穫。

其一，用互比方法讀書，有益於我們對同一問題加深認識，做更為深入的分析和探討。

魯迅年輕時，在看了清人彭遵泗的《蜀碧》後，相信了書中描寫的張獻忠在四川如何殘暴，便特別的痛恨他。後來，魯迅又讀了《皇朝典故》賦本《立齋閒錄》中永樂皇帝的上諭，逐漸了解了張獻忠是一位農民起義領袖，領導窮苦的農民起來反抗封建統治者。這樣魯迅在對照比較讀書中，使自己加深了對這一問題的認識，去偽存真，識別謬誤，認識到殘暴的不是張獻忠，而是永樂皇帝這樣的封建統治者。

其二，用互比方法讀書，有利於我們發現差距，取長補短。這也是快速掌握知識的有效方法。

一位現代劇作家學寫劇本是先拜銀幕為師，以電影說明書作教材。每看一場電影，他就事先熟悉故事情節，再透過自己體會，進一步豐富內容，賦予人物性格。一有時間，他就在腦子裡放映自己的「影片」，最後再與銀幕上的影片對照，取長補短，從中學習電影語言，掌握電影技巧。由於他在對照比較中不斷的有所發現和創造，終於成為一個著名的劇作家。

其三，用互比方法讀書，研究分析資料，能協助我們抓住事物的共同點、疑點、重點，從而有新發現，使自己的思考更具創造性。

英國天文學家哈雷（Halley），為研究西元 1682 年天空中出現的一顆彗星，不斷的用天文望遠鏡仔細觀察。為了查閱過去的記錄，他翻閱了各種書刊，並把從西元 1337 年起三百年中關於彗星的記載製成表格，用微積分計算，然後把結果與西元 1607 年和西元 1513 年出現的彗星軌道資料進行比較，終於發現它們的軌道非常接近，於是判斷出這三種彗星現象實際上是同一顆彗星出現了三次。後來，人們把這顆彗星命名為「哈雷彗星」。

用互比法讀書，使閱讀不再僅僅局限於接受性的思考活動，而是同時

帶動起回憶、對比分析、鑑別以致進行新的推理和新的想像等多種思考功能，是一種能動的讀書方式。事實上，在我們讀的書籍中，有不少學科本身就是建立在互比方法基礎上的。如比較文學，比較心理學，比較哲學，仿生學等等。因此，在讀這類書籍時，更需要使用互比讀書法。

互比讀書法，從範圍上來看，有宏觀比較和微觀比較。宏觀比較是多角度、多層次的綜合比較；微觀比較是單項的局部的比較。從形式上看，又可以分為縱向比較和橫向比較兩種。

縱向比較就是對某一專題不同時期的著作的比較，如對唐、宋、元、明、清不同時期詩詞的比較；對歐洲古代、中世紀、近代和現代哲學家著作的比較；對《皇帝內經》、《醫學正傳》、《本草綱目》等醫學著作的比較等等。透過對知識不同發展時期的比較，就能發現新舊知識的差異。尋找新舊知識之間的繼承、發展關係，從而解決舊知識未能解決的難題，促進科學的進步和繁榮。

橫向比較指在同一時期或同一標準下不同著作的比較。如對李白、杜甫、白居易的詩的比較；對 30 年代魯迅、茅盾、巴金文學作品的比較等等。橫向比較有助於我們對一定歷史時期的某種知識獲得深入全面的了解，並從中了解個性，掌握共性，發現規律。

互比讀書法，從比較內容上看，有以下幾種形式：

★ **題材比較法**：題材是作品中具體描寫、展現主題思想的一定社會、歷史的生活事件或現象。相同的題材，其主題可以不同。用「題材比較法」讀書，會更好的審題立意，寫出好的有特色的文章。

★ **體裁比較法**：體裁即是作品的「樣式」。同一個題材，可以用不同體裁來表現。這種比較，可以錘鍊我們根據不同的文體特點，確定寫作重點的能力。

★ **主題比較法**：同一題材立意不同，中心也就不同。用主題比較法，能促進我們審清文章立意，加深理解。

★ **人物比較法**：同一作品中的人物可以比較，不同作品中的人物也可以比較，這有助於我們在寫作時描寫刻畫人物。

★ **特色比較法**：寫文章，都是從作品內容出發，採用與之相應的表現手法。如在人物刻畫上，或以肖像刻畫取勝，或以心理描寫見長；在線索安排上，有的明暗交錯，有的虛實相間。透過比較，總結出各自的特色，有利於啟迪讀者的思維。

★ **分析比較法**：每個作家都有其個性，個性形成了作品的風格。分析比較，就能抓住特色，領會精髓，提高閱讀效率。

在應用互比讀書法時，我們應該注意以下問題。

★ 互比要有一個高水準的參照對象。一般來講，取法其上，僅得其中；取法其中，僅得其下。參照對象高，水準提高得就快；參照對象低，水準提高得就慢，達到的層次也就有高低之分。所謂「百川學海而至於海，丘陵學山而不至於山」就是這個道理。

★ 互比讀書法依據的是系統學習，沒有系統學習，比較就沒有意義。就非常強調系統學習的重要，並且要求人們在學習一門學科時也要學習其他學科，以達到對照比較，取長補短，相互促進，共同提升的目的。

★ 互比讀書法在應用中要做到具體情況具體分析。務必要切合自己的實際情況。一位作家，他堅持從比較中強化自己的讀書效果。透過比較篩選，選出自己所需要的東西，讀寫兼和，努力做到了學以致用。

法國傑出的數學家、哲學家和科學方法論者笛卡兒（Descartes）說：「最有價值的知識是關於方法的知識。」讓我們掌握好互比讀書法這把讀書學習的鑰匙，去打開知識的寶庫吧！

　　與其不加比較的大量「囫圇吞書」，倒不如比較後認真的讀幾本好書。

● 沿波討源，雖幽必顯 —— 溯源讀書法

> 生活的全部意義在於無窮的探索尚未知道的東西，在於不斷的增加更多的知識。
>
> —— 左拉（Zola，法國作家）

　　南宋大學問家朱熹有句膾炙人口的詩句：「問渠哪得清如許，為有源頭活水來。」深刻的揭示了世界萬物之間源與流的關係。

　　如此說來，讀書要不要弄清楚源與流的關係呢？答案顯然是肯定的。清代考據學家閻若璩曾說過：「讀書不尋源頭，雖得之殊可危。」意思就是說，如果獲得一種知識而不去追根溯源的話，那麼你對知識的掌握也是不牢固的。

　　清朝著名學者戴震，從小就養成勤學好問的讀書習慣。有一次，私塾的老師在課堂上向學生講授《大學章句》。在講完「大學之道」後，塾師解釋說：「這一章叫〈經〉，記載著孔夫子的話，是由孔子的學生曾子記述的；下一章叫〈傳〉，記載著曾子的見解，是由曾子的學生執筆寫下的……」小戴震聽完，站起來問：「先生，你根據什麼說〈經〉是孔夫子的話，由曾子記述的？又根據什麼說〈傳〉是曾子的見解，由他的學生執筆寫下的呢？」

「這是朱老夫子朱熹注釋的呀！」塾師振振有辭的回答說。

「朱熹是什麼時代的人呢？」戴震接著又問。

「宋朝人。」塾師隨口便答。

「那孔子、曾子又是什麼時代的人呢？」戴震窮追不捨。

「春秋戰國時代人！」塾師沉下臉來，有些不高興了。可是戴震依然不慌不忙的說：「先生，春秋戰國時期與宋朝大約相距兩千年，朱熹又是怎麼知道兩千多年前的事呢？」

一連串的問題問得塾師啞口無言。他望著眼前這滿臉稚氣的小孩，一種敬佩之情不禁油然而生。讚不絕口的誇獎道：「這孩子肯動腦筋，可真不簡單啦！將來一定有大出息。」塾師的預言果然應驗了，戴震後來終於成為一位著名的思想家、大學者。

戴震這種讀書方法就是本篇所要介紹的「溯源讀書法」。所謂「溯源讀書法」就是指在閱讀過程中，對所接受的某項具體知識的出處或泉源進行認真的探索和追溯，從而掌握該知識的整個體系，特別是它產生、繼承和發展的線索。「溯源讀書法」也叫「尋流溯源讀書法」，是一種縱向挖掘式的讀書方法。

古今中外許多學者都非常重視溯源讀書法。

古代著名文藝理論家劉勰在《文心雕龍》中說，讀書「沿波討源，雖幽必顯」。意思是說，讀書就要像沿著流脈去探討大河的源頭一樣，即使文義幽深，也一定會明白的。一位現代史學家在談到他的治學經驗時也說：「讀書、科學研究絕不能偷懶，對任何有價值的資料，每一筆都應該追蹤不放，查到原著，絕不能滿足於第二手材料，因為一轉手，會受作者的觀點影響，往往有誤，或漏掉許多有趣的東西。」俄國作家赫爾岑（Herzen）說：「書，這是這一代人對另一代精神上的遺言；這是將去的老

人對剛剛開始生活的年輕人的忠告；這是準備去休息的哨兵向前來代替他崗位的哨兵的命令。」英國哲學家培根也說過：「書籍是在時代的波濤中航行的思想之船，它小心翼翼的把最珍貴的貨物運給一代又一代……」

名人名家所說的這些至理名言無非是在告訴我們這樣的道理：書籍是知識的泉源，是智慧的結晶，是人類進步的階梯；任何書本知識都是長期累積的結果，都有它產生和發展的過程，都有其時代的淵源和歷史繼承性。因此，我們要想真正了解和掌握書本知識，就應當不怕麻煩，不辭辛苦，深入探索書本知識的泉源，弄懂它究竟是從哪裡來的，又是怎樣繼承和發展的，這樣才能把書本知識徹底讀懂、讀透、讀活。

學問家既是這樣說的，也是這樣做的。閻若璩讀《尚書》時，發現有些篇章好像與原作風格相異，就抓住「疑似之跡」，多方考究，最後證實《尚書》中有二十五篇是東晉人梅頤的偽作，澄清了千年疑案，轟動了清初學術界。一位現代史學家也是個治學嚴謹、重視追根溯源的學者。他讀《顏氏家訓》時，發現不少歧義和許多難以解釋的語句，便一一查對，直至找到各自出處，弄清其真義才罷休。

溯源的過程，實際上往往是從一本書到另一些（有時是好幾本）書的探討學習過程。這個過程越長，輻射面就越大，我們所得到的知識也就越多。如北宋文學家、著名的豪放派詞人蘇軾的作品，境界雄闊、氣勢豪邁、個性鮮明。我們經過溯源發現，他的文學創作受詩仙李白豪放不羈的風格影響很大，而李白又是繼屈原之後出現在中國詩壇上最偉大的浪漫主義詩人。這樣就可以大致歸納出從春秋戰國到唐宋浪漫主義文學發展的主要線索。從而使我們學到的知識更有廣度和深度。

運用溯源讀書法可以幫助我們尋根究底，辨明曲直，恢復事物的本來面目，尤其歷史學、考古學、訓詁學、文字學、資料鑑別等更離不開溯源

法。溯源讀書法可以使我們跳出手中的書本，走向更加遼闊的知識世界。那麼，展現在我們面前的就是源遠流長的清波、奔騰不息的江河和無邊無垠的汪洋。當然，溯源讀書法也不是萬能的。溯源的目的絕不是讓讀者沉溺於故紙堆中，而是為了更好的掌握現在的知識，放眼於未來的創造。

在溯源讀書法的運用過程中，通常會遇到兩種情況：一種是對文章引文出處的追蹤考查（即它究竟是出自於哪裡）；另一種是對某項知識不同階段，特別是對它的最初形成情況的探溯研究（即它到底從哪裡來，又是怎樣逐步發展的）。

我們在讀書時，不論是自然科學或是社會科學著作，往往都會發現一些精采的引文。這時我們就可以運用溯源讀書法。如魯迅小說集《彷徨》的題序「路漫漫其修遠兮，吾將上下而求索」，就出自屈原的〈離騷〉；一位學者寫下的「鐵肩擔道義，妙手著文章」，是出自明朝楊繼盛所撰「鐵肩擔道義，辣手著文章」的楹聯……

但是，有些文章引文的章節或詞句並不完全與原文一樣，而是經過作者的藝術再加工。如曹操的詩句「日月之行，若出其中；星漢燦爛，若出其裡」，出自揚雄的「出入日月，天與地遝」；王勃的詩句「海內存知己，天涯若比鄰」，出自曹植的「丈夫志四海，萬里猶比鄰」……。透過溯源，前後比較，我們對所閱讀的作品肯定會有進一層的理解，在敬佩和讚嘆作者才華的同時，對自己今後的學習和創作也會產生借鑑和提升的作用。

對引文出處的溯源，還要考慮到引文的轉抄和演變的全過程，從而找到引文真正的出處即原始出處。如人們常引用的名言「一寸光陰一寸金」，《辭海》中「光陰」辭條下引的是元代同恕〈送陳嘉會〉詩：「盡歡菽水晨昏事，一寸光陰一寸金。」其實，最早的出處應當是唐末詩人王

貞的〈白鹿洞二首〉之一:「讀書不覺已春深,一寸光陰一寸金。不是道人來引笑,周情孔思正追尋。」這樣步步深入的追根溯源,為我們帶來了多少樂趣,又增添了多少原先書本上學不到的知識啊!

既然溯源讀書法有這麼多的樂趣與優點,我們應該怎樣運用它呢?

首先,要做讀書的有心人。也就是說要善於「尋流」,善於抓住書中的疑點,即使是蛛絲馬跡也不要放過。一位近代科學家研究氣象學原是從「宋代雪」開始的。早在 1924 年,他讀二十四史時,偶然發現宋代對「雪」的記載很多,於是引起了極大的疑問和興趣。以此為起點,他先把宋代關於雪的記載收集到一起,並進一步擴大收集了宋代的其他氣候資料。繼而,再由宋代上溯到遠古,下追到近代。接著,他又把視線由中國擴展到世界各地。於是寫出了《南宋時代中國氣候的揣測》、《中國歷史上氣候之變遷》、《歷史時代世界氣候的波動》等一系列論文,對中國和世界的氣象學都做出了重大貢獻。可見,「尋流」實在是讀書和治學中重要的一步。

其次,要有堅韌不拔的意志。溯源是一種艱苦的工作,即使發現了疑點,如果不付出極大的努力,往往也是無法找到某項知識的泉源的。郭沫若為了完成《築》劇,花了整整八年的時間,查閱了大量文獻資料,才弄清楚樂器「築」的形狀。一位科學史專家從我們今天使用的「紙」出發,在大量的古籍和外文資料中追溯搜尋,幾經挫折,歷時二十年,閱讀了兩千多冊圖書,查找了難以計數的報刊資料,摘寫了滿滿一箱資料卡片,才終於把紙的源頭及其來龍去脈理清楚,寫出《中國造紙技術史稿》一書。可以想見,溯源絕不是輕而易舉的事。誰害怕用工夫,誰就無法查到真正的源頭。

　　再次，要有認真分析的精神。世間萬事萬物錯綜複雜，並不是所有書本知識都有很明顯的源頭，況且有些書本知識的源頭又是那麼撲朔迷離。如果我們不加分析，人云亦云，很可能就會造成不良的後果。曾經有一段時間，不少報刊雜誌紛紛連篇累牘的轉載一則新聞，說是俄羅斯太空人碰見了外星人，還和他們打了招呼，彼此擦肩而過云云，簡直就是活靈活現、神乎其神。結果呢？這則所謂的新聞不過是西方愚人節的產物。由於人們對這則資訊疏忽了分析，以至於以訛傳訛，貽笑大方。可見，「溯源讀書法」離開分析就寸步難行，只有分析才能幫助我們去偽存真，去粗取精，由表及裡，由淺入深，找到真正的知識源頭。

　　最後，要有不恥下問的態度。運用溯源讀書法，當然要查找大量的書籍資料，尤其是工具書。然而，我們另一方面還要提倡謙虛好學、不恥下問的態度。因為運用溯源讀書法，應當是有目的、有選擇、有側重的，並非所有的書本知識都要一味的妄加考證。如果那樣就要走許多冤枉路。當我們對書本知識的源頭不知所蹤、茫然無措時，不妨多向專家學者求教，這將省卻我們查閱書籍的大量時間，儘快獲得我們所需的知識。所以說，不恥下問不失為運用溯源讀書法的一個方便有效的捷徑。

　　一位現代著名教育家曾經在其名為〈問到底〉的詩中詼諧的寫到：

天地是個悶葫蘆，悶葫蘆裡有妙理，
你不問它你怕它，它一被問它怕你。
你如願意問問看，一問只須問到底。

　　只要我們有針對性的、靈活而巧妙的運用「溯源讀書法」，相信一定會把書本上的知識理解得更透澈、更系統、更全面。

　　如果你對知識究根追源，在你面前展現的將是更為廣闊的知識境界。

● 多管窺豹，可見全斑 —— 歸納讀書法

> 該精讀細看，把書本上學到的和未掌握的知識全部記錄下來，再把這些內容慢慢研讀一遍。這是一件嚴肅而又重要的工作。
>
> —— 拉法格（Lafargue，法國史學家）

有一個成語叫作「管中窺豹」，意思是說如果從一個細管子裡看豹身，其後果是可以預見的，即「可見一斑」。但是如果你的「管」不僅是一個，而是多個呢，那就不僅可以看到許多個「斑」，而且可以看到豹眼、豹鼻乃至整個豹身。我們讀書時，也可以採用「多管窺豹」的方法，也就是歸納讀書法。

在二次世界大戰前夕，英國作家雅各（Jacob）出版了一本震驚世界的小冊子。他將希特勒（Hitler）軍隊的各種情況公布於眾，希特勒為此大發其火，將雅各綁了起來，審問他是如何竊得情報的。雅各回答：「全部來自德國報紙。」原來，雅各一直精心閱讀德國報紙，凡是關於德軍情況的消息，哪怕幾個字也不放過。他對這些零散的資訊加以摘錄、分類，就把德軍的「斑」拼了出來，終於「合成」了「豹」的全貌，獲得了德國軍事部署的系統情報。

雅各的成就就是使用歸納讀書法的一個典型實例。當我們讀一本書或一篇文章時，都想要把所要研究的問題搜集、整理、分析、歸納到一起，獲得自己有用的資訊以便更好的掌握。這時，就不妨運用「歸納讀書法」。

比如說學習歷史這個學科吧。學習歷史要掌握歷史線索，講究學習方法。歷史學科的特點是：歷史人物眾多，歷史事件繁雜，年代、背景紛紜繁複，極易混為一團。如果不講究方法，一味的死記硬背，就不會收到很好的效果。

　　學習歷史要根據時間上的縱向序列和同年代發生的歷史事件的縱向序列 —— 空間關係，進行列表歸納和分析。這樣便於記憶基本史實，也便於掌握眾多的歷史事件之間的內在關聯，同時還能提高分析歸納問題的能力。不是把知識學死，而是把知識學活。

　　「歸納讀書法」中有一個非常實用的形式 —— 列表歸納。

　　列表歸納法可以從兩個角度去歸納。

★ **縱向列表**：這是從時間順序上，對歷史事件做縱的梳理、歸納，然後逐一比較其異同。比如，「中國土地制度」，可按時序，一個朝代一個朝代的逐一整理。理出一條線後，就能看清中國土地制度的來龍去脈，掌握其沿革情況。這樣也十分便於比較，在比較中，每個朝代土地制度的特點就看得很清楚。其異，其同，涇渭分明。就拿「中央集權制」這一項來說吧，整理過後再對歷代情況加以比較，就可以看清中國封建社會中央集權制的強化過程。

　　這種縱向列表，適於一個項目一個項目，一個方面一個方面的進行整理和比較。如果將主要項目都比較過了，那麼中國社會發展變化的規律也就可以清楚的掌握了。

★ **橫向列表**：這不是以時間為序，而是以空間為序。在相同或不同的時間裡，將不同空間相同或相似的歷史事件排列在一起。這樣整理過後再比較其異同效果頗佳。不列表，不整理時，魚龍混雜，眉目不清。經過整理之後，其相同點與不同點，分外鮮明。各自特點水落石出，便於記憶。不僅如此，透過歸納，還可以深入一步，掌握歷史事件的共性與特性，這是一箭雙鵰的做法。

歸納法不只是一種，還要旁注歸納。所謂的旁注歸納讀書法，就是把書中某一章節、某一情節等等，經過思考、分析，用自己的語言，把其重點、基本精神歸納一下，了解其段落大意、內容提要、主題思想、寫作方法，而後以旁注的形式把所歸納的記下來。這是一種最常用的讀書方法。

　　人們在寫文章的時候，往往把文章分成許多段落，每個段落說明一個主要意思。讀書的人讀完一段就理解一段，一段一段的意思了解了，全篇文章的大意也就明白了。所以讀書時，注意分析段落，學會歸納段落大意，是學懂弄通一篇文章的前提。

　　如何歸納段落大意？主要是緊扣中心，這是很重要的方法。因為一段文字，要從不同的角度去閱讀，可能會產生不同的理解，所以只有將表示局部的段意放入全文中去歸納，段意才能正確。

　　要準確理解一個段落的意思不是一件很容易的事。首先要善於歸納和分析，透過段落所敘述的表面意思抓住實質；其次，要弄清每段之中句與句之間的關係，了解每個段落表達的層次；再次是要了解段落在全文重點地位和作用，加深對每個段落含義的理解。

　　在閱讀中我們採取旁注歸納法，把對每個段落內容的理解歸納成段落大意、寫出段落提要，可以加深對整個文章的理解，增強和鞏固記憶。

　　例如，〈從百草園到三味書屋〉是魯迅先生於 1926 年寫的回憶性散文。它透過童年時兩種生活的對比，含蓄而深刻的批判了束縛兒童身心健康發展的封建教育。這是文章的中心。所以無論概括百草園的生活還是三味書屋的生活，都圍繞著這個中心。這樣寫出段落提要才有助於加深對整個文章的理解。一篇文章抓住主題思想，就是抓住文章的靈魂，就可以把文章讀懂弄通。

　　作家高爾基（Gorky）曾說過：「每一本書都是全人類精神的結晶，因

為書就是人類透過集思廣益，再由個人寫下最精練的語言。」使用歸納讀書法，對讀書者系統化的掌握書本中的智慧結晶，是大有裨益的。

越是善於歸納總結，頭腦中儲存的知識就越有系統，越豐富。

● 思不廢學，學不廢思 —— 預測讀書法

> 若無大膽放肆的猜測，一般是不可能有知識的進展的。
> —— 高斯（Gauss，德國數學家）

大千世界有各式各樣的書籍，有各式各樣的讀書人，同時也就有了各式各樣的讀書方法。大多數的讀書人是根據書來選擇閱讀方法的：讀唐詩宋詞，應逐字逐句的細細品味；讀歷史典籍，須縱橫連結，古今聯想；讀哲學著作，必側重其內在規律、原理；而讀小說，則可迅速的快讀。

當然，並不是所有的讀者都必須遵循這樣的方法，每個人可根據自己的實際情況來設計或選擇讀書方法。在眾多的讀書方法中，有一種獨特的方法叫「預測讀書法」。這種方法頗新穎，具有創造力，而且別有一番情趣。因此，年輕朋友在選擇閱讀方法時，對此種讀書方法不妨一試。

那麼，什麼叫預測讀書法呢？預測讀書法是指人們在科學研究和生產、生活實踐中，提出一個預測、假設或設想，然後為了解釋、說明、驗證它而找來相關的書籍資料進行閱讀。這就是預測讀書法。

生活中人們見到一本好書或是一篇好文章後，總是習慣於迫不及待的閱讀，尤其對盼望已久的書，更是如此。殊不知，在這種毫無準備的情況下，你的思維已經不知不覺的跟著作者的思維移動，你的思想也在潛移默化中被書中的理論所左右了。這樣做固然可較快的掌握書中的內容，獲得資訊，然而對培養自己的創造性思考卻收效不大。這也是大多數人在閱讀

過程中所存在的一種偏頗。

因此，為避免這一偏頗弊病，對於拿到手中的書或文章，先不要急於去看其內容，不妨先悉心研究一下題目，然後靜思設想一下：如果這個題目由自己來寫，將分幾章幾節？會組織怎樣的結構體系？對其中的重要觀點又將從哪方面入手？組織哪些資料來加以論述？……然後將自己的設想寫下來，再與原文進行對比，看哪些地方不謀而合，哪些地方意見相左，哪些地方自己不得其解，最後據此確定自己的讀書重點。

對於「不謀而合」之處，稍加瀏覽即可；對「見解相左」的，就要下一番工夫，探究一下，「左」在哪裡，原因何在。而對於正確的東西，不但要掌握其觀點，還要掌握作者的思路，學習他的思考方法。這樣既獲得了知識的「真經」，又鍛鍊了自己的思考創造力。

一位數學家為鍛鍊培養自己的思維能力，經常運用預測讀書法進行讀書。每當一本書拿到手中後，他並不是迫不及待的把書打開，而是先對著書名思考片刻，然後熄燈躺在床上，開始閉目靜靜的「思書」。他首先回顧過去所讀的同類書籍的一般寫法和通常觀點，然後再預想：要是這個題目到了自己的手裡，自己應該怎樣來「作文章」。待這一切全部想好以後，再打開燈，起身翻閱。這一來，凡是其他書上已說過而且自己也熟知的內容，他就不再看了，而專門去讀書中那些新穎獨到的觀點。如此以來，自然舉重若輕，使書讀得既快又好了。

預測讀書法不僅在讀書之前可運用，即使在閱讀過程中也可進行。比如當你讀到某一章節處時，不妨停頓下來，掩卷而思，預測一下：下文如何，內容怎樣，然後在讀書中加以驗證。如果作者的論述和安排，果然不出你之所料，就說明在這一點上你已接近作者的思路和水準。如果作者的寫法出乎所料，就要想一想，為什麼作者要這樣寫。想通了，自己也就前

進了一步。這樣，不僅可以對書中獨到的觀點留下明晰的印象，而且更為重要的是，大大提高了自己思考能力和分析能力。

　　預測讀書法作為一種研究性閱讀，被大量運用在科學研究、發明創造等活動中。因此，在運用此種方法時要注意掌握以下幾點。

★ 預測讀書要有明確的目的，要善於尋找那些和預測有密切關係的書籍資料來閱讀和分析。

★ 要對所閱讀的資料做定性和定量分析，從中找出規律，描繪出事物發展的軌跡。

★ 要把書本上讀到的資訊與現實生活中的真實資訊結合起來，加以對比、檢驗，把理論預測和實際預測結合起來。

　　預測性讀書的意義是很大的。理智的預測可以使人看到光明，憧憬未來。可以愉快的學到知識。能夠激發我們的求知欲望，在學習上保持一股進取精神，進而達到在科學上「有所發現，有所發明，有所創造，有所前進」的目的。

　　勇於對生活進行理智的大膽預測，並辛勤的去探索，將能得到新的發現和新的收穫。

● 他人之心，予忖度之 ── 推測讀書法

> 吾有知乎哉？無知也。也鄙夫問於我，空空如也。吾叩其兩端而竭焉。
>
> ── 孔子（中國古代教育家）

　　所謂推測讀書法，顧名思義是指由前文推想後文的一種閱讀方法。即在閱讀過程中，對所閱讀書籍或文章的某一關鍵之處有意識的停頓下來，

暫時不讀，而是掩卷遐思，沿著作者的思考軌跡去追蹤和探索，然後進行合情合理的假設或聯想，去尋求未讀過的內容，進而再展卷續讀，對照、檢驗自己的假設與作者是否一致。這就是推測讀書法。

由於推測讀書法是一種新穎獨特的讀書方式，因而，就一般年輕朋友來說，恐怕不是十分熟悉。它有多大的益處，在我們沒有親身感受體驗的時候，大概也都心存疑問。但是，倘若看一看一些中外學者們用這種方法讀書的成功經驗，我們就可以知道，凡是運用推測讀書法讀書的人，都從中受益匪淺。

諾貝爾獎獲得者李政道即是如此。他從年輕時就喜歡這種推測讀書法。他讀書時愛先看開頭和結尾，然後認真推測其中間內容是怎麼寫出來的。這樣想過之後，再看看書是怎麼寫的。李政道認為，這樣閱讀既能消化「別人」，又能讀出「自己」。

他利用已知條件 —— 標題、開頭和結尾，充分動用舊有的知識經驗，對中間部分的內容和形式做出假設，並將這種假設在此後的閱讀中不斷加以驗證，從而最終做出結論。假設—驗證—結論，是使用推測讀書法的必然程序，也是有所發明創造必經之路。李政道的創造思考能力正是得益於他正確恰當的使用了推測讀書法。

據說，德國大作家歌德在年少時，曾受過專門的推讀訓練。他母親天天都向他講一段故事，就像報紙上每天刊登一段連載小說那樣，每講到關鍵之處，就「且聽下回分解」，停下來不講了，讓歌德自己推測一下以後的故事情節。第二天講故事之前，歌德的母親先讓歌德說說他對故事情節是怎樣設想的，然後她再按照故事的情節繼續講下去。歌德後來在創作實踐中所表現出來的卓越的想像和思考能力，與他從小受到的這種良好的推讀訓練是不無關係的。

　　心理學家認為：「懸念能促進想像和思考力。」從以上事例可以看出，推測讀書法起碼有以下幾點益處：

★ **推測可以帶動讀書的積極性，提高讀書效益**：推測讀書法是一種別開生面、饒有興趣、引人入勝的讀書法。它不是枯燥無味的純推理活動，而是一個既有推測的廣闊天地，又有一個較為準確的驗證標準的過程。這樣讀書，有時因與作者思路相同而欣喜；有時為作者別出心裁而拍案叫絕；有時又必須對於不得其解之處探究其正誤，因此別有一番情趣。這些都大大激發了讀者的求知欲望，從而保證了較佳的讀書效果。

★ **推測是聯想、創造的基石**：推測是一種由已知探索未知的特殊的思考活動。在這種活動中，必然要伴隨著豐富的聯想和想像，其結果也往往有益於創造發明。

　　一天晚上，美國傑出的科學家富蘭克林（Franklin）從書中讀到摩擦生電的理論，便放下書找出一根琥珀棒，用羊皮猛烈摩擦。在黑暗的屋裡，伴隨著摩擦發出輕輕的「啪啪」聲，閃現出了微弱的火花。這種情景使富蘭克林聯想到他正在研究的雷聲和閃電。他想：天空中的雷鳴電閃是不是和摩擦生電時產生的聲音、火花相同呢？後來，富蘭克林透過實踐證明了自己推測的正確性。可見，推測伴隨著聯想和想像，它無疑是創造發明的一種不可缺少的前提。

　　讀書遇到關鍵處不妨停下來，想一想，構思一下再讀。

　　這樣讀書，是一個推測、驗證和比較的過程，同時更充滿著聯想和創造，其效果比一般的讀書方式要好多了。

★ **推測讀書法可以提高閱讀速度，保證閱讀品質**：每一本書都有粗讀和精讀之處，運用推測讀書法可以幫助我們對此做出較為準確的判斷。

當拿到一本書的時候，首先對照書目回顧一下，自己過去所讀過的書籍中是否有同類的觀點和內容，然後想一下，自己應該怎樣去構思和撰寫這本書。這樣一來，對書上凡是已讀過的內容和觀點，稍加瀏覽一下即可，而對於新穎獨到的不同觀點，就應該深入鑽研，反覆探討了。這樣讀，既節省了時間又提高了閱讀速度。另外，它還可以幫助我們掌握書中的要點，明晰作者的思路，並透過推測發現自己的不足，從而保證讀書的品質。

推測讀書法在具體運用過程中，其表現形式是多種多樣的。如，有文章篇名推測、文章頭尾推測、內容提要推測、前後文推測、全文推測等等。當然，對於各種推測方式的選擇，應根據不同的文體、不同的需求及讀者自身的性格來決定，無須固定某一形式，否則將會適得其反。

西漢著名文學家司馬相如曾說過：「明者遠見於未萌，而智者避免於無形；禍因多藏於隱微，而發於之所忽。」這句話對於有效的使用推測讀書法，是很有借鑑和指導意義的。但要真正做到見「風起於青萍之末」，便推測出是「大王之雄風」恐怕也不是很容易的。這就需要一個長期反覆的實踐過程。因此，年輕朋友在使用推測讀書法時，一定要持之以恆，才能有所收穫，逐步提升。

科學的進步取決於科學家們的大膽推測和創造；敏銳的洞察力和豐富的想像力得益於使用推測讀書法。

● 抓其要點，探其妙義 ── 「提要鉤玄」讀書法

> 善讀書者應該是：分其類，解其意，知其要，明其理。
>
> ── 編者

　　一提起韓愈，許多人都知道他是唐代著名的文學家，因郡望昌黎，故稱韓昌黎。其「自知讀書，日記數千百言，比長，盡能通六經、百家學。」為文反對駢偶，為詩力求新奇。與柳宗元同為古文運動宣導者，被尊為「唐宋八大家」之首。但也許你還不知道，韓愈對讀書問題也有很深的研究，而且為後世留下了頗有見地的讀書方法。

　　韓愈在〈進學解〉裡說他的讀書方法是「口不絕吟於六藝之文，手不停披於百家之編。記事者必提其要，纂言者必鉤其玄，貪多務得，細大不捐」。後人將其概括為「提要鉤玄」讀書法。

　　韓愈的這種讀書方法，主要是強調讀書要勤奮博覽，多讀多記。在博覽百家之書時，首先得將書分門別類，然後按其性質類型的不同採用不同的讀法。對於那些記事類的書籍，閱讀時必須掌握它的要領寓意，也就是善於提綱挈領的抓住書中的重點；對於那些理論類的書籍，閱讀時必須探索出它的主旨妙義，也就是善於抓住它的精深部分。

　　這裡我們摘錄一篇韓愈的讀書筆記 ──〈讀《鶡冠子》〉，看看韓愈是怎樣提要鉤玄的。

　　《鶡冠子》十有九篇，其詞雜黃老刑名。其〈博選篇〉，「四稽」、「五至」之說當矣。使其人遇時，授其道而施於國家，功德豈少哉！稱「賤生於無所用，中流失舟，一壺千金」者，余三讀其辭而悲之。文字脫謬，為之正三十有五字，乙者三，更者二十有二，注十有二字云。

他先寫明這部書有多少篇，其次指出這部書的內容是講什麼的。這部書屬於先秦諸子。黃老就是道家，講皇帝、老子的學說；刑名就是法家。這本書的內容是道家兼法家。再指出這本書的要點，有篇〈博選篇〉，裡面提出「四稽」、「五至」的學說，「四稽」是指從四個方面來考察，「五至」是要達到五個要求，都是為治理國家打算。

　　韓愈認為他的學說說法很恰當，假使他被國君任用，用書中的辦法來治理國家，功效是不小的。接著，他又引用了書中的話，說有的東西被看輕，是由於沒有利用它。比方一個大葫蘆，大家看不起它，要是在大河中船翻了，抱了大葫蘆就可以救命。這時候一個大葫蘆就價值千金了。韓愈反覆讀這些話，引起了悲哀。韓愈還改正書中的文字脫誤，把改正、顛倒、塗去和旁注的字一一記清。

　　從這篇讀書筆記我們看出，韓愈不是把一本書的要點記下來就算了，而是要先記下這本書的概況，在記下其中要點時，還要寫出自己對這些要點的看法、意見。並摘出其中精采的話。這就是說，一本書讀過要思考，從全書的內容到精采的篇章，到精采的話都要考慮，直至對書中的錯字都不放過，這才能抓住重點，探其妙義，掌握精華處。從這裡，我們既可以學習韓愈讀書是怎樣「提要鉤玄」的，還可以學習他是怎樣寫提要式讀書筆記的。

　　讀書若能做到提要鉤玄，效果必定會好。因為「提其綱要」，能使你對書中事件的發生發展過程及發生原因，一目了然，清清楚楚，從而可以進一步了解事件之間的相互關聯，透過現象，看到本質，吸取精華，剔除糟粕。「鉤其玄」，便於你掌握要點，讀透精神實質，對某些重要觀點進行深入的研究，從而開拓視野，啟迪思路，增長知識，有所創見。

　　怎樣運用「提要鉤玄」讀書法呢？

★ **要邊讀邊思，認真讀原文，避免浮光掠影，不求甚解**：英國哲學家培根說得好：「我們不應當像螞蟻，單只收集；也不可像蜘蛛，只從自己肚中抽絲，而應當像蜜蜂，既採集，又整理，這樣才能釀出甜美的蜂蜜來。」這個比喻準確的表明了讀與思的關係。認真研讀原文，就要做到讀一遍不行，就再讀一遍。韓愈筆記中的「余三讀……」的「三」字是虛數，表示反覆閱讀。書，讀熟了，其中的要點和妙義就會逐漸顯現出來。「讀書百遍，其義自見」，說的就是這個道理。

★ **要有意識的訓練和培養讀書的概括能力**：有的人讀書雖能字斟句酌，而且頗下工夫，但往往只見芝麻不見西瓜。抓住了書的皮毛，拋掉了書的骨肉，缺乏概括能力。概括能力強，才善於抓綱帶目，善於提取書中要點。

有許多年輕朋友，在學習某門學科時，常常感到內容繁雜，甚至有眼花繚亂之感。可是，假如你能將其中的基本原理抓住了，就不會再有這種感覺了。提要鉤玄讀書法，起的就是這樣的作用。

● 把精力集中到一個焦點上 —— 選擇讀書法

> 閱讀一本不適合自己的書比不閱讀還要壞。我們必須學會這樣一種本領，選擇最有價值、適合自己需求的讀物。
>
> —— 別林斯基（俄國文學家）

人生在世總是要讀書學習的。俗話說：「活到老學到老。」但讀書是要講究方法的。讀過俄國作家果戈里小說《死魂靈》的人都知道，有個叫彼得爾希加的人，他嗜書如命，見書就讀，什麼文藝的、宗教的、哲學的，讀懂讀不懂的他都讀，就是一味的讀。至於從書裡可以得到什麼，連

想都沒想過。他就是這樣辛辛苦苦的讀了一輩子書，其結果是一無所得。

莊子曾慨嘆的說過：「吾生也有涯，而知也無涯。」這句話的意思就是「我的生命是短暫的，而知識卻是無窮無盡的啊！」深刻的揭示了知識無窮和生命有限之間的矛盾。

尤其在當今資訊爆炸時代，資訊和載體形式越來越多樣化。知識的激增為我們讀書帶來了危機。一位德國著名學者說：「今天，一個科學家即使夜以繼日的工作，也只能閱覽世界上關於自身專業全部出版物的5％。」

可見，兩千多年前莊子所說的生有涯而知無涯的矛盾，現在是充分展現出來了。人的生命是有限的，所以我們不提倡彼得爾希加那種盲目的讀書方法。那麼，如何解決生命和知識這一矛盾呢？那就是要選擇性的讀書。

外國曾流傳著一個叫「焦點」的故事。據說，有一個年輕學者，在讀書時認真研究、勤奮刻苦。但是，收效總是不大。一天，他找到昆蟲專家法布爾（Fabre），苦惱萬分的說：「我不知疲倦的把自己的全部精力都花在我愛好的事情上，結果卻收效不大，這是怎麼回事？」法布爾聽罷讚許的說：「看起來你是一位有志氣的年輕人。」那位年輕人說：「是啊，我愛科學，可我也愛文學和音樂以及美術，對它們我幾乎把全部的精力全用上了。」法布爾頓時明白了，他詼諧的從口袋中掏出一塊放大鏡，對準一個昆蟲說：「把你的全部精力集中在一個焦點上試試，就像把這塊放大鏡對準昆蟲一樣。」於是，這個年輕人恍然大悟。

可見，我們在選擇讀書時，一定要像法布爾把放大鏡的焦點對準昆蟲那樣集中。選擇一定的主攻方向，就會在有限的生命裡，將主要精力都集中在一個或幾個學科中，實現自己的志向。

選擇讀書的主攻方向首先應與本職工作相結合。做到學與用的統一，就能節省時間和精力，達到事半功倍的效果。

實踐證明，凡是能根據自己工作的特點來選擇主攻方向，既有益於提高業務水準，又能在學業上有所建樹，這是一舉兩得之事，我們又樂而不為呢？

其次，還應兼顧自己的興趣、愛好和特長。

熱情是人們獲取知識、鑽研知識、運用知識過程中的一種特殊傾向。而這些熱情、痴情乃至不可竭制的願望又總是和讀者的興趣、愛好特長密不可分的。所以，當我們選擇讀書的主攻方向時，妥善的兼顧自己的興趣、愛好和特長是很重要的，也是很有好處的。

在確定了讀書的主攻方向後，還應該選擇好「入門書」。

「入門書」也是基礎書。對於初學者來說，選擇入門書必須根據自己的水準，一開始不要去啃太深的書，不妨先從較淺顯的書籍讀起，由淺入深，由易到難，由廣入專，逐步提高。因此，最好從一些自學叢書、普及讀物、通俗讀物等基礎書讀起，這樣較易於入門，又有助於提起學習的興趣。俗話說萬事開頭難，讀入門書打好了基礎，穩固根基，才能步步向上。反之，如果入門書選得深奧難懂，想一口吃成大胖子，是極不現實的，它容易使人喪失興趣，產生畏難情緒，就會影響學習效果，甚至半途而廢。

讀入門書，打好基礎，然後可以選擇有價值的書。

什麼樣的書才算最有價值的必讀書呢？

★ **名著**：因為這些書往往是作者智慧的精華，也是人類共有的精神財富在某一方面的總結。這些書所包含的資訊量較一般的書豐富。讀這類書可以節省時間，是獲得較好學習效果的捷徑。

★ **一流書**：讀了第一流的書，就可以舉一反三，觸類旁通，擴大自己的視野。如果捨第一流書而取二、三流，得到的只能是三、四流的成果。因此，我們必須選擇一流的書來讀。達爾文小時候不願讀教會方面的書籍，被人罵作「遊手好閒」、「荒廢學業」。但當他得到英國地質學家萊爾（Lyell）的《地質學原理》這部傑作之後，卻從中得到極大的教益，寫出了有名的《考察日記》。回首成才之路，他深有感觸的寫到：「這本日記以及作者的其他著述，如果有任何價值，那麼這主要是由於讀了那本名著《地質學原理》。」所以，讀書要選好書，挑選有價值的第一流的書來讀。

可見，選擇名著、一流書來讀，對於入門和深造是多麼的重要。我們切不可等閒視之。那麼，怎樣才能在讀書選擇的過程中，根據自己的主客觀條件，加以具體的分析呢？

★ **量體裁衣法**：實際上並不是每一本書包括名著、一流書對讀者都一樣有用。每個讀者的實際情況是不同的，興趣、愛好、特長也都各不相同，所需要的書當然也是不相同的。只有適合於自己需求的書，才是被選中的對象，才是有用的書。

★ **名師指點法**：一個人的精力是有限的，要想直接透過讀書受益，就應該虛心向老師、專家、學者請教，請他們開列出某門學科精品書的書目，然後再結合自己的實際情況加以選擇。

★ **篩選法**：除了求名師指點選擇書目外，還可以用篩選方法選擇自己所需的書籍。

‧ **粗選**：就是從大量的書中隨手翻翻，看看書的標題、目錄、內容簡介，或一目十行的掠過。適用者選，不適用者棄。

- **比較法**：平時在讀書時應該有意識的進行比較，比較各種書的優劣，比較各種書對自己的適用程度，重新認識自己所選的書籍，這樣透過反覆篩選，就可以確定所選的最佳書籍。

★ **目錄檢索法**：書目是人們漫步書林學海的顧問和嚮導。借助書目，能使你比較及時的獲得關於某一學科或某一課題的發展動向和概況，並且能幫助你從許多同類的圖書中選擇最好的書刊資料。

★ **精讀法**：培根說過：「有些書可供一嘗，有些書可以吞下，有不多的幾部書則應當咀嚼消化。」在這一階段，就需要對那些篩選後剩下的最重要的書籍或章節，逐字逐句細讀精思，邊讀邊做筆記，努力把書本知識真正消化吸收，變成自己的血肉。

然而，事物是不斷發展變化的，一個人的主客觀的條件也是不斷發展變化的。在讀書學習中，很可能讀書人自己某一方面的尚未發現的才能會脫穎而出，這時，也許就應該適度的調整自己的讀書方向，試探一下「新」才能是否具有發展潛力。說不定這種讀書方向的轉變就此為你生活的轉變帶來了新的契機。

另一方面，在讀書學習的過程中也可能發現某一方面是自己的劣勢、短處、弱點，如果沿著這方面再發展下去有「此路不通」的危險，這時就應當清醒的捨棄這方面的研究，將主攻方向轉到自己擅長的方向上來。

我們提倡選擇讀書法，根本的原則就是讀書人必須根據自己的具體情況選擇書，不要隨波逐流，趕「浪頭」，看別人讀什麼書，自己就讀什麼書。社會上時興什麼書就去追逐什麼書。如果這樣，不動腦筋的把別人的選擇作為自己的選擇，同樣達不到效果。

不要閱讀信手拈來的書，而要嚴格的加以挑選。

研讀篇

巧讀篇

● 曲則全，枉則直 —— 逆轉讀書法

會思考的人思想急速轉變，不會思考的人暈頭轉向。

—— 克柳切夫斯基（Klyuchevsky，俄國歷史學家）

人們的思考方式是多種多樣的，有直覺思考，求異思考……但一般人的思考方式都有這樣的特點：對某種事情看多了、見慣了，就習以為常，不足為奇，並逐漸形成固定的思考邏輯 —— 喜歡順著想問題。這就是習慣性思考，又稱為「慣性思維」。

伽利略臨終前曾經說過這樣一句名言：「科學是在不斷改變思考角度的探索中前進的。」這句話也道出了學習的真諦。在我們日常的讀書生活中，難道不應善於調整和改變思考的方式，並由此去探索、去鑽研、去獲取有用的知識嗎？

「逆轉讀書法」能夠開拓讀者的思路，把書本上的知識讀活、用活。它使我們不僅看到某項知識的正面，而且還可以看到它的反面。它又能促進我們解開疑難，走出迷津，獲得真知。它的最突出的優點是促進創造性思考。在讀書和科學實踐中，有時反其道而行之，自出機杼，卻能獨創一格，獲得意想不到的成功。

著名物理學家開耳芬（Kelvin）了解到巴斯德（Pasteur）已經成功的證明細菌可以在高溫下被殺死，食物可以透過煮沸後加以保存，欣喜之餘，開耳芬並沒有停止在這個剛剛發表的新理論上，而是從這個新理論出發，反想到：既然高溫可以殺菌，那麼低溫呢？低溫是否也可以使細菌停止活動呢？食物難道不可以透過冷卻過程來加以保存嗎？透過這一正一反的思索和探求，他終於在實踐中完成了冷凍新工藝。

被譽為日本十大發明家之一的田熊常吉改進鍋爐吸熱方法又是生動一例。過去的鍋爐熱效率不高，田熊常吉想方設法加以改進。起初，他總是按照前人的傳統理論來思考問題，即在如何替熱鍋爐提高熱效率上下工夫，結果毫無進展。後來，他從書本上跳出來，改變了思考方式，從鍋爐吸熱這一相反的角度去探討，找到了熱水上升，冷水下降，水流與蒸汽循環的方法，使鍋爐的熱效率顯著提高了。

「逆轉讀書法」運用的範圍是相當廣泛的，它不僅為許多艱難的科學實驗提供了奇特成功的鑰匙，在科學理論建樹上它也是神通廣大的。

以數學領域為例，平面幾何認為，過直線外的一點可以並且只能做一條直線與之平行。這似乎是不容置疑的定理，但年輕的數學家羅巴切夫斯基（Lobachevsky）卻從反面提出了挑戰：如果可做不只一條平行線呢？他所創立的非歐幾何即發端於此。又比如數學本來是與精確、嚴密緊緊的相連在一起的，但是倒過來，卻偏偏出現了一門不追求精確和嚴密而專門研究模糊的理論，結果使一門嶄新的學科 —— 模糊數學問世。

這些例子給我們的啟示是讀書不要滿足於現成的結論，對書本上的知識以逆轉的方式加以處理，很可能導致新發現，因為「逆轉」採用的是反向思考，它的成就當然也是異乎尋常的了。某些科學家不乏獻身的精神，也有廣博的知識，但因擺脫不了習慣性思考的約束，創造力發揮不出來，以致終身成就不大。以上所列舉的科學家，他們不受傳統觀念的約束，採用了「逆轉讀書法」所以採擷到發明創造的累累碩果。

「逆轉讀書法」可以劃分為兩種：論點的逆轉和論證逆轉。

論點的逆轉是一種根本性的逆轉，新舊論點之間的關係經常是完全對立的。

如古希臘的托勒密（Ptolemaeus）認為地球處於宇宙中心不動，日月星辰都圍繞著地球運行。這就是地心學說理論，整整盛行了一千多年。到了中世紀後期，它又成為維護教會統治的重要精神工具。但是波蘭年輕的天文學家哥白尼（Copernicus）卻對這種傳統的神聖理論產生了懷疑。他仰望天空，心中想到：要是地球真的不動，遙遠的恆星不知要跑得多快才能每天繞地球一圈啊！反過來，假如是地球圍繞著太陽轉，那麼這個問題不就好解釋了嗎？

對舊理論的逆轉思考，使哥白尼心中茅塞頓開，豁然開朗。他經過近四十年時間的深入研究，反覆探討，終於完成了《天體運行論》這部劃時代的巨著，科學解釋了究竟是太陽圍繞著地球轉，還是地球圍繞著太陽轉的這兩個根本對立的問題。

當然，論點的逆轉並不總是呈絕對的相互排斥的狀態，也有兩者同時並存，相輔相成的論點逆轉。

丹麥的物理學家奧斯特（Ørsted）發現了電流磁效應，消息很快傳遍了歐洲，許多人競相投入了對電磁學的研究。英國物理學家法拉第（Faraday）懷著極大的興趣讀完奧斯特的文章，但是他不像其他人那樣僅僅停留在電產生磁的現象上，而是進一步反過來思考；電能生磁，磁是否能生電呢？

失敗的實驗接踵而來，但法拉第毫不氣餒，他深信電和磁的關係絕不是單一的，自己從反面探討問題的思考方式是對的。最後，他終於試驗成功了 —— 由磁生電，造出了當時世界上第一部發電機。這種逆轉就是兩者並存的。所以逆轉思考要注意客觀事物內在的規律，不能隨心所欲，故弄玄虛；也不能模稜兩可，含糊其辭。

論證逆轉是為論點的逆轉服務的，它應當是一個科學的詳盡的合乎邏

輯的反向說理過程。

　　三百多年前，人們已經發現人在患病時，體溫一般會升高，但是如何準確的測出體溫，當時尚無辦法。醫生們請久享盛名的伽利略解決這個難題。伽利略反覆試驗，均告失敗。有一天，伽利略帶學生上實驗課。他一邊操作一邊講解，並向學生提問。

　　當水溫升高，特別是沸騰時，水為什麼會在容器內上升？

　　學生們回答道：「因為水加熱，體積會膨脹；水冷卻，體積會縮小，所以會在容器內上升或下降。」答者無意，聽者有心，提問學生，同時也啟發了自己。伽利略心中一亮，不由得想到：水的溫度發生變化，體積也隨著變化；反過來，水體積的變化，不也就測出溫度的變化了嗎？把論證過程倒過來思考，伽利略終於找到了解決問題的答案，成功的製造出世界上第一支溫度計。

　　論證過程的逆轉在文學創作中更是被廣泛的應用。如常用的倒敘手法，就是對順敘手法的逆轉；間接描寫，就是對直接描寫的逆轉。此外，像實寫與虛寫，誇大與縮小，直率與委婉，正語與反說，提高與貶低等等無不都是一對正逆關係，文學作品中心幾乎少不了這些手法。

　　我們用的工具書詞典，早在十年前，歐洲許多國家就編有《逆引詞典》或《逆引語匯集》，也叫《逆序詞典》。這是一本別開生面的詞典。一般詞典字構成的同義或近義的詞，是散見於詞典各處的，使用起來往往不能滿足需求。現行的漢語詞典儘管是按形序、音序、義序等幾種順序編排的，卻無一不是以字頭作為詞頭（即以字頭帶詞頭）進行排列的。

　　以音序排列為例，如「愛」字下帶的詞，都是以首字「愛」構成的詞：愛好、愛護、愛惜等。但對表達愛的方式或程度的許多詞語，僅僅查「愛」字下面的詞語，顯然是不夠的。像以「愛」為末字構成的詞語、如

博愛、寵愛、慈愛等，在詞典「愛」字下面都不會出現這些詞語，只能散見於詞典全書各處。這樣，讀者在求助於詞典查找時，無異於大海撈針。如果能使讀者順利的查到所需要的詞語，就必須把這些同尾詞編排在一起，這樣就必須編輯以相同詞尾為順序的詞典，也就是「逆序詞典」。

「逆序詞典」也叫「倒序詞典」。它和現行的正序詞典編排的根本區別是，將尾字相同的漢語複合詞編排在一起，以複合詞的尾字作為帶詞的字頭，也就是將正序詞典以詞首作字頭改為以詞尾作字頭，把尾字相同的詞語從分散的語族中牽引匯集在一起，成為「逆序詞典」。這對教學和學生進行組詞都會有用處。尤其對寫文章或從事文字工作和翻譯工作的人，選用準確、恰當的詞彙表達語義，更是大有益處。

「逆轉讀書法」採用的是特殊的反向思考方式，所以要靈活自如而又準確無誤的使用它，必須遵循對立統一規律。特別是懂得矛盾的因果關係，矛盾的普遍性和特殊性關係。

其一，要掌握矛盾的因果關係。

矛盾就是對立統一，逆轉就是矛盾的雙方向自己的對立面轉化，很多情況下，又是原因與結果的轉化。恩格斯說過：「原因和結果這兩個觀念，只有在應用於個別場合時才有其本來的意義；可是只要我們把這種個別場合放在它和世界整體的關係中來考察，這兩個觀念就匯合在一起，融化在普遍相互作用的觀念中，在這種相互作用中，原因和結果經常交換位置，在此時此地是結果，在彼時或彼地就成了原因。」認識因果關係的這種辯證性質，防止把因果關係對立絕對化，可以提高使用「逆轉讀書法」的預見性和自覺性。

其二，要注意矛盾普遍性與特殊性的關係。

「逆轉讀書法」是一種富於創造性的讀書法，但它畢竟是一種較為特

殊的方法。因此在運用這種方法讀書時，不能不注意矛盾的普遍性和特殊性的關係，不能把「逆轉讀書法」當作萬能的工具，到處生搬硬套，對於屬性關係比較明確而又相連定型的知識，尤其不能亂用「逆轉讀書法」。

比如「存在決定意識，物質決定精神」是一個正確命題，如果把它們倒過來說，就太荒謬了。又如地球的自轉產生了白天黑夜，不能倒過來說白天黑夜產生了地球的自轉。假如推導出以上這些違背事理，在邏輯上根本站不住腳的反推論，是荒唐可笑的。這就要求我們注意到矛盾普遍性和特殊性的關係，一方面要大膽開創，勇敢的向科學知識的禁區和盲區前進，另一方面又要有小心慎重，始終堅持嚴謹的治學態度。

「逆轉讀書法」用得好大有益處，用得不當很有害。如何避過暗礁，乘風破浪，只有靠自己在知識的海洋中搏擊。

● 學會逆向思考 ── 錯序讀書法

> 為了能夠真實和正確的判斷，必須把自己的思想擺脫任何成見和偏執的束縛。
>
> ── 羅蒙諾索夫（Lomonosov，俄國作家）

古希臘著名哲學家蘇格拉底和歐西德莫斯（Euthydemus）的一次問答頗有趣味。

蘇：「你知道什麼叫『公正』嗎？」

歐：「說謊、欺騙、搶劫之類都是不公正的。」

蘇：「對敵人做那些事，不都是公正的嗎？」

歐：「對朋友做那些事，就是不公正。」

蘇：「但有時對朋友做那些事，也是公正的。比如一個將軍為鼓勵他

的軍隊，可以說謊。父親為了讓兒子吃藥治病，可以欺騙他。怕一個朋友自殺，可以搶奪他的武器。」

　　蘇格拉底的話是有一定哲理性的。在某些特定情況下，如果我們能夠自覺的打破常規，擺脫習慣性思考程序的束縛，應用反向思考方式，就可能在「山重水複疑無路」的情況下，出現「柳暗花明又一村」的局面。

　　錯序閱讀法就是不按正常的順序來閱讀的一種讀書方法。我們都習慣於從正面去思考問題，但是，如果正面想不出什麼結果，我們就繞道去想，從反面去思考問題這樣往往會出奇制勝，馬到成功。

　　一般的閱讀，都是按頁碼順序來閱讀的。但是，從現代學習的要求來看，單單掌握作者的思路和文理是不夠的，還要讀出作者想表達，但礙於書本身的章節局限而未能充分表達的意思，還可以利用書中的資訊和思路構想新的觀點。

　　錯序閱讀法的讀取順序因人而異，各人可以自由的進行創造。一般錯序閱讀可分三種。

★ **楔入式閱讀法**：拿到一本書後，前後隨意翻讀，找到感興趣或有價值的段落，首先讀進去。那麼先讀的這一部分，就成為閱讀其他部分的動機和參照點。待有了一定的印象或體會，再逐漸擴讀至全書。在讀物陌生、讀者閱讀動機不強或有特殊閱讀目的的情況下，這種讀書法就可以收到良好的效果。在順讀時，當閱讀至半思路中斷，概念或事件變得模糊不清時，也可以追溯過去，或翻讀以後的章節，作為順讀的補充。

★ **無規則閱讀法**：隨意前後交叉閱讀，無須一定之規。

　　由於每個人的學習方法欣賞習慣和閱讀水準不盡相同，有時，本書作者認為可以作為讀書入門參考資料的某些書籍，讀者讀起來卻感到困

難。針對這種情況，讀者在隨意翻讀過程中，如果選自己看得懂的看，然後擴大至較深的內容，反而容易讀出作者的意思來。此外，在無規則閱讀中，很容易激發出新的思想，成為創造性的閱讀。

★ **逆讀和倒讀**：由後往前讀，或採用正常閱讀過程中的複讀。

在全書讀完之後，用逆讀法回溯一下，看作者的結論是如何得出的，推理是如何展開的，往往會加深對原書的理解，並容易看出破綻。對有些書來說，例如繁瑣論證後而得出結論的著作，先把結論讀了，然後倒讀回去，反而容易理解前面的意思。倒讀還可以用局部倒讀，即以一章一節為單元的倒讀，其原理與上述是一樣的。

錯序讀書法的各種長處來源於「兩個思路」原理，即由於作者思路和讀者思路的錯開而產生新的思路和新的見解。因此，錯序閱讀法的缺點是讀者過分「主動」，有時會造成對原作的曲解，或未能領會原作的精神。

勿作書蠹，勿為書痴，勿拘泥之，勿盡信之。天道多變，有陰有晴。登山涉水，遇雨遇風，物有聚散，時損時增，不以為累，是高水準。

● 「由薄到厚」與「由厚到薄」 ── 薄厚互返讀書法

> 在所閱讀的書本中找出可以把自己引到深處的東西，並把它的一切統統拋掉，就是拋掉使頭腦負擔過重和會把自己誘離到不良之處的一切。
>
> ── 愛因斯坦（美籍德國物理學家）

古往今來，凡是學有所成者都很重視讀書之道與學習方法。一位著名數學家不僅善於學習，而且在實踐中還總結歸納出一套符合讀書規律的讀書學習方法，這就是「薄厚互返」讀書法。

巧讀篇

「薄厚互返」讀書法，即「由薄到厚」再「由厚到薄」，其實質就是讀書學習時所要經過的兩個過程。第一個過程，「由薄到厚」，是指打好基礎，累積知識。對於基本的東西要學深、學透，弄明白概念、定理以及相關問題。這樣，一本不太厚的書無形中就增加了許多內容而變「厚」。第二個過程，是「由厚到薄」也是讀書學習的重要一步，是指將「由薄到厚」而得的基礎知識積極消化、提煉，從而「厚積而薄發」並有所突破。

當我們打開一本書的時候，實際上也就是接受新知識、學習累積的開始。因此，面對新知識，就要求我們對於每一個概念，每一個章節都要搞清楚，弄得明明白白。例如某一個定理，其已知條件是什麼？結論是什麼？在證明中是否涉及到其他概念和結論等等。如果又遇到別的概念和結論，還應該把它的來龍去脈弄清楚，斟字酌句，深思熟慮，並追根求源。對不懂的環節或問題，更應該注上標記，加上注解。這樣一來，就會覺得學了許多東西，使本來一本不厚的書，讀完之後，內容不知道增加了多少，書也因而變得更厚了。

清代著名學者顧炎武從十一歲開始，用整整四十五年的時間，讀完了一部《資治通鑑》。他在讀書時不僅僅是抄寫，而且在讀的同時再加上解釋批注，補充參考資料。這樣，不僅從外觀上書變厚了，更重要的是從內容的充實上使書越讀越厚了。因此，世人稱讚他「越讀越厚不嫌多」。從顧炎武的讀書過程來看，「由薄到厚」不僅是指形式上的加「厚」，而且是指讀書內容實質上的加「厚」，是基礎知識累積的加「厚」。透過這個加「厚」的過程，使基礎更穩固，累積更豐富。

當然，在讀書過程中，雖然「由薄到厚」，基礎的「厚」很重要，也是十分必要的，但僅限於此是遠遠不夠的。「雄厚」的基礎知識還不是我們所要達到的最後目的。如果讀書僅僅停留在這個階段，那麼學習上是不

會有長足的進步和提升的。要真正的學會、學懂，還必須經過「由厚到薄」的過程。即在「由薄到厚」的基礎上再返回來「由厚到薄」。

那麼如何將「厚」書讀到「薄」呢？

對此，著名物理學家愛因斯坦根據自己讀書的實踐體會曾說過：「在所閱讀的書本中找出可以把自己引到深處的東西，並把它的一切統統拋掉，就是拋掉使頭腦負擔過重和會把自己誘離到不良之處的一切。」這樣邊讀邊拋，不斷去粗取精，就會使書本越讀越薄，從而達到掌握要點，領會精髓，吸取其有益的知識核心的目的。

有一次，愛因斯坦讀完一本幾何教科書，立即清楚的講出了書中的要點。有人驚訝的問他是怎樣讀這本書的？他說：抓住書的骨肉，拋掉書的皮毛，這不就是把一本厚厚的書讀「薄」了嗎？

凡是一本書，無論是學術著作，還是文藝作品以及其他方面的書籍，都有一個中心課題。圍繞這個中心，透過文學的表述，將段落有系統的結合起來，就成為一本書。但一本書往往結構完整，篇章銜接，不可避免的會重複一些你已經掌握的知識，或是一些對你來說可有可無的「水分」。如果在讀的過程中，有意識的排掉這些「水分」，那麼書不就會「由厚變薄」了嗎？

「由厚到薄」其實是一個消化、吸收、提煉的過程。在這個過程中，有三個關鍵環節：

★ **消化**：從讀書到有效儲存的第一步。

★ **簡化**：在消化材料的基礎上借助思考，加以概括抽象，如圖表、中心句、關鍵字。經過這些重要的融會貫通的環節，就可以把一本厚書讀薄了。

★ **序列化**：把新近汲收的知識，嵌入已經儲存的體系，不僅蘊含著潛在功效，同時也把許多部加在一起很厚的書讀「薄」了。

其實，「由厚到薄」的讀書過程就是要求讀書者不僅要把個別的概念、個別的定理弄明白，更重要的是應該把其中的精髓咀嚼、消化、吸收、簡約化、系統化。只要抓住書中主要的本質的東西，組織整理，反覆推敲，透過自己的分析，提出關鍵性問題，形成對問題的看法，並融會貫通，就能達到將書讀到「薄」的效果。到那個時候，先前「由薄到厚」累積的豐富的知識儲備才算是真正鞏固，那些「薄」而「精」和知識精華，最終會成為你受用終生的一筆寶貴精神財富。

正如一位數學家所說：「一本書，當未讀之前，你感到就是那麼厚；在讀的過程中，如果你對各章各節做深入的探討，在每頁上加添注解補充參考資料，那就會覺得更厚了。但是，當我們對書的內容真正有了透澈的了解，抓住了全書的要點，掌握了全書的精神實質以後，就會感到書本變薄了。越是懂得透澈，就越有薄的感覺，就是每個科學家都要經歷的過程。這樣，並不是學的知識變少了，而是把知識消化了。」

在這裡，數學家將「由薄到厚」與「由厚到薄」的互返做了精闢的闡述，強調了只有掌握住書中精神實質，抓住要點，經過消化、提煉，才能將書讀「薄」，使知識昇華。同時，科學家的精闢闡述也說明了一個道理，並予人啟迪，即：你讀到「薄」的書越多，你的知識領域就越廣，你的學識水準也就越高。

「由薄到厚」與「由厚到薄」是相輔相成的，兩者的關係是辯證統一的。前者是後者的基礎，後者能為前者的釋放創造條件。沒有前者「由薄到厚」的第一步，就不能有「由厚到薄」的進一步。如果只做到前者的第一步，而不能達到後者「由厚到薄」的第二步，就只能做個儲存知識「倉

庫」，而不能認為真正學懂了。

也許按照上述這樣薄厚互返的方法讀書，有人讀書會覺得慢了一些，其實不然。開始的時候可能慢些，但如果真正掌握好、運用好，在同一類書中只要集中精力攻讀一本。再看其餘的幾本書，就會感覺到：原來「這」一部分自己已經明白，而「那」一部分實際和第一本讀的書相同。這樣，其他同類書中真正需要你去學習掌握的東西就剩下那麼一點點了，所以讀起來也就快多了。

「由薄到厚」與「由厚到薄」的互返學習，對於有志成才的年輕朋友們來說，不失為一個行之有效的讀書方法和學習方式。

以「由薄到厚」之累積，求「由厚到薄」之精髓，得「事半功倍」之成效。

● 合理安排，突出重點 —— 30 － 3 － 30 讀書法

> 必須記住我們學習的時間是有限的。時間有限，不只由於人生短促，更由於人事紛繁。我們應該力求把我們所有的時間用去做最有益的事情。
>
> —— 史賓賽（Spencer，英國哲學家）

讀書需要時間，沒有時間不能讀書，這是盡人皆知的道理。目前，美國正流行一種叫作「30 － 3 － 30」的閱讀方法。這種閱讀法的含義是把文章分為三類：分別用 30 秒、3 分鐘、30 分鐘時間讀完。

我們都知道，時間是單向的，具有不可往返性。因此，時間顯得特別的寶貴，所以我們讀書時要善於利用時間。以讀報紙為例吧，首先用 30 秒的時間去看報紙的標題，如果認為文章對自己無價值或不感興趣，那麼

就算讀完了，要想稍微深入一點了解文章內容，就再用 3 分鐘的時間看內容提要，或粗讀、略讀全文；若還需要進一步了解文章詳細內容，則再用 30 分鐘時間通讀全文，或精讀重點段落。

這種讀書方法帶有較強的讀書意識，要求每個人閱讀時根據自己興趣愛好，知識水準和知識結構與背景，科學化的安排時間，選擇性的進行閱讀。

比如學生在讀書的時候，一本書拿過來，裡面的內容不一定都必須你去精讀一遍，這就需要你用「30 秒鐘、3 分鐘、30 分鐘讀書法」合理安排，有步驟的閱讀書籍。先用 30 秒鐘的時間把書的目錄大概看一遍；再用 3 分鐘挑選出你想要了解的標題；最後，把需要你去深入理解、斟酌的內容再用 30 分鐘或更長一點的時間精讀一遍。在當今書籍、報刊眾多的情況下，這種閱讀方法尤其顯得重要。凡在事業上有所成就的人無一不是利用時間的能手。合理安排時間，就等於節省時間。

30 秒鐘－ 3 分鐘－ 30 分鐘這種讀書方法和泛讀法關係較為密切。泛讀法通常指為了概括的了解文章或片段的主要內容而進行的一種快速讀書法。它與略讀法一樣，常常與精讀法相對而言。

泛讀法它只要求從文章整體著眼，在跳躍式的閱讀中掌握表達中心思想的主要句子，不必依次去讀每一個句子，更用不著咬文嚼字，這時就可以用 3 分鐘的時間去讀。一旦對文章或片段有了一個概括的認識之後，就可以進一步確定是否有必要、有興趣或仔細的閱讀全篇，這時再用 30 分鐘的時間。這種時間分配的閱讀方法，注意力必須要高度集中。只有注意力集中才能在大量的文字資訊中捕捉到必要的資訊。

中學生讀書看報，往往不分良莠，不考慮知識的價值，一律從頭至尾看下去，得來的知識是雜亂無章的。譬如看報，各個版面的內容不同，哪

些是自己急需的，哪些是自己暫時還不需要的，哪些是自己不需要的，首先要用最快的時間 30 秒鐘掃讀一番；再以標題、重點語、圖表等為主要閱讀對象用 3 分鐘的時間找出是否有必要精讀的、有必要詳細了解的，再用 30 分鐘去詳細閱讀一遍，挑選出值得你去深入研究的重要資訊。這種讀書法不至於為一些無關緊要的資訊、內容費時太多。因此運用 30 — 3 — 30 閱讀法，對於我們每個讀書看報的人，無疑是有很大幫助的。

合理安排時間，就等於節約時間。

● 陸游遊蜀悟詩意 —— 實踐讀書法

> 讀書而不能運用，則所讀書等於廢紙。
> —— 華盛頓（Washington，美國政治家）

宋代大詩人陸游，讀書時曾遇到過這樣一件事，有一回，他讀了蘇東坡的〈牡丹詩〉，見其中一句是「一朵妖紅翠欲流」。起初他弄不懂「翠欲流」是什麼意思，後來他來到成都，經過木行街時，發現市場上有一個「郭家鮮翠紅紫鋪」。經過請教當地人，才曉得四川話「鮮翠」就是「鮮明」的意思。陸游恍然大悟，原來「翠欲流」用的是四川話啊！陸游還了解到，四川人稱湖窗為「泥窗」，花蕊夫人〈宮詞〉中有一句「紅錦泥窗繞四廊」，不曾去過四川的人就不易明白。

實際上，陸游這次遊蜀的過程，就好像讀了一本大自然中的「無字書」。清代文學家廖燕說過：「無字書者，天地萬物是也。」天地萬物，日月星辰、山川草木、蟲魚鳥獸以及人類社會的各種社會現象，都是一本本無字的書。而且內容極為豐富，非常值得研究和學習，所以，所謂的讀「無字書」，就是人們透過實踐來學習或加深那些書本上學不到的知識，

也就是本文所要提到的「實踐讀書法」。

有人會這樣以為，書上的東西都是前人或哲人總結出來的經驗，放著現成的東西不要，反倒去自己實踐，那不是浪費嗎？誠然，書是前人智慧的結晶，是他們留給我們的一筆寶貴的精神財富和豐富的文化遺產，但他們的話就是準確無誤的嗎？答案是不盡然。

古人有句話，「盡信書，則不如無書」。受到認知和客觀條件的限制，書中的有些觀點也存在錯誤。南朝醫學家、文學家陶弘景曾把《神農本草經》和《名醫別錄》的七百三十種藥物進一步分類、注釋、編成《本草經集注》。後世編纂本草書籍時，據為藍本。

陶弘景曾有一次讀到《詩經·小雅·小宛》的「螟蛉有子，蜾蠃負之」一句，《詩經》的舊注說，蜾蠃有雄無雌，牠偷把螟蛉幼蟲銜到自己窩裡，然後對牠反覆說「像我，像我」，不多久螟蛉就會變得和蜾蠃一模一樣，成為蜾蠃的後代。陶氏讀書後頓生懷疑，於是決定親自到庭院裡看個究竟。

他找到一窩蜾蠃，小心的用竹簽把窩推開，看到窩裡不但有蜾蠃銜來的螟蛉，還有一條一條的小肉蟲。發現蜾蠃有雄雌之別，還成雙成對，並進並出。第二天去看時，見一條小肉蟲正在咬一隻螟蛉，那隻螟蛉已被吃掉一半。第三天，他再去觀察，窩裡的螟蛉已經全部被吃掉，肉蟲躺在那裡一動不動，已快變成蛹了。再過幾天，蛹便變成了小蜾蠃。由此，陶弘景得知書本上的記載是錯誤的，蜾蠃也有牠自己的後代，螟蛉不過是牠銜來給自己後代當糧食的，沒有「螟蛉義子」這回事。陶弘景的讀書方法說明，讀書不能人云亦云，要多多思考，注重實踐，以培養鑑識能力。

古希臘著名的哲學家、思想家亞里斯多德在當時具有絕對權威的地位。他說的許多話被當時乃至千年以後的人當作真理，不敢有絲毫懷疑，

其中他認為，當兩個重量不同的物體從不同高度下落時，總是重量大的物體先落地，這一想當然的論斷，被後來的著名物理學家伽利略透過在比薩斜塔上一大一小兩個異重鐵球同時落地的事實所推翻。所以說實踐是檢驗真理的唯一標準。我們應該學習的是那些被實踐證明是正確的東西，而不是脫離實際的空談。

其實，中國歷史上的大學者、大科學家，大半都是透過讀無字書來豐富自己的見聞，充實自己的著述的。例如大史學家司馬遷所以獲得偉大成功，一方面固然具備了「天下遺聞之事，靡不畢集太史公」的特殊條件，對書本上的知識累積了不少，而另一方面；更得力於曾一度大規摸的旅行。足跡由東南、中原遍歷西南邊境，透過實地調查收集掌握了大量翔實的資料，充實了自己的著作，這一切自然有無字書的功勞。

相似的例子還有大科學家李時珍所著的《本草綱目》，幾十年的研究讀無字書的經歷，是他獲得如此成就的根本原因。這個道理其實很簡單，知識都是從日常生活、自然現象提煉、概括、總結、綜合出來的，只有那些源於實踐，昇華於實踐的東西，才是真正對我們有益的。讀書的同時，要進行相應的實踐，這個道理曾經被無數的人、無數的事所證明。像紙上談兵的趙括，從小愛學兵法，也曾讀過大量的兵書，談起用兵之道，連其父名將趙奢也難不倒他，就是這樣一位看似優秀的將領，在實際用兵的戰場上，卻成了一個死讀書的書呆子，置實際情況於不顧，照搬書上「兵益速決」、「倍則戰之」的條條指揮作戰，被秦兵殺得片甲不留，白白斷送了趙國四十萬將士的性命，這就是理論與實踐脫離的重大危害。

三國時失街亭的蜀將馬謖，只知死讀兵書，食古不化，在強大敵軍的進攻面前，只背得「置之死地而後生」這句教條，不懂得如何把書本上的理論與當時的具體情況結合在一起，去處理複雜的情況，結果把軍營紮在

前無屏障，後無退路的死地，最後營寨被破，大敗而歸，落了個被斬首的下場。

所以說，讀書切記要同時在實踐中加以運用，因為現實中的事件是複雜的、多變的。要具體情況，具體分析，透過實踐來吸收、消化書中的精華。讀書是為了運用，為了實踐，知識只有運用到實踐中才會看出是有益的，還是無用的。

如何運用實踐讀書法來獲取更多正確有益的知識呢？下面是幾點建議。

第一，留心觀察身邊的事物，做生活的有心人。

巴夫洛夫（Pavlov）曾說過：「應當先學會觀察，不學會觀察，你就永遠當不了科學家。」之所以這樣說是因為很多科學家知識本身就是從觀察中得來。宋朝著名的科學家沈括，為了觀察和測定北極星的正確位置，每天夜晚對著渾儀的窺管，一連三個月沒有睡好覺。並分別畫了前半夜、半夜和後半夜北極星在空中的位置。

同樣，留心觀察可以使你發現，認識自然界的某種規律。眾所周知，萬有引力定律不就是英國科學家牛頓從一個蘋果掉在地上這一平常現象中得到啟發，透過研究、論證後得來的嗎？正因為如此，我們才把留心觀察放在實踐讀書法的首位，因為生活是一個人最好的老師。世上最普通，最有意義的真理，其實就寓於生活之中。

第二，邊讀邊驗證，從自己或別人的實踐中檢驗知識的真偽，衡量知識的價值。

提倡多讀「無字書」的一位歷史學家，早年他讀《說文》麥部時，有句「秋種厚埋，故謂之麥」，令他無法理解，後來到湖北農村，親眼看到秋冬季種麥，都是深挖土，將種子放下，厚土蓋上。和其他穀類種植方法

不大相同。於是他才體會到「厚埋」（深土埋種）的真正意思。

我們在讀書的過程中，應該同時想辦法加以驗證，這樣不但可以檢驗書上說的在實際生活中到底行不行得通，也可以加深知識在腦海中的印象。若自己沒有條件進行實踐，也最好能透過現今社會眾多快迅捷的資訊管道，如廣播電視、報紙雜誌來了解其他人的實踐情況，從另一個側面來實踐。陸游說得好：「紙上得來終覺淺，絕知此事要躬行。」書本上的知識，離開實踐的核對與檢驗是寸步難行的。

第三，對書本上的知識力求熟練掌握，以達到運用自如的目的。

讀書不可淺嘗輒止，而要讀熟讀透，實踐的過程也應是如此。讀者要想把知識做到靈活運用，就需要對它進行大量的、多次的實踐。這一論斷是根據人類自身的生活結構而得出的。

人的大腦與專管運動的小腦同時活動，反覆配合完成一件事。就可以對這件事的每一個細小過程都記得清清楚楚。可以維持相當長的時間不會忘記，這就是熟練掌握的妙處。同時，許多人就是透過對知識的多次實踐，才達到掌握甚至創新的目的。像愛迪生發明電燈的時候，為了尋找燈絲合適的材料，不停的進行實踐，失敗了八千多次，先後試驗了七千六百多種材料，才獲得成功。所以說只有不斷實踐才能達到對知識熟練掌握的目的。

第四，靈活運用知識，不可照本宣科，死背教條。

所謂的靈活運用，就是透過實踐將自己本職工作或業餘愛好緊密的結合起來，從而提高認知和工作能力。在當今市場經濟大潮中搏擊的人，除了要學習豐富的書本知識之外，在實踐中能夠靈活的運用，是他們成功的關鍵。因為市場雖然瞬息萬變，但也有規律可循。要想面對不同的情況都可以應付自如，靈活運用是最重要的。

第五，在讀書實踐中，不要僅僅局限於書裡的內容，而要對書本知識加以補充和擴展。

世界是多樣的，生活也由不同的層面和內容所構成，一本書的內容總是有限的，深度也是如此，而世界是在不斷發展和變化的。所以說，如果能在讀書的過程中將其內容加深或豐富，對自身是一種提升，對社會也是一種貢獻。

在這方面，列寧就是最好的例子。他是忠實的馬克思主義者，但並沒有滿足于現有的馬克思和恩格斯的學說，而是從已經發生變化了的客觀形式，做出了帝國主義階段，社會主義能夠在一個國家裡獲得成功的論斷。它不僅指導了俄國十月革命的成功，同時也豐富和發展了馬克思主義理論。因此，人們不要被書本知識所束縛，而要善於在生活中發展書本知識。

歌德曾說過這樣一句話：「理論是灰色的，而生活之樹長青。」如果把書本知識比作一條龍的話，實踐就是牠的眼睛。願你能夠用生活的畫筆來使知識這條巨龍騰飛。

● 從「知識的導覽圖」起步 —— 目錄讀書法

> 目錄之學，學中第一要緊事，必以此問途，方能得其門而入。
>
> —— 王鳴盛（清代學者）

不少讀者，只要拿到愛慕已久的書，就如飢似渴的從正文第一頁到最後一頁連續讀起來，常常把一本書的簡介、說明、凡例、目錄、索引等部分都給忽略掉了。這些「性急」的讀者從不事先想一想：這本書的主要內容和特點是什麼？編寫的格式和文章組織形式又是什麼？讀這本書的主要目的是什麼？

一本書的正文固然重要，但為了讀好正文，節省時間，獲取更多的有用資訊，在讀書開始時，我們不妨在書的前言、簡介、序文、凡例上花些時間，採用閱讀目錄的讀書方法，這就是本文要闡述的「目錄」讀書法。

「目錄讀書法」，顧名思義就是按照目錄去讀書的方法。它主要包括三種形式。

★ **目錄法**：這種方法主要在閱讀某一種書時使用。目錄是一部書的綱要，透過它可以看出該書的梗概。認真閱讀目錄可以對該書的全貌有所了解，可以指導讀好這部書。

★ **索引法**：這種方法既適用於讀某一種書，也適用於閱讀內容相關的多種書。具體做法是：對於同一種書，閱讀時，將書的具體內容做成索引式目錄，按一定規則排列起來，以便於讀者以後使用時查檢。對於內容相關的多種圖書，則要視其數量的多少。數量多者，只須對所有的圖書的書名做一個明確的書目索引；數量少而且內容重要者，則要針對書中的具體內容做出較為精練的內容索引。

目錄和索引兩者之間關聯是極其密切的。目錄比較概括系統，但比較粗。透過閱讀目錄可以了解該書論述的主要內容和系統，得到一個全貌的了解；書末索引可以將書籍內分散的、零碎的、孤立的，但是具有實質性的一些事實、概念、資料抽出來，按一定規則編排成一定的次序，使讀者便於查找。目錄和索引指引讀書的目的是一致的，只不過編排角度及方法不同，兩者是相輔相成，彼此配合，互為補充，只要充分利用目錄和索引就可更加完備，產生讀書指導作用。

★ **書目法**：書目就是把圖書以不同的編排方式（按作者、書名、主題等），透過卡片或書籤乃至電腦形式編排起來，讀者以此檢索或查找

圖書，此種方法，即為書目法。清代學者王鳴盛稱此種讀書方法為「撒網而漁」法。就是把知識比作「魚」，把書目比作「漁網」。「撒網而漁」，就是把「書目」這個「漁網」，在書海中全面搜索，在同類著作中，辨別何者優，何者次，何者先讀，何者後讀。按照選其優者先讀、精讀的原則去讀書，就能做到「書山攀捷徑，學海蕩快舟」了。

一位歷史學家談治學經歷時說：「雖然我少年時代求知欲很強，但以前不知道什麼書應該去讀，更不知研究學問應如何入門。十五歲那年在《晨報》上看到梁啟超的〈中學入門書要目及其讀書法〉，才引導我走向讀書治學的路。」

歷史上許多學者的讀書成才之路是從目錄學起步的。目錄學對於學者的重要，就猶如我們第一次遊覽著名風景區，總喜歡先買張導覽圖，看看哪裡是最值得觀賞的景致，走哪條路線最合適一樣，治學也要先看看知識的導覽圖 —— 目錄學，摸清可以捷足先登的門徑。

由此可見，目錄讀書法，是讀者讀書較為快捷的一種讀書方法，它使讀書者既節省了時間，又能準確獲取知識。

「凡讀書須識貨，方不用錯工夫」。一句話道出了「目錄」讀書法的絕妙之處。

● 工欲善其事，必先利其器 —— 工具書讀書法

> 所有書都不會告訴你現成的公式或是什麼祕訣……
>
> —— 編者摘選

當你認真的研讀一本書時，你往往感到需要查檢另一些書來配合著讀，這些書籍即為工具書，這種讀書方法即工具書讀書法。

工具書，顧名思義就是在學習中能當作工具的書。與普通書籍比較，它具有收錄廣泛、編排特殊、專供查閱、使用方便等特點。如果我們能夠熟練的運用工具書，那麼在讀書時就如同插上了智慧的翅膀，可以在知識的海洋中自由翱翔。

工具書讀書法真的有這麼神奇嗎？

首先，工具書能幫助我們找到學習的門徑。

清朝官員張之洞曾主持四川的科舉考試，當他看到有些人鬍子都白了還考不中秀才，就批評他們「不知讀書」。當有些人問他應該讀些什麼書，他就寫了一本《書目問答》，列舉了經史子集各類書 2,200 種。

魯迅曾經說過：「我們以為要弄舊的，倒不如姑且靠著張之洞的《書目問答》去摸門徑。」當然，一百多年前的《書目問答》已不能滿足今天的需求了。近年來出版了許多適合我們使用的這類書籍，如《中國古典文學名著題解》等等。靠這類工具書，就能使讀者獲得學習某一學科必讀圖書的資訊，從而以最快的速度跨入該學科的大門。

其次，工具書能幫助我們解答讀書中遇到的問題。

如果在讀書時遇到偏僻的字詞，你需要查字典；如果不知道中國古代的年、月、日如何換算成西曆，你須翻翻曆書。這是讀書中常碰到的問題，雖是小事，但如處理不好，對讀書的效率影響很大。你可能為了解決某一問題，花費了大量時間，翻查了許多書籍，始終不得其解。這時，就展現出工具書的妙用了。所以善於讀書的人都要結交一位「好友」——工具書。

工具書分哪些類別呢？一般說來，可分十大類：

★ **書目**：是記錄圖書名稱、作者、卷冊、版本的工具書。

★ **索引**：是將書報中的內容編為條目排列，供人們查找的工具書。

★ **字典辭典**：是解釋字詞的形、聲、義幾種用法的工具書。

★ **年鑑**：是匯集一年內重要事實文集和統計資料的工具書。

★ **手冊**：是匯集某一方面需要查閱的文獻資料的工具書，包括某一專業的基礎知識及一些基本公式資料規律條例。

★ **年表曆表**：是按年代順序用表格形式編製的查考時間或大事記的工具書。

★ **圖錄**：是用圖像表現事物的工具書。

★ **政書**：是彙編歷代或某一朝代政治經濟文化制度方面資料的工具書。

★ **類書**：是輯錄古代群書中各門類或某一門類資料的工具書，如《太平御覽》等。

★ **百科全書**：是綜合或專科性的科學文化知識的彙編。

既然有這麼多種類的工具書，那麼如何使用呢？

首先，我們要熟悉並掌握工具書的各種排檢方法，例如「部首檢字法」、「拼音檢字法」、「四角號碼檢字法」等等，使自己拿到工具書，便能迅速找到需要的資料或答案。

其次，如果拿到編制較複雜的大部頭工具書，先要仔細閱讀它的凡例和序跋，弄清楚收編的時限和取材範圍，以及它所使用的符號或省略語的含義，不要在沒弄清楚前就匆匆查閱，以致耽誤時間或漏掉資料。

第三，要學會帶著問題準確的選擇工具書，也就是說，遇到難題後知道上哪查資料。這裡，簡單的開列出讀書時經常涉及的幾類常用工具書，供讀者參考。

★ 怎樣查檢字詞？一般的字可查《辭海》、《中華大字典》。遇到一些難懂的古代漢語字詞，可查《康熙字典》、《古代漢語常用字典》。查檢方言俗語可找《漢語方言詞彙》、《小說詞語匯釋》等。

★ 怎樣查考人物？常用的有《中國人名大辭典》、《歷代人物辭典》。也可按職業或時代查詢，如《歷代帝王表》、《中國文學家辭典》等。

★ 怎樣查找古代典章制度？了解歷代典章制度的沿革，可查《十通》。查找某一時代的典章制度，可利用會要、會典，如《春秋會要》。

★ 怎樣查找古代的人事資料？綜合性的有《太平御覽》等。專科性的類書則更便於查找，如要了解古代的小說異聞，可查《太平廣記》，查找子史兩大部類書中的名言雋句，可查《子史精華》。

★ 怎樣查找古詩文？常見的可查找《中國歷代文學作品選》、《中國歷代文論選》。查找上古至隋代詩文，可找《全上古三代秦漢三代六朝文》等。查唐至元代詩文可找《全唐文》、《遼文匯》、《全金詩》、《元文類》等。查明清詩文可找《明文海》、《清代文集篇目分類索引》等。

★ 怎樣查找年代月分日期和大事？查找年代可找《中國歷史年表》。查找年月日可用《中西回史日曆》。查找大事可用《中外歷史年表》等。

　　以上介紹的只是工具書讀書法的一些內容。如果我們全面學會使用「工具書讀書法」，便可大大提高學習效率，開拓思想視野，逐步培養起獨立研究的能力。

　　「工欲善其事，必先利其器」。對於讀者來說，工具書就是讀書治學的「利器」。

● 活化知識的酶 —— 聯想讀書法

> 智慧和幻想對於我們的知識是同樣必要的，它們在科學上也具有同等地位。
>
> —— 李比希（Liebig，德國化學家）

我們每個人在閱讀時，會時常出現一種思維跳躍的現象：就是由我們讀到的知識突然想到另一種相關事物或表面並不相關而又有內在關聯的事物。如：看到諸葛亮，我們就會想到小說《三國演義》裡的借東風、三顧茅廬；看到達文西（Da Vinci），我們會自然的想到名畫〈蒙娜麗莎〉……這種讀書時的精神「逃跑」實際就是聯想。

會讀書的人常常讀到一定的地方停下來，連結書中的內容展開聯想。這種讀書方法不但可以讓我們靈活運用學過的東西，又可以把我們學過的知識相連起來打破學科的界限。

《孫子兵法》是中國古代軍事學中一部經典性的權威著作。很多人，包括一些專家學者只偏重於為此書作解注釋，甚至為某個解釋而長期爭執不休。而國外的很多人卻在閱讀時運用了聯想的讀書方法，把它應用到實際當中去。如：美國的軍事學家們從中汲取合理核心，悟出了「核威懾策略」。日本許多企業家更把它移植應用到企業管理中去，結果獲得了很大的成功。

《三國演義》也是中國的一部優秀的古典小說，它本屬於文學範疇的，但日本的一些有識之士卻透過運用聯想讀書法，把它的內涵推廣到其他領域。像專門研究兵法的大橋武夫認為：「《三國演義》是一本探討如何分析形勢，調動有利因素，戰勝對手，壯大自己的書，值得日本企業家好好研讀。」著名的松下電器公司老闆松下幸之助就善於應用諸葛亮的策

略戰術，使該企業成為日本大企業之一。日本的牛尾電機公司會長、社會工學研究所所長牛尾治朗還主張：日本的企業家要增強競爭能力，就得學《三國演義》的合縱連橫思想，最好還要讀點《論語》、《水滸》、《十八史略》，才能立於不敗之地。可見合理的運用聯想讀書法不但可以把書本上的知識展開，使學到的知識在實際生活中得以發揮作用，還可能在某點上產生創造性的突破。

我們讀書時免不了要對某章某節或整篇文章背誦，如果只是死記硬背，就非常困難，而且又容易忘記。運用聯想讀書法記憶，那情況就不一樣了。比如，問美國和日本國土是什麼形狀？能馬上答出的只有很內行的地理通。一般人不知道是不足為怪的。而如果問義大利國土的形狀，則大多數人都知道。這是為什麼呢？因為它像一隻我們非常熟悉的靴子。把它與義大利的形狀聯想起來記憶就不容易忘記了。

曾經有一位名人說過：「記憶的基本規律，就是把新的資訊和已知的事物進行聯想。」聯想是世界上公認的「記憶祕訣」，也是一種記憶的訣竅。

聯想自然離不開連結和想像。所以在運用聯想讀書法時一定要廣泛連結、充分想像。

聯想不是無緣無故產生的，它需要一定的條件和基礎。大千世界裡，各種客觀事物雖然形態各異，性質、成因、用途都不相同，但它們之間總是存在著直接的、間接的、這樣的或那樣的關聯。或多或少的存在著程度不同的共性，這就是聯想的基礎。

例如：朱自清的散文〈荷塘月色〉中有這樣一段：「塘中的月色並不均勻，但光與影有著和諧的旋律，如梵婀玲（小提琴）上奏著的名曲。」這裡月色和小提琴之間並沒有什麼關聯，但作者卻憑藉靈活、敏捷的思維

將「月色」與「小提琴」相連起來。當我們閱讀到這一段時，讀者就可以充分發揮自己的聯想能力了。

又如，明代的東林書院有這樣一副對聯：「風聲雨聲讀書聲聲聲入耳；國事家事天下事事事關心。」進步的東林黨人把讀書和當時的家事、國事、天下事連結起來，創造了一種良好讀書環境。

古希臘哲學家阿波羅尼斯（Apollonius of Perga）說過：「摹仿只能創造所見到的事物，而想像連它所沒見過的事物也能創造。」對讀書而言，想像是一種特殊的聯想，它能使我們用別人的眼睛看到我們沒見過的東西，和別人一起體驗那些我們沒有親身體驗過的東西。想像可以為我們插上一雙翅膀，使我們可以振翅起飛，進入幸福而美好的構思的旅程，或者到島嶼的偏僻一角，或者在樹葉的颯颯聲中環繞地球一周。人人都可以在閱讀書籍時用自己「靈魂的精細的蛛絲」布滿美麗的迂迴路線，紡織出一幅「充滿象徵的供心靈漫遊的空中掛毯」。

當我們讀到托爾斯泰的《長期旅行》時，我們就可以在自己的家裡既感受到旅行，又感受到暴風雨；看到閃電的光輝，感到陣陣疾風，體會到主角的全部印象。當想像涉及到小說中所描寫的人物時，他們將變得有血有肉，栩栩如生。

透過想像還可以加深我們對作品思想內容的理解。

聯想能帶給讀者一個可以自由翱翔的天空，但絕對不是隨意的胡思亂想。

聯想首先是建立在充分理解基礎上的。要想展開聯想，就必須認真閱讀和仔細體會文章的意思，一旦領悟，想像就接踵而來了。

唐代著名詩人李白的〈秋浦歌〉：「爐火照天地，紅星亂紫煙。赧郎明月夜，歌曲動寒川。」如果我們知道這是一首描寫秋浦冶煉工人工作場

面的詩，並弄懂了每一句的大意，那麼我們就能想像出詩歌所描繪的情景：通紅的爐火照亮了天地，紫色的煙霧裡飛舞著紅色的火花，被爐火映紅了面頰的工人們在月夜裡一邊工作一邊唱歌，豪邁的歌聲在寒冷的水面上震盪著傳向遠方。如果我們不理解詩的意思，那就很難聯想到上面提到的生動情景。

其次，聯想還要有一定的知識累積和積極向上的態度。唐朝詩人王之渙曾寫下一首膾炙人口的〈涼州詞〉：「黃河遠上白雲間，一片孤城萬仞山。羌笛何須怨楊柳，春風不度玉門關。」這首詩流傳千年無人疑異，然而，一位自然科學家卻認為，詩中「黃河」應是「黃沙」之誤。因為，若指黃河，則地理位置講不通，而黃沙直衝雲霄符合涼州以西玉門關一帶春天的氣候，況且玉門關是古代通往西域絲綢之路的必經之道，唐代開元年間的邊塞詩人又多有親身生活的體驗，一般是不會寫錯的，很可能是印刷排版時弄錯了。這樣短短的一首詩，自然科學家的聯想就涉及到了天文、地理、歷史、文化等諸多方面的知識，如果沒有一定的知識累積是絕對做不到的。

唐朝畫家戴嵩曾畫過一幅〈鬥牛圖〉，這幅畫被宋代一位收藏家珍藏。這位收藏家經常炫耀說：「戴嵩的〈鬥牛圖〉，形神兼備，不失大家手筆。」一次偶然的機會，這幅畫被一位牧童看見了，他搖著頭說：「這幅畫畫得不象。兩頭牛相鬥時，力氣都用在牛角上，尾巴夾在兩腿中間，畫上的兩頭牛，卻把尾巴翹得高高的。」這位收藏家不信，便親自跑去觀看兩牛相鬥的情景，這才相信牧童說的。由此可見，如果脫離現實，再出名的畫家也會出錯。

書籍是一座宏偉壯觀，蘊藏豐富的殿堂，而聯想則是打開殿堂的鑰匙，一經掌握，將像變魔術一樣：藝術作品活靈活現，人物形象有聲有

色，以前從未察覺到的萬紫千紅，百花爭豔的場面將出現在你的面前。

聯想就像神話故事裡的飛毯一樣，只要學會駕馭它，就能隨時隨地的飛往任何地方。

● 忘卻是為了更好的記憶 ── 忘書讀書法

> 記憶的目的是為了便於思索、理解和運用。有條理的「忘記」也是這樣。
>
> ── 編者

德國物理學家愛因斯坦從小就迷戀物理學，在創立了著名的相對論後，聲譽鵲起，一躍而被視為當時最偉大的科學家。按說，這位物理學界的泰斗對不鏽鋼的成分這種簡單的知識應該是瞭若指掌的吧。然而，當有人問他這一問題時，他居然建議人家說：「你去查查《冶金手冊》吧。」又有人問他從紐約到芝加哥有多少英里，愛因斯坦聳聳肩，坦率而又俏皮的說：「實在對不起，我記不住，你可以去查《鐵路交通》。」

對這樣簡單的問題，難道愛因斯坦真的不知道嗎？回答當然是否定的。對這件事，愛因斯坦是這樣解釋的：「我從來不記在辭典上已經印有的東西，我的記憶是用來記書本上還沒有的東西。」愛因斯坦的讀書方法是：在閱讀過程中找出可以把自己引向深處的東西。而拋棄使頭腦負擔過重和會把自己誘離要點的一切東西。透過這種方法，去粗取精，掌握要點，吸取有益的核心知識。愛因斯坦的這種讀書方法就是「忘書讀書法」。

提到忘書讀書法，一定會有人問：「如果把讀過的書都忘了，那不是失去了讀書的意義嗎？」其實不然，我們這裡所說的忘記，並不是要把我

們讀到的知識從大腦中徹底抹掉，而是透過另一種方式儲存在大腦中。

在當前資訊社會裡，人們的大腦每天要承受來自各個方面的大量資訊，要想把讀過的書每句話都記住，對大腦無疑是個沉重的負擔，實際上也是辦不到的。更何況有些書根本就不值得背。

當然這並不是說我們看書就可以走馬看花，不求甚解。對一些需要我們記憶的東西我們還是要記住的。比如：幾何學的定理、公式，化學裡元素的分子量等等。雖然有一些書籍的詳細內容不需要我們記憶，但我們卻要記住它們的「門牌號碼」。以後用到時，就可以按號查找了。像愛因斯坦，他顯然是瀏覽過《冶金手冊》、《鐵路交通》這類書籍。因此，人們讀書後，對一般的資料只要記住「門牌號碼」，知道什麼資料到什麼地方去找，就不必再費力背誦了。這就可以把記憶的任務讓書籍為我們分擔一部分，而把主要精力用來記住最重要的和經常要用的知識。

知識的儲存有外儲與內儲兩種。外儲就是儲存在大腦之外的知識，如做筆記、記卡片、編索引還有工具書、電腦等。內儲，是指把所需的知識儲存在自己的大腦這一資訊庫裡。兩者不可偏廢。忽視知識內儲的人，會導致思想遲鈍；忽視知識外儲的人，不是記憶負擔過重，就是累積太少，供不應求。理想的讀書境界，應該是使自己的內存知識和外存知識形成一個有機的知識體系，成為一個溝通創造性思考道路的知識之網。

記憶的目的是為了便於思索、理解和運用，有條理的「忘記」也是這樣。

如果忘記可以解放一部分腦力來發展創造，那麼，讀書時不妨適當的忘記。

● 憑個人的愛好讀書 —— 興趣讀書法

> 真正有興趣的學習都有幾分遊戲的快樂。
>
> —— 羅蘭（臺灣當代作家）

長期以來，一提起讀書，很多人都認為讀書一定要有明確的目的。例如，學生要為學習而讀書；作家要為創作而讀書；老師要為教學而讀書。其實，在工作或學習之餘利用閒暇時間，憑藉自己的興趣，輕鬆自在的讀一些自己喜歡的書，雖然目的不十分明確，但也不能不稱之為一種很好的讀書方法。

柏拉圖（Plato）曾說：「強迫學習的東西是不會保存在心裡的。」讀書也是這樣，拿起一本自己一點都不感興趣的書，是無論如何也讀不下去的，即使強迫自己讀了，那也是走馬看花。

英國小說家毛姆就非常贊成興趣讀書法。他說：「不論學者們對一本書如何評價，縱然他們異口同聲的大加讚揚，若是它不能引起你的興趣，對你來說，這本書仍然沒有多少味道。」而一旦對一本書有了興趣，養成了閱讀的習慣，「就等於為自己築起了一個避難所，生命中有任何災難降臨的時候，往書本裡一鑽，是個好辦法。」毛姆接著又風趣的說：「不過，我指的災難，並不包括飢餓的痛苦和失戀的悲哀，這兩者光靠讀書是緩解不了的。然而，身邊放五、六本精采的偵探小說，手捧一個熱水袋，卻能使人不在乎患了重感冒。」

興趣讀書法往往可以使我們憑興趣去選擇讀物；憑興趣去閱讀文章的某些章節而跳過不感興趣的部分；憑興趣決定閱讀的數量和時間。我們透過這種看似無目的的閱讀，不但可以尋求娛樂和心理的滿足，而且還受到情感陶冶，獲得精神上的享受。

　　一位作家在介紹讀書經驗時說：「我這個人讀書全憑興趣，雜亂而散碎。」他在談到自己憑興趣來讀中外文學作品的經歷時，有過一番精采而直白的陳述。他說：「讀《論語》我討厭〈鄉黨〉，讀《詩經》我只愛風、雅。佩服荀子的觀點，卻喜歡孟子的大氣磅礡。讚美莊子的文章寫得漂亮，卻膩味莊子遊戲人生，念他的文章也就不努力。因酷愛《史記》，便冷淡了《漢書》。三曹父子，死活看不上曹丕。兩晉名家雖多，只因憎惡兩晉風氣，連對陶淵明的敬意都很勉強。我熱愛唐代詩文，偏對元（元稹）、白（白居易）心存芥蒂……」

　　另一位作家在談到讀書方法時也說：「當一個人接受了文學理論的正規訓練後，讀書往往受到束縛，再沒有以前讀書那種完全投入、如醉如痴的快感了！」只有「興趣所至」的閱讀，「才重又享受到了讀書的樂趣。」他說：「倒是那些隨意而讀、興趣極濃、全心投入、不抱什麼學習借鑑目的而讀的『閒書』，久久不忘，在我寫作時有形無形得到了幫助。」

　　他還在〈讀書的興趣〉這篇文章中提出：「讀小說、雜書、閒書，大可不必對自己定太多規矩，哪本有興趣讀哪本。法國的西蒙（Simon）得過諾貝爾獎，可是我不懂，讀起來自然沒有興趣，略翻翻知道個大概算完。某個作家雖然名氣不如西蒙大，但我讀了入迷，就多讀兩遍。……讀托爾斯泰、巴爾札克自然高尚，讀梁羽生、瓊瑤也沒什麼不應當。文學的欣賞水準是逐步提高的。只要內容健康，管他是通俗文學還是純文學，是世界水準還是不夠水準，哪本讀來有興趣讀哪本，自己滿意就好。」

　　當然，興趣閱讀也有它負面的影響。健康、高尚的興趣閱讀，可以在娛樂中受到美的教育，並獲得關於社會、生活、自然等多方面的有益知識。而缺乏選擇的興趣閱讀卻為一些內容消極、趣味低級、愚昧落後的書刊提供了傳播的機會。尤其是青少年，會對他們帶來很多不利的影響。所

以家長和學校一定要給予正確的引導。此外，興趣閱讀容易導致一種懶散盲目的閱讀傾向，所以，讀書時不能把這種讀書方法作為主導，應把它作為其他讀書方法的輔助方法。

不論做任何事情，只要在感興趣的基礎上，就能發揮人的最大潛能。

● 充分發揮自己的優勢 —— 個性讀書法

> 一個人不論賦有什麼樣的才能，他如果不知道自己有這種才能，並且不形成適合於自己才能的計畫，那種才能對他便完全無用。
>
> —— 休謨（Hume，英國哲學家）

俗話說：「駿馬能歷險，耕田不如牛；大車能載重，渡河不如舟。捨己以就短，智者難為謀。生才貴適用，慎勿多苟求。」意思是說，事物有長短，如果揚長避短，自能事半功倍。那麼，什麼是個性讀書法呢？我們說，人的性格、才能、基礎、興趣、氣質、潛力各不相同。如果能夠正確的認識與解剖自己，根據自身的情況和特點，最大限度的發揮自己的才能和潛力，就能達到高速度、高品質的讀書。這就是個性讀書法。

讀書要獲得成果，就必須清醒的評價自己、估量自己、揚己之長、避己之短，充分發揮自己的優勢和潛力。

年輕朋友一定知曉現代文學家郁達夫棄醫從文的故事吧。郁達夫祖上世代行醫，他到日本留學，也是學醫。當時學醫必須學德語，郁達夫經過努力學習懂得德語後，讀了大量歌德、海涅、席勒（Schiller）等人的作品。文學作品吸引了他，並對文學創作產生了濃厚的興趣和欲望。這時，他了解到自己從文比學醫更為合適，便棄醫從文。數年後，蜚聲文壇。

古代一些思想家早就十分重視對人的性格的研究，並留下許多寶貴的

見解。隨著科學的進步和發展，對人的性格的分類更為科學了。一些專家從生理特徵，心理特徵來劃分不同類型的人。了解這種類型的劃分對讀書學習是十分重要的。年輕朋友可根據自己屬哪種類型的人，來確定自己的讀書方法。

　　從人的生理特徵上來分，可以把人分為「貓頭鷹」、「百靈鳥」型和混合型三種。

★ 「貓頭鷹」型：這類人一到夜晚，腦細胞隨之轉入興奮狀態，思路敏捷，精力旺盛，文思泉湧，讀書效率極高。魯迅先生讀書寫作多在「星斗闌干」、「荒雞闃寂」之時。法國作家福樓拜（Flaubert）喜歡挑燈夜戰，由於他的房間坐落在塞納河畔，所以人們都習慣的把他窗口的明燈稱之為塞納河上航行的「燈塔」。

★ 「百靈鳥」型：這類人在金雞報曉之時，大腦細胞呈現出異常活躍的狀態，因此，在白天特別是清晨讀書效率較高。據記載，郭沫若在創作《虎符》期間寫了這樣一則日記：「昨夜醒來三時左右，得一新鮮觀念……午後四時傾將全劇完成。」德國哲學家康德更是三十年如一日，早晨五時起床讀書和寫作。

★ 混合型：這類人不像「貓頭鷹」、「百靈鳥」型腦細胞興奮期受時間控制的現象明顯，只要在充足的時間休息後，就能夠高效率的讀書學習。屬於混合型的人，只要利用最有利的時間讀書學習，一定可以獲得較好的讀書效果。

　　從人的心理特徵來分，可以把人分為混合型、經驗型和探索型三種。

★ 混合型：這類人勤於探索，但又時有傳統思維的束縛。這類人，就要正確掌握自己，根據自己的需求來選擇最佳的讀書方法。

★ **經驗型**：這類人在讀書時，基本上是循序漸進的閱讀學習。這種類型的人善於思索、推理。在讀書過程中，他們對前人的觀點、結論善於認真研究，以便更好的吸收為己所用。但是，這類型的人，最大的弱點，就是缺乏創造性。因此，在讀書時，必須克服畏懼的心理，充分發揮自己的聰明才智，增強創造因素，使讀書更加扎實、牢固。

★ **探索型**：這類人才思敏捷，不畏風險，勇於探索和向權威挑戰。他們對自己的理想和信念，堅定不移，並有著豐富的想像力和創造力。例如亞里斯多德，他先在柏拉圖門下學習，後來，他不肯盲從，勇於探索，終於擺脫了柏拉圖學說的束縛，而成為世界上第一個卓有成就的生物學家。

每個人應充分認識本身的特殊性格，並要善於發揮，如美國前總統林肯（Lincoln）有個習慣，每當他坐在椅子上讀書時，總是把腳放在桌子或窗臺上，並使身體向後仰。他這個習慣是年輕時在雜貨鋪工作時養成的，一直延續下來。據說換一種方式讀書，效果就會明顯下降。還有湯川秀樹習慣於夜間躺在床上產生靈感，他關於傳遞核力的介子的推測，就是這樣產生的。

從上述實例可以看出讀書有不同的最佳效率時間，也就是最佳用腦時間。在這個時間裡，人的腦細胞處於高度興奮狀態，富有創造力和想像力，大腦接受資訊、整理資訊和儲存資訊的效率，比其他時間要高。在自己一天中最佳效率時間用腦，就容易收到比較顯著的效果。

就多數人的感受而言，清晨是用腦的黃金時刻，那就應該普遍利用，不可輕易拋棄。

我們生命的節奏，竟是這樣隨著晝夜的交替而有規律的波動。那麼，怎樣才能充分利用一天中最顯效的時間呢？

★ **摸清規律**：透過平時讀書的觀察和體驗，摸清自己用腦的最佳時間。那麼，一個人一天中哪個時間用腦效率最高？很難說出固定不變的答案。這要因人而異，即使是同一個人，隨著身體、環境和年齡的變化，也會有所不同，全憑自己在平時的讀書學習時，去感受、揣摩、發現和總結。可見，摸清自己用腦的最佳時間，是充分利用它的前提。

★ **恰當安排**：就是把艱深的學習內容和創造性的腦力工作，盡可能安排在每天的最佳用腦時間去做。而在其他時間裡，學習一些相對輕鬆的東西。總之，透過恰當的安排使不同精力狀況下的時間都得到合理充分的利用。

★ **堅持經常**：就是把每天在最佳時間用腦，養成習慣。堅持長期利用最顯效的時間學習，就像條件反射一樣，每到這段時間，頭腦就異常活躍起來，從而產生強烈的求知欲和創作欲。正如一直從事新聞工作多年的一位朋友所說：「習慣的力量比理智更加有恆，一旦自己利用最佳時間讀書和寫作形成習慣，到了時間不學不寫，就像早起不刷牙不洗臉那樣難以熬過。」

莫要弄亂自己身上的「生理時鐘」，要充分利用它所鳴報的最佳時間去讀書和創造！只有這樣，個性讀書之花，才能結出豐碩的知識之果。

● 知識和智慧在團體中發光 —— 團體讀書法

> 個人如果單靠自己，置身於群體的關係之外，置身於任何團體民眾的偉大思想的範圍之外，就會變成怠惰的、保守的、與生活發展相敵對的人。
>
> —— 高爾基（蘇聯文學家）

巧讀篇

在知識經濟時代，如何在有限的時間內努力跟上時代的步伐，增長知識與世界同行？這裡是向年輕朋友介紹一種簡便易行的讀書方法 —— 團體讀書法。它將對你的讀書學習大有裨益，將伴你在知識大潮中，做時代的衝浪者！

什麼是團體讀書法呢？顧名思義就是和大家在一起學習、討論，以達取長補短共同提升之目的。

我們都生活在一個社會團體中，年齡有老有少，知識和學識不盡相同，知識水準也各有高低。但由於求知欲、上進心和興趣以及環境等主客觀因素，人們便有機的組合在一起，進行讀書學習，發明與創造，共闖難關。因而，我們稱之為團體讀書。團體讀書法具有以下五大特點：

★ **自覺性高**：由於學習團體志願組成，又志同道合，興趣相近，有一定的凝聚力，因此都有較高的主動性、積極性和自覺性。在這樣的團體中一定能獲得較好的讀書效果。

★ **學以致用**：一般來講，讀書都有一定的目的，概括的說學是方法，用才是目的。反過來，應用又會促進更深入的學習，並鞏固以往所學的知識。團體讀書法是一種學用結合的方法，可將自己的疑難問題交給大家一起討論，重大疑難問題還可以組織起來，聯合攻關，以達釋疑解難的目的。

★ **發揮特長**：在這個團體中，每個人的智力、經驗和閱歷都是有限的，有的人學識淵博，但實踐經驗不足；有的人踏實肯做，但基礎很弱。總之是「寸有所長，尺有所短」，各有千秋。取眾人之長，補己之短可說是團體讀書法的顯著特徵。

一般說來，年輕人雖然缺乏經驗，但身體好，精力充沛，思想活躍，

敢想敢做，並有一定的創造性；中年人年富力強，也有一定的經驗；老年人雖有些保守，但經驗豐富，處事謹慎。可以說，在這個團體中，每個人的特長，可充分發揮，因此能獲得較好的效果。

★ **開闊思路**：團體讀書法運用大家的鑑別能力，可以排除個人思維的消極影響和偏激，從而保證每個成員調整思路。同時，不同的認知和見解，透過充分討論，不但對問題有了更深的理解，而且使每個成員的思路開闊，拓寬自身的知識面。

★ **克服自卑，樹立自信**：自卑往往是由於自身的知識水準較低，經驗不足，技能不高，以及客觀條件不好等諸多因素引起的。產生自卑感後，往往是妄自菲薄，自己看不起自己。在學習團體中，大家平等相待，沒有高低貴賤之分，誰都有長處，人人都是學生，同時人人又都是老師，誰都有機會為別人講解知識，這就有利於調整人的自卑心態，重新樹立自信心，正確認識自己。

讀書團體的組成以志願為原則，志願參加，自由組合。興趣相投的人組合在一起，這樣就會有較高的主動性和積極性，能增強大家的參與意識和活躍程度。

一般說來，團體讀書法以下述兩種較為典型和實用：一種是集中讀書，提出問題，一起討論，然後每個人根據問題的分工，分頭去查閱資料，進一步理解和消化，再集中討論，每個人暢談查閱資料後的體會和理解。另一種是提出課題，各人分頭學習，再集中討論，提出見解，最後是綜合。通常，前者多用於學習新知識，後者多用於應用提升。

在團體學習中，雖然都是志願的，學習的氛圍和環境較好，但要堅持以下幾項原則：

★ 在學習中應謙虛好學，不恥下問，知之為知之，不知為不知，不要不懂裝懂。

★ 在團體內人與人之間是平等的，沒有任何學歷、職務、資歷的等級之分，所有人都應一視同仁。

★ 共同維護討論的自由氣氛，不要搞「一言堂」，更不能輕易的否定別人或嘲諷別人。

★ 不要保守，不要有妒忌心理，要互相幫助，共同進步。

一個人，只有把自己融入團體中，他的聰明和才智，才能像火山一樣迸發出來。

● 為用而學未為晚 —— 用而求學讀書法

> 要培養自己在書籍的幫助下，進行工作的本領和技能。
> —— 魯巴金（Rubakin，俄國作家）

在眾多的讀書方法中，有一種目的最明確、收效最直接的方法——用而求學讀書法。一位新聞工作者在談到他的讀書經驗時曾說：「人說學以致用，我倒是用而求學，倘說我的讀書生活，其實就是一面工作，一面學習的過程。書到用時方恨少，我是為了用而逼著自己去學的。這種用而求學的學習方法，可以收到立竿見影的效果。」

用而求學實在是讀書學習的一個好方法。俗話說，為學而學，煙雲飄過，為用而學，人心揣摩。單純的為學而學，讀過的東西像過眼雲煙，很難留下印象。為用而學就會細心揣摩讀過的東西，以資借鑑，在頭腦中留下深刻的烙印。現在許多工作後在學習事業上有所成就的人，幾乎都走過這條路。

　　既然用而求學的讀書方法能為我們帶來豐厚的收穫。我們怎樣利用它呢？

★ **邊想邊讀**：這裡的「想」，即指創作的欲望，創作的構思過程。我們讀書的目的，不是為了讀書而讀書，應學以致用，學用結合。就寫作來說，你要寫哪一種體裁、風格、流派的文章，你就去讀這種體裁、風格、流派的作品，反覆的閱讀，讀懂、讀通，仔細的推敲，靈活運用書上的一切。當然，對於自己想寫的東西，則必須意由己出，形隨意變，不能因襲別人的觀點，死記別人的句子。這種閱讀方法吸收量極大，效能極高。

　　蘇聯作家奧斯特洛夫斯基年輕時參加革命，軍旅生涯經歷很豐富。後來他身患重病，行動不便，就想把自己的經歷寫成小說。有了這個願望，他開始閱讀別人的作品，如醉如痴。經過兩年的累積和學習，他再也按捺不住創作的欲望。幾經周折後，著名的《鋼鐵是怎樣煉成的》終於問世並獲得了極大的成功 ── 主角保爾是年輕人的偶像，保爾的精神激勵了整整一代人！奧斯特洛夫斯基讀活了別人的書，更寫活了自己的經歷和自己想寫的書。

★ **邊寫邊讀**：寫是對自己讀書效果的鑑定，讀是補救知識不足的措施。邊寫邊讀，可以推動讀書向深入發展，逼著你更專心的讀書，更全面的收集參考書籍和資料，更深刻的領會書籍的含義，進一步提高思考能力和創造能力。

★ **邊做邊讀**：做就是實踐，也是知識的支出。我們每個人都會有這樣的經歷和體會：當接受一項新的工作任務時，儘管自以為有一定的知識累積，但一動手就暴露了自己的無知，發現了學習上的漏洞。正是「書到用時方恨少」。

重新學習使我們又獲得了能量。因為知識是前人生活工作經驗的結晶。不斷的讀書學習，知識的累積就越豐富，我們遇到的難題和困難就不難解決了。只有這樣不斷的實踐、學習，再實踐、再學習，我們才能不斷的進取。正如一位作者所言：常嫌不足，學海無邊，茅塞頓開，得宜匪淺。

書到用時方恨少，急來臨時「抱佛腳」。為用而學未為晚，立竿見影有成效。

● 無書仍可讀書 —— 回憶讀書法

> 思想之流持續不斷，但它的大部分內容卻失落在遺忘的無底深淵，有一些是當下就立即被遺忘了，另一些在記憶中保持了幾分鐘、幾小時或幾天，再有一些則在記憶中留下了不可磨滅的烙印，由此可以終生被回憶起來。
>
> —— 威廉‧詹姆士（William James，美國心理學家）

巴金曾在《讀書》雜誌上撰寫的一篇文章裡談到這樣一件事：「我第二次住院治療，每天午睡不到一小時，就下床坐在小沙發上，等候護士兩點鐘來量體溫。我坐著一動也不動但並沒有打瞌睡。我的腦子不肯休息，它在回憶我過去讀過的一些書、一些作品，好像它想在我的記憶力完全衰退之前，保留下一點美好的東西。」這就是著名作家巴金的一種讀書方法 —— 回憶法。

所謂「回憶讀書法」，就是靜坐在那裡，回憶曾經讀過的書。這是一種奇特的讀書方法，因為它是在沒有書的情況下進行的。

「回憶讀書法」有什麼好處呢？

首先，使用回憶讀書法不受條件限制，可以充分利用時間，在沒有書的情況下，仍可讀書。漢末女詩人蔡文姬，博學多才，精通音律。漢末戰亂時流落匈奴十二年。曹操當丞相後，顧念她父親的著作在戰亂中散失，需要能人整理，於是以重金將蔡文姬贖回歸漢。曹操命她整理父親的著作。蔡文姬憑記憶，透過回憶將父親已散失的書籍文稿整理、默寫出來四百餘篇，為繼承和發揚民族文化做出了重要貢獻。

其次，使用回憶讀書法，溫故而知新。

將過去讀過的書一點點的進行咀嚼，就像牛反芻一樣，能使我們進一步的消化吸收。我們每回憶一次，都會有新的理解，新的認識，新的收穫。人們在學習寫作的時候，就是透過反覆回憶曾經讀過的書，加以分析、構思，最後形成我們新的作品的。

另外，透過回憶讀書法，我們還能夠不斷的從讀過的書中吸取精神力量。當我們遇到困難和跟疾病對抗的時候，就會從我們讀過的各式各樣的作品中得到鼓舞，戰勝困難和病痛。

回憶讀書法有多種形式。我們怎樣利用此法幫助我們學習呢？

★ **用嘗試回憶法幫助我們記憶學習過的知識**：我們將看過的書、學過的知識，看一點，記一點，寫一點，循環往復。每記一段一節一部分內容時，就合上書本回憶一下，再用筆寫出來。透過這樣有意識的記憶和想像，再把它回憶出來，有助於我們牢記學過的知識。

具體做法是，第一次記內容 A，20 分鐘後複習 A，兩天後憶 A 記 B，對憶不上來的 A 再與 B 一起記，20 分鐘後再複習沒有記住的 A 和新記的 B，兩天後再回憶 A 和 B。這樣反覆進行下去，看似費時，其實是事半功倍。

★ **用聯想回憶法「牽引」而回憶起有關聯的另一事物，一步步的把我們所需的資料回憶出來**：這種方法在我們閱讀學習中有很大作用。如回憶一些記得不牢固的歷史事件、文學形象、數學公式、物理化學公式、考試中的問答題、填空題等等，都需要我們運用聯想進行回憶。

★ 聯想回憶法可分為接近聯想回憶法、類似聯想回憶法、對比聯想回憶法三種基本類型，所以運用此法選擇何種類型很重要。在同一聯想類型中，選擇何種聯想中介物又是十分關鍵的。選擇得好就會豁然開朗，一下子回憶起來某種資料或解題方法；選擇得不好，有時十分簡單的問題也會卡關，百思不得其解。

★ **用推算回憶法協助我們記憶相關數字和歷史年代**：推算回憶法就是運用各種運算方法，從已經記住的數字，推算出需要記憶的數字。例如，記住抗日戰爭發生在 1937 年，那麼前一年 1936 年就是發生西安事變的一年。這樣逐年推算，就找到了一定的規律。再如，抗日戰爭共經歷了 8 年，1937 年抗戰開始，再加 8 年就是抗戰結束的 1945 年。

運用回憶法應注意以下問題。

首先，我們要有毅力和判斷力。當急需某種資料而又由於種種原因回憶不起來時，要有毅力克服困難，努力尋找相關線索。對回憶起來的資料，要分析判斷，去偽存真，從多方面驗證回憶的結果。

其次，回憶中要注意排除干擾。有時相似資料的混淆，某種資料的反覆重現，都會阻礙所需資料的重現；過度的疲勞，環境不適、情緒緊張，也會造成大腦抑制，妨礙回憶。這時，不妨中斷回憶，轉移注意力，放鬆鎮靜一下，解除大腦的抑制狀態後再進行回憶。

回憶可以打開記憶的閘門，讓所學的知識，滔滔汩汩的流淌出來。

● 善於利用時間的邊角餘料 —— 25 分鐘讀書法

> 普通人耗神於如何打發時間，精幹的人卻耗神於如何有效利用時間。
>
> —— 叔本華（德國哲學家）

當今社會，生活節奏加快，形勢瞬息萬變。時間對於每個人來說，是那樣的重要和寶貴！在激烈的競爭中，人們逐漸懂得：如果不抓緊時間讀書來盡量充實自己，掌握更多的資訊，就會被迅速發展、日益變化的社會所淘汰。

毋庸質疑，讀書貴在堅持。歷史上的名人，許多是堅持每天讀書的。孫中山先生一生酷愛讀書，他曾說：「我一生的嗜好，除革命之外，只有好讀書。我一天不讀書，便不能生活。」愛迪生對自己規定，每天要讀 3 本書。史達林每天日理萬機，但他的桌子上總是放著很多書刊。別人問他：「您有時間讀這些書嗎？」史達林笑著說：「無論如何，我每天要讀 500 頁書……這是我的定額。」、「這是我在監獄裡和流放中學會的。」

每天能有大量的時間來讀書固然不錯，然而，對於整天忙於繁雜工作事務的上班族或被繁重的功課壓得喘不過氣來的學生們來說，要每天拿出兩、三個小時的塊狀時間來讀書，幾乎是無法實現的奢望。在這種情況下，如果能堅持每天用時間的邊角餘料讀一點書，久而久之，也會積少成多，見到成效。這就是本篇將要介紹的「25 分鐘讀書法」。

根據美國一位心理學家和效率研究專家的研究，人能夠集中精力的限度是 25 分鐘，如果超過 25 分鐘，就要分散精力。所以，每天拿出 25 分鐘的業餘時間集中精力讀書，這種方法就叫作 25 分鐘讀書法。

心理學實驗證明，人們在 25 分鐘的時間裡，一般的書可以讀 20 頁，

約 15,000 字。如果每天堅持，一個月就是 600 頁，一年的閱讀量就相當於讀 24 本 300 頁的書。

每天 25 分鐘從哪裡來？如果安排合理，這點時間並不難擠出。除去睡眠時間不宜壓縮外，其餘如吃飯、做菜、採購、娛樂、家務等等都是可以壓縮的。在這方面，前人為我們做出了很好的榜樣。歐陽修利用「三上」時間（馬上、枕上、廁上）讀書；韋格納（Wegener）在生病臥床時，仍不忘讀書，於是對南美大陸東海岸與非洲大陸西海岸的形狀相似產生了疑問，因而開始研究「大陸漂移」理論。除此之外，蘇聯著名昆蟲學家柳比歇夫（Lyubishchev）利用時間的邊角餘料學習的事例，不僅十分感人，而且更具有說服力。

柳比歇夫說：「我在植物保護研究所工作的時候，常常出差。一般我要帶一定數量的書上火車。如果是長期出差，我就把書打包成郵件，寄到工作的地點。

「在路上看書有什麼好處？第一，路途的不便你感覺不到，很容易將就。第二，神經系統的狀況比在其他條件下良好。

「坐電車，我看的不是一種書，有三種書。如果是從起點站坐起，那就可以有位子坐，因而不僅可以看書，還可以寫字。如果電車很擠，有時候只能握著扶手杆勉強站住，那就需要小冊子，而且要比較輕鬆的。」

柳比歇夫在其短促的一生中，發表了 70 餘部學術著作，寫了 12,500 多張打字稿的論文專著。他獲得這麼多令人吃驚的學術成就，顯然是與他善於利用「時間的邊角餘料」來讀書學習分不開的。

蘇聯歷史學家雷巴科夫（Rybakov）說：「時間是個常數，但對勤奮者來說，是個變數。用『分』來計算時間的人，時間要多 59 倍。」無論是科學研究還是前人經驗都雄辯的證明，每日堅持讀一點書，哪怕只有 25

分鐘，只要能堅持下去，必有好處。

　　但是要切實施行 25 分鐘讀書法，並不是沒有一點問題。一位博士曾說，雖然實行了 25 分鐘讀書法，但是確實做好的只有最初的幾個月，以後就停止了。要想等待以後有 25 分鐘的時間再繼續做下去，結果是「明日復明日，明日何其多」。過了一週，甚至於過了一個月，也無法再開始。

　　英國教育家史賓賽在《教育論》中說：「必須記住我們學習的時間是有限的。時間有限，不只由於人生短促，更是由於人事紛繁。我們應力求把我們所有的時間用去做最有益的事情。」因此，要想改變拖延的惡習，必須下決心在每天早上開始工作前，就爭取 25 分鐘的時間來讀書。必須養成習慣，每天切實堅持掌握住 25 分鐘來讀書。那些成就卓著的歷史名人尚能在百忙中擠出零碎時間來讀書，對我們普通人來說，每天擠出 25 分鐘來，就更應該不成問題了。

　　對於普通人來說，每天利用 25 分鐘的零碎時間來讀書，不僅可以增長知識，而且好處多多，樂趣多多：蒸飯的時候，可以看看小說；欣賞音樂的時候，可以翻閱雜誌報紙；打毛線的時候，可以互相聊天，交換資訊，讀「無字書」；坐火車、乘輪船的旅途空閒中，可以看看書報……

　　也許就在這精力集中的 25 分鐘裡，你的思維插上了聯想的翅膀，天馬行空，無邊無涯；也許一些奇特發亮的思想、才華橫溢的文章、富有靈感的研究設計之類的才情火花，便奇蹟般的迸濺出來了。生命在於運動，情思在於動腦。寧靜固然利於創作，但乘車坐船時的晃動，似乎更可以達到歐陽修寫〈醉翁亭記〉時的飄然境界，這也許是車船兩邊不斷閃動變化的自然景觀所觸發的產物。這種「人閒心不閒」的內在活動，填補了人身運動中的時間空白。

如果我們在一天的開始，即使心中很厭煩也耐心的找出時間來讀書，當充分享受到上述「零敲碎打」的讀書樂趣並逐漸養成讀書習慣以後，恐怕「假如有時間再說」之類的藉口就不會再脫口而出了。

捷克人文主義思想家、教育家康門紐斯在其著作《大教學論》中指出：「時間應分配得精密，使每月、每天、每小時和每分鐘都有它特殊的任務。」其實，我們所說的 25 分鐘讀書法，就是要求使用這種讀書方法的讀書者珍惜時間的每分每秒，充分利用時間的所有邊角餘料來讀書。如果實在擠不出 25 分鐘，那麼 20 分鐘、15 分鐘甚至 10 分鐘也未嘗不可。只要能堅持經常，同樣能達到殊途同歸、異曲同工之效。

威廉·奧斯勒爵士（Sir William Osler）是當代最傑出的醫學家。當今許多著名的醫生都是他的門生，他編寫的醫學教科書培養了許多醫學人才。

奧斯勒的成就不僅僅是由於他有著淵博的醫學知識，而且因為他具有豐富的各科知識。他是一位文化素養很高的人，他對人類歷代的成就和思想成果很感興趣，他很清楚的告訴人們，要了解人類最傑出成就的唯一方法就是讀前人寫下的東西。但是，奧斯勒有著一般人都存在的關於讀書的困難：工作繁忙，在醫學院任教，除了吃飯、睡覺、上廁所的幾個小時以外，他很少有其他時間。

為此，奧斯勒很早就想出了解決這個問題的辦法。他把睡前 15 分鐘用來讀書。如果就寢時間為晚上 11 點，他就從 11 點讀到 11 點 15 分。如果研究工作進行到凌晨 2 點，那麼他就從 2 點讀到 2 點 15 分。他一旦規定這麼做，在整個一生中就再不破例。有證據說明，在一段時間之後，如果他不讀上 15 分鐘的書就簡直無法入睡。

其實，解決的辦法並非一定是就寢前 15 分鐘，這 15 分鐘或許是一天

的其他什麼時間，即使是在排得最滿的時間表中，大概也會有不只 15 分鐘的空餘時間在什麼地方藏著。

在第一次世界大戰的最後一年，奧斯勒正在軍隊服役。服役期間他的讀書量簡直大得驚人。每天，士兵們都要進行一個小時的佇列操練，在這一小時當中，起碼要有一段比較長的休息時間。「稍息」令下達後，在長長的佇列中，他便掏出一本袖珍的簡裝書，站著讀了起來。從童年起，奧斯勒就養成了在衣服口袋裡裝本小書的習慣，每逢空閒時就拿出來閱讀。他發現，在等待的時候，有本書特別有用，使人心情輕鬆。在生活中，經常要等吃飯，等坐車，等看病，等理髮，等電話，等約會，等待演出開始，或者是等待別的什麼事情發生。在這些時間的邊角餘料裡，奧斯勒找到了每天閱讀用的 15 分鐘，甚至不只 15 分鐘。用這種方法，他獲得了一年讀 20 本書，一生中讀上千本書的時間。

奧斯勒在醫學之外的博學多聞足以與其職業專長相媲美，這正是依賴於他在每天 15 分鐘裡讀書獲得的業餘修養。在英國文學方面，他被稱為研究 17 世紀散文大師托馬斯·布朗（Thomas Browne）的權威，他所收藏的布朗著作也是最完整的。奧斯勒在醫學教育和研究上有許多改革，在臨床醫學上有許多創新，均為人所稱道。

為此，奧斯勒由衷的讚美書籍：「書一直是我的心愛物，況且我又從書中獲得不可勝記的好處，研究疾病的現象而無書的指引，等於是在海圖上找不到目標的海上航行；而光讀書卻不與病人接觸，那就等於根本沒有出海一樣。」、「不念書的行醫一定很糟，那就不足為奇了。」、「假若醫學界的同仁都喜愛讀書，那他一定能化腐朽為神奇，甚至使白痴為先知了。」根據上述原理和事例，假如一般程度的讀者，在念普通讀物時能達到每分鐘 300 字的速度，每天花 15 分鐘就可念 4,500 字，七、八天就可看

31,500 字，一個月以四週計算，可達 126,000 字，一年總計有 1,512,000 字之多。一般厚薄的書籍大約有 60,000 字到 100,000 字，平均在 75,000 字左右，按照以上的閱讀速度，每年可以讀完 20 本書，相當於美國公共圖書館每人每年平均閱讀量的 4 倍。這是多麼驚人的數字啊！

在一個人的一生中，如果不間斷的每天利用時間的邊角餘料來讀書，可以培養多麼廣泛的興趣，可以涉及到多麼豐富的學科知識！

凡在事業上有所成就的人，無一不是利用時間的能手。

● 東方不亮西方亮 —— 迂迴讀書法

> 學者讀書，先於易曉處沉涵熟復，切己致思，則他難曉者，渙然冰釋矣。先看難曉處，終不能達。
>
> —— 陸九淵（南宋哲學家）

碰到一本難懂的書，怎麼讀下去呢？

對此，有人採取了一種迂迴讀書法 —— 東方不亮西方亮，這本書鑽不通，就找來另一本內容相近而寫法不同的書，藉此打開通往第一本書的道路。如果還打不開，就再借助另一本⋯⋯這種方法有點像在海灘礁石中拍照：你想到前面的一塊礁石上去，如果一步跨不上去，可以左一蹦右一跳的拐上去。讀書也是如此。透過語彙穿插，步步逼近，難懂的書就可以讀下去了。

難題，是我們在讀書時經常遇到的。有時碰到個障礙，十天半個月也攻不下來，使許多人為此急得寢食難安，但仍然於事無補。因此，人們把難題叫作讀書的「攔路虎」。對付這些難題，強攻當然是一法，然而，也有另一妙策可供一試。當我們碰到難啃的書時，不妨採用「迂迴讀書法」

來尋找一下難題的突破點。

對於「迂迴讀書法」，一位科學家有一段形象精闢的論述：「碰到小問題，不是關鍵的問題，我們為什麼不能繞過去、跨過去？比如走馬路，會有很多障礙，有溝、石塊什麼的。有的人碰到溝、石塊，他非得把溝填滿，把石塊搬掉才肯過去，把時間和精力泡進小問題裡去了。其實，只要你跨過去，繞過去，就行。學習要學習那些關鍵的東西，要大踏步往前走，走遠了再回頭來看，原本的東西就不見了。原本那些礙手礙腳的阻礙都不成問題了。如果你被一些小問題纏住，那你就一輩子也學不成。千萬不要為這些小困難停下來，那樣是捨本逐末。」

魯迅也說過：「我們學外國語的時候，當初亂讀了很多。若是碰到疑問而只看那個地方，那麼無論到多久都不會懂的。所以跳過去，再向前進，於是連以前的地方都明白了。」法國思想家、作家、懷疑論研究者蒙田（Montaigne）讀書也有他自己的一套經驗：「如果在閱讀中碰到什麼難懂的地方，試一、兩次之後，我就不再去費心思了⋯⋯，要是我不小心就沉迷在一個問題上，那就不但浪費了時間，而且也使自己無所適從的迷失於其中了。」所以他就「暫時退出，另起爐灶，就像鑑賞一件鮮紅色織品的質地一樣，要把眼睛在上面多打幾轉，而在每次很快的瞄過時抓到它的要點」。

由此可見，古今中外無數成功者的經驗都告訴我們，迂迴讀書法是一種行之有效的讀書方法。當讀書遇到一些難題時，不要讓它們成為阻礙我們讀書進程的「絆腳石」。每當這時，我們不妨採取迂迴的方法，或者從一個新的視角開關解決問題的途徑，或者乾脆先來個「不求甚解」，暫時把它們放在一邊，繞開這些難題，繼續讀我們的書。

著名的文學家老舍生前說過：「讀書，不可遇到什麼讀什麼。不懂的

放下，使我糊塗的放下，沒趣味的放下。我管著書，不能叫書管著我。」雖然老舍先生已不在人世了，但老作家透過多年實踐所得來的經驗之談，對我們年輕人現實的讀書活動，仍有著積極的指導意義。

年輕人讀書，是為了求知，是為建設未來而積蓄才能。讀書本身應是一種充滿樂趣的活動。書是「死」的，人是「活」的。讀書不應該有什麼固定的模式或框框，讀書者更不能被書限制死。試想，如果我們對某一個小小的問題死抓不放，花費大量時間為之苦思冥想卻不得其解，會耽誤多少寶貴的讀書時光，會剝奪多少讀書的樂趣，會失去多少博覽群書、擴大知識面的機會！

特別是在知識更新相當迅速的當今社會，也許當你費了九牛二虎之力好不容易弄清楚一個問題後，卻發現你剛剛獲得的知識已經陳舊，大量新的更多的問題又擺在你面前。如此下去，你將始終處於一種被動的地位，總要「氣喘吁吁」、疲憊不堪的忙於「掃除」讀書路上的「攔路虎」，哪裡還有更多的精力和時間去讀新書，去學習新知識呢？

因此，年輕人讀書切不可鑽牛角尖。要學會「迂迴讀書」：不懂的艱深問題換個角度去鑽研；暫時阻礙我們讀書的小問題先擱置一邊。也許，隨著讀書者讀書活動的深入，所學知識的豐富、完備，那些當初困擾我們的難題，很可能已不稱其為難題，頭腦中的疑問也就會迎刃而解，所有的困難更是不攻自破了。

當然，我們向大家介紹的「迂迴讀書法」只不過是讀書方法海洋中的一朵小「浪花」，而不是「放之四海而皆準」的「靈丹妙藥」。年輕朋友在讀書實踐中，千萬不要對所有的疑問和困難都採用「迂迴讀書法」，遇到問題就繞著走。那樣，對知識總是一知半解，淺嘗輒止，終究會導致一事無成。

有時需要離開常走的大道，潛入森林，你就肯定會發現前所未見的東西。

● 兼學並蓄，收穫頗豐 ── 一箭雙鵰讀書法

> 創造性的一個最好的象徵就在於選擇題材之後，能把它加以充分的發揮，從而使得大家承認壓根想不到會在這個題材裡發現那麼多的東西。
>
> ── 歌德（德國詩人）

南北朝時期，有個大將名叫長孫晟，他聰明能幹，長於軍事，善於射箭。有一次，他奉周宣帝的命令，護送趙王之女千金公主到突厥國去成婚。突厥國王攝圖很看重他，佩服他騎馬、射箭的本領。當地的人聽見他猛烈開弓之聲，都驚異的稱他「霹靂」；看見他飛馬快跑的姿勢，又稱他「電閃」。攝圖挽留他在突厥住了一年，才讓他回國。

長孫晟在突厥期間，有一天和國王一道外出打獵。忽見空中有兩隻鵰，國王隨手給長孫晟兩枝箭，請他把鵰射下來。長孫晟跑過去一看，兩隻鵰正在爭奪一塊肉，於是拉弓搭箭一射，兩隻鵰都被這一箭射中了。

這就是「一箭雙鵰」這個成語的來歷。後來，「一箭雙鵰」就被人們用來比喻做一件事情能同時達到兩種目的。這種事半功倍、一舉兩得的靈活方法，被許多古今學者廣泛應用於讀書學習的實踐中，形成一種獨特的讀書方法 ── 一箭雙鵰讀書法。

一位近代哲學家早年在日本留學時，除了鑽研他最喜歡的功課 ── 哲學之外，還必須學習日文等課程。他雖手不釋卷，仍感到時間不足。怎樣提高學習效率，學到更多的知識呢？他便創造出了「一箭雙鵰」的讀書

方法，來提高自己的讀書效果。

他到書店買了一本日文版的《反杜林論》，一邊學日文，一邊學哲學。當他把這本日文版的《反杜林論》讀完後，又買了一本德文版的《反杜林論》，同樣邊學德文邊讀書。於是，在這段日子裡，他在哲學、日文、德文三個方面同時並進，一邊學習外文，一邊鑽研哲學，結果，在反覆閱讀、不斷思考中，既把《反杜林論》這本書讀透了，日文和德文水準也有了顯著的提高。

哲學家創造的另一個方法可以說與他的「一箭雙鵰讀書法」如出一轍，有著異曲同工之妙。在他的腦子裡，經常裝著一、兩個需要思考的問題，有空就想想。在讀書、看報、聽廣播、交談甚至參觀時，遇到相關資料就記下來，不斷豐富自己的思想，勤思苦想，久而久之自然瓜熟蒂落，問題儘早得到了解決。這種思考方法雖然不是直接用於讀書，但不能不說，他的「一箭雙鵰」的思考方法，對於他的讀書生活是大有裨益的。

其實，早在宋朝，就有人採用「一箭雙鵰」讀書法來進行讀書學習了。

南宋哲學家、文學家呂祖謙，字伯恭，人稱東萊先生。著有《東萊集》、《呂氏家塾讀書記》等，編有《宋文鑑》、《古文關鍵》等。他曾經談到過一種讀書學文法，即透過閱讀著名文學家的範文，來學習和掌握文章的寫作方法。這也可以算作是「一箭雙鵰讀書法」的變通形式。

他說：「學問須看韓（韓愈）、柳（柳宗元）、歐（歐陽修）、蘇（蘇軾）。先見文字體式，然後便考古人用意下句處。第一看大概主張；第二看文勢規模；第三看綱目關鍵，如何是主意首尾相應，如何是一篇鋪敘次第，如何是抑揚開合處；第四看警策句法，如何是一篇警策，如何是下句下字有力處，如何是起頭換頭佳處，如何是繳結有力處，如何是融化

屈折、剄截有力處，如何是實體貼題目處。」（《古文關鍵·總論看文字法》）

一般的人讀書通常只抱著一種單一的目的，或為了欣賞，或為了消遣，或為了學習掌握某種知識。而呂祖謙卻使用「讀書學文法」收到了一舉兩得的功效。他透過讀書過程中的「一箭雙鵰」，不僅欣賞到文章的精美，得到一種美的享受，而且領會了名著的精華，摸清了文章的奧妙。可以說是既讀了書，又學習了寫作。

由此可見，「一箭雙鵰讀書法」是一種應用性很強的讀書方法。使用這種讀書法的最大好處，就是能夠享受到擴大知識之樂，可以獲得事半功倍、一舉兩得（乃至「數得」）的讀書效果。那麼，在什麼情況下應該使用「一箭雙鵰讀書法」呢？

★ 其一，讀書者抱著一種明確的讀書目的，要掌握或鑽研某一學科的內容。當他精讀一種圖書遇到阻礙，百思不得其解時，就應該使用「一箭雙鵰讀書法」，閱讀各種形式的同類書籍，如其他語言的、其他載體的甚至圖解方式的同種書籍；甚至還可以擴展到閱讀與其鑽研的學科相關的其他學科的書籍。經過這種「一箭雙鵰」的閱讀，必定會輔助、加深、擴展讀書者對該項學科的理解和研究，同時還掌握了其他的語言工具，對相關學科又有了一定的了解。哲學家研讀《反杜林論》時用的讀書法，就屬於這種情況。

★ 其二，如果讀書者在閱讀之前，就抱著兩種截然不同的讀書目的，那麼，在其讀書過程中，就會自覺的為實現這兩種目的引導自己的思考去解決問題。這種讀書活動，由於開始就抱著「一箭雙鵰」的目的，經過讀書過程中有意識的支配自己的讀書行為，必然也會導致「一箭

雙鵰」的讀書效果。呂祖謙的「讀書學文」，便是這種情況的最佳詮釋。

★ 其三，讀書者沒有明確的針對某項專門學科的讀書目的，只是為了掌握某種技能，比如學習一門外語，學習電腦的開發及應用等等。在這種情況下，為了使這種讀書學習不至於枯燥無味，也應該使用「一箭雙鵰讀書法」。

在當前的資訊社會，人們越來越重視外語學習。許多外語學到一定程度的年輕人會遇到這樣一個情況：整天學習外語，背誦那些枯燥的單字，硬記那些生硬的語法，卻又派不上用場，並且耽誤了其他知識的學習。那麼，能否找到一種以學習外語為主，以增加各種學科知識為輔的學習方法呢？這時就用到了「一箭雙鵰讀書法」。

外語學習者可以採取翻譯外語原文文章的辦法，既學習了外語，又掌握了所翻譯文章所涉及的知識，一舉兩得。例如，翻譯一篇鹽湖發電的文章，因為文中涉及到鹽湖的形式，溫差發電的原理，鹽湖的分布等一系列問題，所以只有在涉及到的問題得到解答後，譯文才能通順、準確，品質才有保證。

由於所翻譯的外文文章都含有一定的資訊量和知識內容，譯者在翻譯這些文章時，不管其願意與否，都必須首先了解這些知識。所以，在一些故事情節或科學知識等內容「攙雜其間」之後，採用翻譯形式進行的外語學習便不再枯燥無味，反而妙趣橫生了。在翻譯文章的過程中，激發了學習外語的積極性，翻譯者潛移默化的學習理解並掌握了相應的外文單字及語法知識。不僅如此，透過「一箭雙鵰讀書法」讀書，還使外語學習者學到了外語之外的更多知識，擴大了知識面。這也可以說是外語學習的「副產品」，是一種「意外」的收穫！

　　當然，不論在哪種情況下使用「一箭雙鵰讀書法」，都應分清主次，時刻注意不要偏離了自己的主攻方向。比如在第一種情況下，即使閱讀學科以外的知識，也只是為加深對所學知識的理解。作為一種參考，瀏覽大概即可，絕不能鑽進牛角尖，死抓不放，使讀書時的思考逐漸游離於主要內容之外，反而偏離了主攻方向。

　　農民在種植糧食時，期待的只是秋天的收穫。到秋天時卻發現秸稈也可用作燃料、漚肥、編製工藝品……

● 條條道路通羅馬 ── 異想天開讀書法

> 越是受到壓抑的東西，就越是拐彎抹角的尋找出路。
> ── 瓦西列夫（Vassilev，保加利亞作家）

　　「異想天開」這個成語，本意是指奇特的想法從天外啟發出來。據考證，它最早起源於宋朝文學家蘇軾的作品。在蘇軾〈次韻秦少章和錢蒙仲〉（《詩集》三一）中有「鑑里移舟天外思，地中鳴角古來聲」的詩句。詩中「天外思」，就是指來自意想不到之處的想法，意即離奇的想法。後來人們常常習慣於用「異想天開」來形容想法不切實際，非常離奇。

　　通常人們使用「異想天開」這個詞，大都帶有貶義。當我們把「異想天開」作為一種原則運用到讀書實踐中時，卻發現，這種讀書方法不僅已脫離了原詞所具有的貶義，而且還能為讀書帶來意想不到的效果。

　　英國詩人、畫家布萊克（Blake）說：「我必須另造一個系統；要不然，就得當別人的系統的奴隸了。」而運用「異想天開讀書法」就是要求讀書者擯棄循規蹈矩、墨守陳規的慣性思考，採用常人所意想不到的方

法，將與讀書毫無必然關聯，甚至非常離奇的事物與讀書行為巧妙的結合起來，異想天開，獨闢蹊徑，創造出一種奇特的讀書方式。

現代著名散文家、畫家豐子愷東渡日本留學時，為了加快讀書的進度，就想了個自稱是「異想天開」的讀書方法。例如，他參加日語班學習日語，但嫌專為中國人開設的日語課進度太慢，便到一個英語學校報名加入初級班。這個英語初級班是從 a boy、a dog 教起的，對於英語聽、說、寫都已具備相當水準的豐子愷並不是要學這些，他的目的是要聽日本老師怎樣用日語解釋他所懂得的英語，從中學取日語會話的奧祕。這「異想天開」的方法「果然成功」，豐子愷說：「我在英語學校裡聽講了一個月，果然在日語會話及聽講上獲得很多進步。」

看來，這裡說的「異想」，是指要想出別人想不到的各種方法，動用主觀和客觀的一切積極因素，加快讀書的進度。這樣，往往能獲得「天開」的成功。豐子愷自己也曾慨嘆到：「求知，唯有『異想』，方能獲得『天開』的成功。」

戰國時期的教育家荀況根據自己的讀書體會，打比方說：「吾嘗而望矣，不如登高之博見也。登高而招，臂非加長也，而見者遠；順風而呼，聲非加疾也，而聞者彰。假輿馬者，非利足也，而致千里；假舟楫者，非能水也，而絕江河。君子生（性）非異也，善假於物也。」

人們之所以能「看得廣」、「看得遠」、「聽得清楚」、「行致千里」、「橫渡江河」，皆因借助於「登高」、「順風」、「乘輿馬」和「使用舟楫」等條件。對此，荀子直截了當的說，人並非生來有什麼「特異功能」，而是善於利用一定的工具和事物的規律罷了。在這裡，荀子把「假物」作為一個重要的學習方法提出來。在他看來，大家的天資並沒有多大差別，只要善於充分利用客觀條件，就能縮短成才的時間，收到意想不到

的讀書效果。

眾所周知，美國的民主主義者富蘭克林，是世界著名的政治家。在美國獨立戰爭時期，他參加反英戰爭，並參與起草了《獨立宣言》。不僅如此，他還是個博學多才的科學家。西元 1731 年，他在費城建立了美國第一個公共圖書館，還組織成立了美國哲學會，襄助創辦了賓夕法尼亞大學。在研究大氣電方面，富蘭克林也做出過一定貢獻，發明了避雷針。

富蘭克林所有這些成就的獲得，與他好讀書、愛學習並創造了自己獨特的學習方法是密不可分的。他年輕時十分重視外語學習，自學完法語後，接著又自學起了義大利語。

當時，富蘭克林有一個也在學義大利語的好朋友，酷愛下棋，常常在晚餐後硬拉著富蘭克林殺一盤，富蘭克林不好推辭，卻也因陪朋友下棋耽誤了許多學習義大利語的時間。為此，富蘭克林苦思冥想，找到了一個錦囊妙計。

他規定：每盤棋的勝利者有權懲罰對方，失敗者必須在下次下棋之前背誦或翻譯一段義大利語的文章，否則無權再戰。由於兩人在棋藝上互為伯仲，不相上下，各有輸贏，雙方就都不得不花很多時間溫習義大利語，準備應付輸棋時的背誦和翻譯。這樣，既下了棋，又相互促進了學習。一段時間後，兩人的義大利語水準竟都有了長足的進步。

澳洲動物病理學家貝弗里奇曾說過：「有重要的獨創性貢獻的科學家，常常是興趣廣泛的人，或是研究過他們專修學科之外科目的人。獨創性常常在於發現兩個或兩個以上研究對象或設想之間的關聯或相似之點，而原本以為這些對象或設想彼此沒有關係。」「異想天開讀書法」採用的正是這種原理。就像上面富蘭克林的事例。從客觀上講，下棋與學習義大利語根本風馬牛不相及，是毫無關聯的兩件事。而富蘭克林卻將這兩者巧

妙的結合在了一起，使讀書學外語像下棋一樣充滿了樂趣。

　　這則故事啟示我們，人們有許多娛樂活動，只要安排得好，都可以幫助讀書。有位學者曾說過：「認真讀書可犯不上發瘋。當讀書成為一種生命的享受時，才有不可遏制的吸引力與創造力。」這正是「異想天開讀書法」要達到的一種讀書境界。事實也確實如此，使用「異想天開讀書法」讀書，帶給我們的最大益處就是「寓讀於樂」，在個人的興趣愛好「驅使」下進行讀書，苦讀不就變為一種樂趣與享受了嗎？

　　所以說，讀書時的「異想天開」最好與個人的興趣愛好相結合。一個人的興趣可以是多方面的，除了讀書之外，還有人喜歡郊遊、游泳、歌唱、看電視等等。興趣多了，處理不當，就可能與讀書產生衝突與矛盾。但如果抓住個人愛好的興奮點，異想天開的把個人最感興趣的其他愛好與讀書巧妙的相結合在一起，就能煥發出讀書者極大的主觀能動性：在其他興趣中可以學到書本上沒有的知識，書本上的知識推動其他愛好，其他愛好推動讀書，這樣讀書就不是令人頭痛的苦差事，而成為一種樂趣了。

　　古人云「詩中有畫」。中國古代的著名詩篇中，吟詠大好河山的名句為數不少。例如謝靈運寫會稽、永嘉山水；杜甫寫巴蜀山水；柳宗元寫永州山水；清人錢謙益寫黃山，姚鼐寫普陀、四明，高心夔寫廬山，劉光第寫峨眉……這些詩人所作的膾炙人口的詩句，是文化寶庫中珍貴的遺產。如果我們結伴遊覽名勝古蹟，就用得上「異想天開讀書法」了。面對壯麗的河山、如畫的美景，誰能不為之興奮、為之感動！當一種抒發對自然熱愛與讚美之情的強烈欲望從心底油然而升時，就可以與同伴相邀比賽吟誦描寫風景的古詩、名句。既可以使遊興大增，又從中學到了許多特殊的旅遊知識，無形中完成了一次讀書學習的過程。

　　「異想天開」是我們讀書獲得成功或有所發明創造的重要捷徑。在人

類的發展史上，有許多學術成就和科學發明就是在異想天開的基礎上產生的。如果人類不心存有朝一日登上月球的「異想」，就不會產生「阿波羅號」征服月球的輝煌瞬間。而作為每日以讀書學習為必修功課的學生們，就更應該學好、使用好「異想天開讀書法」。

有的同學因為學習基礎差，老師講課根本聽不懂，更怕老師在課堂上提問，就編了這樣的順口溜：「上課猶如上刑場，見了老師心發慌。阿彌陀佛下了課，一會還有新課上。」對於這種學生來說，讀書已經成為了一種負擔和累贅。這時，就更需要應用「異想天開讀書法」，將苦讀變為樂讀。

比如，一些同學酷愛足球，對外國足球明星如數家珍、倒背如流，而對世界歷史上的一些事件或人物卻總是混淆不清。這時，不妨將你所熟悉的足球與相應國家的歷史事件或人物加以分析、比較。當你總結出原來足球與歷史也有一些奇妙的關聯與共性後，再讀歷史書時，就會驚奇的發現：原來自己憎惡異常、枯燥乏味的歷史，字裡行間蘊含著那麼多的有趣的知識。

對於「異想天開讀書法」來說，也許想法越怪異離奇，越別出心裁、越標新立異就越能獲得出其不意的讀書效果。但是，我們所提倡的「異想天開」絕不是沒有目標、漫無邊際、收不到任何實效的「狂想」與「妄想」。只有閃現於頭腦中的「異想」與讀書有所連結並對讀書大有裨益時，才能獲得「天開」的意外收穫。

書有多種讀法，有時那些荒誕離奇、不合邏輯的方法，會有更大的樂趣和創造力。

● 資訊時代科技進步的產物 ── 視聽讀書法

> 書是隨時在近旁的顧問，隨時都可以供給你所需要的知識，而且
> 可以按照你的心願，重複這顧問的次數。
>
> ── 凱勒（Keller，瑞士作家）

一提起讀書，我們通常馬上想到的就是用眼睛去看書。從五官的生理作用和分工上來看，讀書的確主要是透過眼睛對書籍上文字的識別，然後傳送到大腦，再透過大腦進行記憶或分析思考的過程。其實，眼睛不一定只用來看書，還可以透過看其他東西來讀書。而且，如果眼睛正在做讀書以外的事情，我們用耳朵也照樣可以讀書。這兩種特殊的讀書方法，我們不妨稱之為「視聽讀書法」。

「視聽讀書法」實際上包括「聽讀法」與「視讀法」兩部分。「聽讀讀書法」，自古以來就存在。我們從許多古籍圖書中能發現這方面的記載。

據《北史》卷三十七所載，北魏武將楊大眼雖然從來不親自讀書，但他一直都是派手下的人為他讀書，他則坐在旁邊聚精會神的傾聽。久而久之，許多書中的知識和章節，楊大眼都能背誦下來。後來，因為公務所需，楊大眼要起草一些公告。但楊大眼識字實在不多，還得把這件事做好，他就乾脆邊想邊說，同時讓手下人把他說的話記錄下來。由於多年聽書的累積，楊大眼竟能出口成章，不用絲毫改動。這也可謂是一個特殊的本領。

梁元帝蕭繹，年輕時常常像書痴一樣讀書，廢寢忘食，精神高度緊張，結果得了失眠症，導致視力極差，幾乎辨別不了書中的字體。但他又嗜書如命，就想了個辦法，經常讓左右侍者高聲唸書給他聽。他用這種辦

法一生所讀書籍達到了萬餘卷，成為歷代皇帝中的博學之人。古代也有因「聽讀」而成名的。如明末清初的唐汝洵，出身於書香之家，自幼非常喜好讀書，但不幸的是，在他五歲時因患天花病，把眼睛弄瞎了。可是他身殘志不殘，每天都摸索著走到書房，聽他的哥哥讀書吟詩。俗話說，熟讀唐詩三百首，不會寫詩也能謅。日久天長，唐汝洵竟也成了寫詩的高手。他作詩時，如果有人在他身邊，他就請人將所作的詩記下；無人時，就採用上古結繩記事的辦法標識下來，然後再請人譯到紙上。所以他一生寫下上千首的詩歌，出了好幾本詩集，還為一些深奧的唐詩作了注釋。可謂「聽有所成」。

聽讀在古代，大多是由於聽讀者本身的原因，如不識字、視力差、眼睛失明等等。到了現代，對一些特殊的殘疾人，仍然沿襲使用著聽讀讀書法。如許多城市的公益文化機構都設有盲人讀物中心，專門採購或錄製一些供盲人「聽讀」的有聲讀物。

但除了與古代相同的原因外，當代社會中許多健全人也樂於使用「聽讀讀書法」。一位著名作家就喜歡「聽書」，如聽說書、評書、評彈等。他說：「我以為，聽書也是讀書中的一種方式，而且是一種重要的別有意味情趣的樂事。」、「我讀的書中少說也有十分之一、二是從說書人的口中聽得的。」

在現今資訊爆炸、生活節奏非常快速的社會裡，「聽讀讀書法」被賦予了更加特殊的意義。

我們經常會看到這樣的情景：一些人一邊騎自行車，一邊透過耳機聽讀；或者當家長的一邊走一邊向他的孩子講故事；或者是一些正在自學外語或準備考試的人，將所要學的知識事先錄製好，在做家務等其他事情的同時，不斷的重複播放這些錄音……這就是在眼睛脫離不了其他更重要

工作的情況下，利用耳朵的聽音功能，再抓緊時間用「聽讀讀書法」來讀書。由此可見，如果你在做一件必須做的事情無法利用眼睛的功能而耳朵卻在「放假」時，完全可以動用你的聽力來「值班」讀書，從而達到學習一種知識的目的。

「聽讀讀書法」還有另一種功能，就是進一步加深用眼睛讀書的印象，提高讀書效果。美國一位政治專欄作家十分重視在讀書的同時大量的「聽書」，對此，有成功的經驗。他每年的閱讀量有一半是靠聆聽租來的有聲書籍。他一面聽讀邱吉爾長達六卷的二次大戰史，一面隨手記下要點，從中獲益匪淺。在談到聽讀的體會時，他說：「我一週聽一本書，利用的是坐車、刮鬍子或走路的時間。要是不聽書，時間也就白白浪費掉了。」

聽讀的載體中有一種叫「錄音書」，就是把書本的內容錄製在卡式錄音帶上。在德國，出版「聽書」的有德國留聲機公司，還有著名的洛沃爾特出版社。「聽書」所錄的內容豐富多彩，有世界名著《戰爭與和平》，也有大眾化的小說、詩歌。洋洋萬言的書，取其精華，濃縮成 60 分鐘的故事。這為博覽群書創造了更好的條件。

在美國，越來越多的讀者發現錄音帶的新用途，刮起了一股聽讀讀書熱。精明的出版商也藉此機會，大發其財，錄製和出版了大批「錄音書」，商業界也開始設立「錄音書中心」。 美國斯太勒格林公司還為兒童出版了一種「唱片書」。在書封底的空白處鑲上了微型唱片，另一張硬紙下鑲有一支小唱針。用手指轉動唱片，小讀者便可以聽到書中人物的說唱聲，妙趣橫生，讓小讀者們愛不釋手。

據統計資料顯示，美國在 1980 年代末到 90 年代初的 5 年時間裡，汽車卡式錄音帶放音機的銷售量成長極快，數量達 1,000 萬臺。美國全國

60%的人有聽讀習慣。「你在聽什麼新書？」這樣的問句，正像詢問「你在讀什麼書？」一樣，成為友人之間寒暄的話語。

「聽書」的種類，除了前文所提到的錄音書、唱片書外，還有一種道道地地的印刷書籍，一般是供外語學習者使用的。它的設計者是南斯拉夫的科技人員。在書的每行文字下面嵌入一個大小如鋼筆差不多的特製裝置，當其沿著這行字下的粗線滑動時，讀者就能聽到聲音。這樣邊看、邊讀、邊聽，既有助於矯正發音，也可增強記憶，效果明顯。

隨著科技的進步，雷射技術也逐漸運用到讀書領域。被稱之為電子圖書的 CD、VCD、DVD 等等的出現以及電腦多媒體、網際網路的廣泛應用，為我們「聽讀」提供了更為方便、快捷的條件。在這種情況下除對 CD 光碟尚可稱之為「聽讀」外，對其他光碟而言，「聽讀」實際上已經擴展到了更為豐富的「聽讀」加「視讀」的境界。

其實，早在光碟產生之前，世界上就已經有了提供「視讀」的聲像讀物。美國紐約一家出版社曾經出版了一種科技百科全書，書中除了正文和插圖外，還有音響設備及電視錄影裝置，可供讀者用來更全面和有效迅速的了解該百科全書中的相關資訊和內容。然而，在科學技術突飛猛進、日新月異發展的今天，錄影帶式的視讀方法已經被光碟所取而代之。而光碟的出現，確實為我們開闢了一片更為遼闊神奇的視讀天地。

利用光碟進行「視讀」的好處，足以讓其受益者津津樂道：一張小小的光碟，可以容納下多達數百萬字的書籍內容，你不必再去搬運、翻閱一部部厚如磚頭的書本，擺脫了來自群書圍城裡的孤獨與寂寞；你可以選取光碟的任意段落，進行反覆「視聽」，在極短的時間內 —— 例如在半個或一、兩個小時內，在一張光碟的幾十部或上百部著作中，你自由往復，如若衝浪於萬頃波濤，翱翔在萬里雲天，鳥瞰駕馭著大千世界，心頭掠過

種種妙不可言的想像、聯想、比較、分析、綜合……，胸中油然升起運籌帷幄決勝千里的成功之感；如果你還能從網路上快速截取瀏覽更多的相關資訊，那麼，你就成了讀書之神、寫作之仙了。

「視聽讀書法」，除可消遣外，又能使讀者以最快速度獲得許多從書本中學不到的知識，可謂一舉兩得，是適應時代發展趨勢的一種新興讀書方式。

在現今社會中，如果不會使用「視聽讀書法」，恐怕就會成為一個資訊閉塞、目光短淺的井底之蛙。

● 就是要跟自己過不去 ── 自督讀書法

> 讀書要自己對自己過不去。
>
> ── 編者摘選

在讀書學習中，能科學化的選定目標，只是提供了成長的可能性，而嚴格的自我管理 ── 自督，才能將這種可能性轉化為現實性。

自督，顧名思義，就是自己監督自己，自己督促自己。自督是自我管理的重要方法。利用自督讀書法，可在自學過程中掌握自己，不誤入歧途，最終到達目的地。

那麼，什麼是自督讀書法呢？

自督讀書法主要有三方面的內容，即數量監督、品質監督和情緒監督。

★ 所謂數量監督，是指在自學中，要不斷的自己監督自己，按照預定計畫完成一定數量的學習內容。

★ 品質監督，就是要學懂弄通所學的內容，真正掌握所學的基本理論和概念等，並具備相應的分析問題和解決問題的能力。

★ 情緒監督，是指心理或精神狀態方面的自我監督，以高度的自覺性和積極的主動性去學習。始終保持一種既不驕又不餒的良好心理狀態。

在讀書過程中，利用自己監督自己，就能主動了解自己的進度和品質，充分帶動自己的主觀能動性。同時，能進一步自覺的調節、控制自己的讀書活動，使之服從於一定的學習目的。自我監督是一種自我管理的過程，在這個過程中，不僅要對讀書的數量、品質、情緒進行自督，還要進行不斷的自查和調整。

眾所周知，讀書是一種非常艱苦的工作，在這艱苦的過程中，數量和品質要達到一定的要求，而情緒控制是達到這種要求的重要保證。

一個人，如果認為讀書只是為了應付差事，那就會越讀越累，甚至半途而廢。只有那些有抱負、有理想、明確讀書目的的人，才會如蜂吸吮花蜜那樣執著，越讀越覺得有趣。他們讀書就像「飢餓」的人撲在麵包上一樣，來填充自己的「飢餓」。可以想像，以這種情緒去讀書，自然會帶來讀書的數量，保證讀書的品質。因此，自我管理的過程中，情緒監督是數量監督和品質監督的根本保證，它在讀書中發揮著決定性的作用。

在讀書中，為了達到既定的目標，需要有堅強的學習意志和堅持不懈的精神。它不靠外力的推動，不用等待別人的暗示和提醒，也不會屈從於周圍的壓力，而是懷著使命感、危機感和緊迫感，迫使自己按照一定計畫，自我管理，自我督促，持久的克服一切障礙，最終掌握一門知識，獲得一定成果。

托爾斯泰寫《戰爭與和平》一書時，就是自己監督自己，曾七次修改

其稿，用了 37 年的時間才完成。他晚年一部作品的序言修改了 105 次。他這樣做，完全是自我督促，並無他人監督。

明末清初的思想家、著名學者顧炎武，在讀書過程中，也是利用自督讀書法。在讀書學習上總是跟自己過不去。

顧炎武六歲啟蒙，十歲開始讀兵書、史書和文學名著。十一歲時，他讀完了《資治通鑑》。他的祖父常告誡他說：「現在有的人圖省事，只瀏覽一下《綱目》之類的書便以為萬事皆了了，我認為這是不足取的。」

祖父的話對他一生的讀書生活都有著很大的影響。使他讀書做學問時，總保持著老老實實、認真對待的態度。即使在動亂的社會裡，也堅持讀書，一天也不放過。到了 45 歲時，家鄉已經找不到他沒讀過的書了。

為了讀到更多的書，他遊歷全國，每到一地，首先搜求當地的藏書閱讀。旅途中，還常常騎在馬背上默誦讀過的書。

顧炎武對自己的讀書總結到：「自少至老，未嘗一日廢書。」他以這種讀書方法，時刻鞭策自己，不斷讀書，不斷學習。

他在學習上總是跟自己過不去。每次讀書，都對自己規定每天必須讀完的卷數；規定自己每天把所讀的書抄寫一遍。這樣，他讀完的《資治通鑑》，一部書就變成了兩部書。同時，他對自己提出要求：每讀完一部書都要做筆記，寫心得體會。著名的《日知錄》一書就是由他的部分讀書筆記所匯成的。

不難看出，顧炎武讀書與自己過不去，每天規定一定的「量」，這個量，就是自督讀書法中的「數量監督」。

值得一提的是，他在每年春、秋兩季，都要重新溫習前半年讀過的書籍，邊請人朗讀，邊自己默誦，一旦發現差異，便立即查對。這樣每天都能溫習 200 頁，溫習不完，絕不休息。

實際上，這種定期溫習的方法，能提高讀書的品質，使讀過的書記得更牢。

常言道，莫嫌海角天涯遠，但肯搖鞭有到時。讀書是一種艱苦的工作，讀書的大敵是懶惰。「書籍對於懶惰的人是一堆廢紙，對於勤奮好學的人才是無價之寶。」要想成為學識淵博的人，就一定要克服惰性，樹立正確的學習目的，培養讀書的毅力。才能在事業上獲得成功，到達很遠的目的地。

梁漱溟說讀書「應當就是一個人整個生命的向上自強，最要緊的是在生活中有自覺」。

蔡元培少年時讀書就很自覺，用他的話說：「自十餘歲起……讀到現在，將滿六十年了，中間除大病和其他原因外，幾乎沒有一日不讀書的。」馬克思每天到大英帝國博物館閱覽室閱讀 10 個小時，持續了 25 年。

他們堅持讀書，都無人監督，無人檢查，全靠自覺。靠自己督促自己，自己檢查自己。這樣的讀書學習，自然能充實提高，增添智慧，學到真正的本領。

怎樣才能更好的利用自督讀書法呢？

★ **充分利用時間**：讀書有塊狀時間當然好，但茶餘飯後、旅行途中、等車之際等零星時間也不要白白浪費掉。有句話說得好，積沙能成堆，滴水可成河。

★ **讀書做到不僅要讀，還要多動筆才會有效**：許多文學家的手都能妙筆生花，左右逢源，就是因為他們讀書勤於筆耕，隨時記下之故。因此，讀書時督促自己多做些筆記。

★ **自學要有耐心**：自學往往不能立刻有所收穫，對於成績看不見，摸不

著。因此，千萬不要急於求成，忽冷忽熱。要樹立信心，自己不斷督促自己，檢查自己，必要時，要和自己過不去，並持之以恆的學下去。

知識永遠浩如煙海，探求知識是無止境的。資訊社會、知識經濟的時代，自以為是的人絕不會為難自己。只有永不自滿，謙虛謹慎的人，才有可能懷著緊迫感與危機感，總跟自己過不去；才有可能讓知識昇華為自身的本領，不被迅猛發展的時代所淘汰。

「春種一粒粟，秋收萬顆籽。」農民憧憬著碩果累累的秋天，無須別人監督，越做越有勁，越做越有希望。

● 營造出入自如的知識「容器」 ── 框架式讀書法

> 一個好的方法可能比熱情更為重要。
> ── 格拉寧（Granin，蘇聯作家）

房屋有框架，橋梁有框架，書櫥有框架……。讀書也有框架。可能有人說：讀書學習需要的是熱情，難道還需要什麼框架嗎？

其實，從系統論的角度來看，不同學科都有一個系統性和科學性的內在邏輯關聯，都是由一定的知識結構序列所組成，並呈現一定的帶有規律性的框架形式。

我們在學習中會遇到大量的知識，光憑一股熱情是無法掌握這些知識的。因此，要求讀書過程中用一種方法，將隨時遇到的內容，分別納入到對應的「框架」之內。這樣做，不但能加強理解，有利記憶，而且能使思路明確，層次結構鮮明。用這種方法讀書就叫作「框架式」讀書法。

框架式讀書法具有一定的優點：首先，在繁花紛呈，豐富多彩的浩瀚書海中，蘊藏著無窮的知識。而要把這些知識變成自己有用的東西，沒有一定的方法是無從談起的。利用框架形式，把諸多內容都各個「對號入座」，形成一定的規律，這樣就很方便記憶。

其次，用這種方法讀書，能層次分明，抓住重點，不僅記憶時間長，而且對提高學習成績具有一定的效果。可以說，框架式讀書法是一種便於記憶、用時方便的讀書方法。它不僅適用於在校生，也適用於自學者。

有一位高中學生，她在讀書時就有過很深的體會，尤其對英語的學習體會更深。她說過：初學英語時，在書上似乎很難找到兩個完全相同的句子，還有那麼多單字，簡直讓你頭疼。後來，她採用了框架式方法，在分析句子時，發現了它們之間的規律，並把它們歸為五個基本句型。這樣，每當讀到任何一個新的句子時，都可以從記憶中選擇一個可稱為「框架」的東西相對應。這使本來很難記住的英語很快就記住了。

「框架讀書法」在英語學習中顯示出了其優越性。無論是誰，只要能充分掌握五個基本句型，再透過十二種變換方式，就能分辨出千差萬別的句子，並找到相應的「框架」。

框架式讀書法，不僅對外語很有幫助，對別的學科也很有效果。比如，我們讀任何一本書或一個新句子時，都可以從記憶中選擇出一個「框架」，或將相關的學問透過條理分析，歸納成一個個「框架」，以便在讀書過程中隨時找到合適的對應內容。

有一個朋友，他的業餘愛好就是讀小說。可是每當問他小說中講的是什麼時，他往往只能回答一些大概的情況：人物或某個細節。於是，有人向他推薦了框架式讀書法，並與他一起製作了一個框架：

背景

主題

情節

結局

特色

人物

地點

時間

　　過了一段時間，我和他又碰面了，當問他最近又讀了什麼好小說，他興致勃勃的把最近讀的小說從背景、人物、情節、主題思想以至寫作手法，都進行了全面的評論。最後他說：「我按照這個方法，在讀小說時，把相關的內容填入這個框架，很容易就記住了，這個方法有事半功倍的效果。」

　　讀書時，還要制定出合理的，與總結規律相結合的「框架」，這點也很重要。這種方法常常應用在教科書上，其原因就是因為這種框架具有高度的概括性和普遍的適應性。

　　當你想記住一本書的全部內容時，不妨注意一下書的目錄。因為好的目錄本身就是一個很好的知識框架，對你掌握書中內容很有幫助。

　　我們記住了這一本書的邏輯結構，在讀別的書時，就能運用在別的書裡找到相對應的「框架」，以進行比較，補充知識，使知識系統化。

　　例如，我們在學習現代文學時，可以下面內容為例做出框架：

背景

內容

性質

原因

結果

時間、人物或社團

相關事件

無論讀哪方面的書，只要按照規律，制定出合適的框架，就可用最短的時間，得到整本書中完整的知識結構。因此，框架式讀書法是獲得讀書效果的一種好方法。

在我們的大腦裡有了一個個知識「框架」後，又經常採用整體記憶的辦法回憶一下這一個個框架的知識究竟有多少，那麼，每學到一點新知識，就能自覺的投入到這個「框架」裡去，使框架裡不斷增加新的資訊。

我們在讀書過程中，如果能不斷向這個「框架」投入新的資訊，並經常在頭腦中呈現這個「框架」，整理資訊，調整資訊的位置，就能獲得令人滿意的讀書效果。

框架式讀書法就如同地球儀上經緯線相交後出現的方框，每個方框中都包含著其特定的內容。

● 融會貫通，我為我師 —— 自我講授讀書法

> 「為學而學」，不如為教而學之親切。為教而學必須設身處地，努力使人明白；既要努力使人明白，自己便自然而然的格外明白了。
>
> —— 陶行知（中國近代教育家）

讀書是一門學問，這門學問有其內在的規律，誰能掌握這個規律，並與自身的主、客觀條件有機的結合起來，誰就能在讀書過程中掌握主動，尤其對於自學者來說，掌握了適當的讀書和做學問的方法，就等於掌握了成才的鑰匙。

近年來，日本流行一種新的自學方法 —— 自我講授讀書法。

這種方法首先要求自學者在讀書前根據課本上的目錄，動用自己全部的知識儲備預先進行第一次「自我講授」。講完後立即進行第一次通讀。

在通讀過程中，對不理解的地方，要記錄下來，然後，自學者用自己的語言編製出一張精練、清晰、適用的「目錄一覽表」。對著這張表，再進行第二次「自講」，這次自我講授，著重要弄懂第一次自講時不理解的內容，講完後立即進行第二次通讀……。

如此反覆，根據課本或書中內容的難易程度，經過若干次的自我講授後，自學者就會比較全面系統的掌握一門新的學問了。

自我講授讀書法對自學者有這麼大的幫助，那麼，在讀書中怎樣進行自我講授呢？

在自講前，要確定書中的重點和難點，列出講授提綱。自講有些像演講，但它與演講有著明顯的區別：演講面對的是廣大的聽眾，是與他人交換資訊，而自講面對的只可能是僻靜的一隅，無須與別人交流，是自己當自己的老師。

因此，自講不一定像演講時要有豐富的表情，也不一定像老師上課那樣詳盡介紹，而是根據自己的需求，把必須記住的內容和掌握的知識自己講授出來，反覆多次，直至全部掌握。

透過自我講授，所學的知識就會在頭腦中留下很深的印象，會對所記住的知識感到格外的親切。「特別是有融會貫通和理解的主動性，甚至會有第六感和下意識幫你的忙」。

一位老師對自我講授讀書法很有感觸，他說，自從開始擔任高中教師到現在，一直都把這種讀書方法伴隨身邊。

為了把課講得更加生動活潑，為了把更多的知識傳授給學生，他深知

「給人半桶水，自己先得有一桶水」才行，因此，平時總是不斷的努力學習，廣泛的閱讀書籍、報紙和雜誌。並將每次獲得的新資訊在備課時，結合教材，先擬好提綱，再反覆「自講」，直到自己滿意了，才把它在課堂上公開「亮相」。

他這樣做，常常收到事半功倍的效果：舉一反三，觸類旁通，相互啟發，活躍思考。採用「自講」方法後，充實了自己的知識，使許多知識記得牢，應用在教學中，能用具體的事物啟發了學生的思考和促進他們想問題，提高了學生解決問題的能力。

可見，自我講授讀書法是一種很好的自學方法。利用這種方法讀書，可以得到許多專業知識；可以融會貫通，我為我師，可以引人入勝，掌握更多的知識。

自我講授讀書法使用起來相當方便，它不受時間和空間的限制，只要找個地方，大樹下，牆角邊，田間地頭……隨時可以自講。

當然，自講時應注意如下幾點：

★ 確定好自我講授的提綱。

★ 規定出自我講授的範圍。

★ 把「自講」與反覆通讀結合起來。

做到了這幾點，就能更好的我為我師，把知識全面掌握，融會貫通，學到真正的本領。

據相關研究顯示，自我講授有利於身心健康，有利於讀書學習，有利於大腦的記憶。它明確目的，能提升學習，是消化理解、鞏固知識、防止遺忘的有效方法。

● 自己學，自己問，自己答 —— 設問讀書法

> 讀書祕訣有「三自」：自己學，自己問，自己答。
>
> —— 編者摘選

魯迅在他譯述的《讀書方法》中介紹過這樣一種讀書方法：先大體上了解一下書的結構和內容，再合上這本書，先自己想一想，然後一邊散步，一邊自問自答，是什麼？為什麼？怎麼樣？接著再去細讀。這樣邊問邊讀，就可把書讀得越來越深入。魯迅介紹的這種學習方法就是設問讀書法。

一個人二十幾歲大學畢業，以後還有近 50 年的工作和學習時間，這 50 年裡的學習很可能是自學。而這一段時間的自學往往是最富有成果的學習。因此，對每個人來說，學會讀書是豐富知識，增長才幹的重要因素。

在讀書過程中，我們可以利用設問讀書法，對自學計畫內的書或決定重讀的好書，認真審慎閱讀。尤其是對書中的每個論點、問題及要點都要問個為什麼？怎麼樣？做到邊問邊讀。邊問邊讀離不開認真思考。思考問題時，要把自己所掌握的知識或其他書上的論點與書中的論點加以連結，充分進行比較、分析後，看它們之間有何異同，找出它們之間的相互關聯。這就要從無疑處尋找疑處，再從有疑中想辦法釋疑，最後達到解決疑問為止。這是設問讀書法中非常重要的一個設問過程。

設問方法具有一定的技巧，我們列出幾種提問方法以供參考使用，或許會對你的自學有所幫助。

★ **比較法**：在自學中，從不同的觀點比較中，找出差異，提出問題。

★ **反問法**：可從相反的角度提出問題，也可站在自己觀點的對立面來看問題，進行深入思考，就能找到更好的解決問題的辦法。

★ **邏輯法**：依據邏輯關係，研究書中是怎樣明確概念、進行推理的。然後做出判斷和分析，看看有無違背邏輯關係的現象。

★ **變化法**：設想一下原因改變，結果會怎樣？假如溫差、時差、環境和條件變化，後果將會怎樣？

★ **極端法**：可將事情推向一種極端，然後設想一下會出現什麼情況。極端化不僅能暴露矛盾，還能預測未來，籌劃對策，是提問的一個重要方法。

利用設問的技巧性，就能在讀書中很容易提出問題。提出問題以後，再去找解答問題的辦法。解答問題的辦法一般有以下幾個步驟：

★ **歸納問題**：對提出的諸問題進行分類和歸納。看它們屬於哪個方面的問題，其主要問題有哪些。

★ **查找資料**：根據問題導向去查找相關資料。然後進行閱讀和理解。

★ **研究論證**：透過閱讀和理解，對提出的問題進一步研究論證，得出正確結論。

我們在讀書過程中，利用上述方法，在寫讀書札記或讀後感時，就能肯定正確的觀點，訂正錯誤的東西。

上述設問技巧和解答方法，一般適用於高中生和自學者的讀書學習。

一位大學教授對設問讀書法有獨到的見解。他在一次演講上說，有些人包括大學生，讀書不喜歡自己用腦，拿到一本書，希望一看就懂，或者像看電影、電視劇那樣生動有趣，不用腦筋就能明白，這是不行的。我們自學和指導自學，就要注意這個問題。

學問學問，學了就要問，問誰，首先要問自己。問別人，只是動了別人的腦筋。要總問自己，多問自己，自己實在沒辦法了，再去問別人。

大學教授在演講中提出自學就是要自己學，自己問，自己答。

所謂自己學，就是學習上要憑藉自己的能力，不要有依賴他人的思想。

自己問，就是對書中每個問題，都要從正反各個角度多想，自己提出問題，找出它們之間的相互關聯。

自己答，就是透過思考，總結出規律性的東西。不要一遇到問題就去問別人，要依靠自己的努力，攻克難題和不懂的問題。

讀書過程中善於自己學，自己問，自己答的人，往往能透過設問、比較、分析、歸納等把讀書所得變成自己的東西。他們不斷設問，不斷思考，不斷解決，最終把問號變成了驚嘆號。

一位學者在讀書時，總能提出問題。他年輕時讀《尚書》，注中有一句話：「三百六十五日又四分日之一為一年。」這「四分日之一」是什麼意思呢？為了弄明白，他查閱了許多資料，最後從天文曆法書中查到：地球繞太陽公轉一周為 365.2422 天，約為 365 天再加 4 分之 1 天。終於弄懂了「四分日之一」即是「四分之一日」。

試想，如果他讀書不提出問題，不去鑽研解決，又怎麼會成為知識淵博的人呢？因此，只要在讀書中善於提問並依靠自己的能力去解決問題，就會成為有獨到創見的人。

魯迅在讀書過程中，常常是自己提出設問後，循題而讀，抱題深究。為了弄清楚一個問題。經常苦思，徹夜不眠。因此，魯迅讀書常有獨到的創見。

朱熹曾說：「讀書，始讀，未知有疑；其次，則漸漸有疑；中則節節是疑。過了這一番，疑漸漸釋，以至融會貫通，都無所疑，方始是學。」可見，讀書中的思考，一般表現在讀書中的「問」上。所以，在讀書過程

中，應當主動運用設問讀書法。

那麼，怎樣運用設問讀書法呢？

首先，應當清楚書本中的知識是別人從實踐中研究總結出來的，是實踐加思考的結果。因此，在讀書時，要連結實際認真讀、認真想、認真答。

其次，知識具有連貫性和系統性。在讀書時，運用設問法，就能發現相互之間的內在關聯。勤思，能更好的理解領會；多問，能最後達到融會貫通，甚至創造性的掌握知識。

再次，我們讀書的目的是為了更好的認識世界和改造世界。如果讀書時能經常設問，不斷解決難題，就能弄懂和掌握書本中的知識，並能運用自如，提高認識世界和改造世界的能力。總之，讀書中只要能主動問幾個為什麼，並把設問與理解結合起來，就一定能把設問讀書法靈活的運用起來。

設問讀書法是打開知識寶庫的一把鑰匙。而那些善於自己學，自己問，自己答的人，一旦掌握了這把「鑰匙」，就會成為最富有成果的人。

● 好讀書，不求甚解 ── 不求甚解讀書法

> 讀書忌死讀，死讀鑽牛角。復孜孜，書我不相屬。活讀運心智，不為書奴僕。泥沙悉淘汰，所取唯珠玉。
>
> ── 葉聖陶（中國近代教育家）

每當我們提起〈桃花源記〉這篇精美的散文時，便會立刻想到它的作者陶淵明。陶淵明是東晉的大詩人，他不僅詩作得好，散文寫得美，而且在讀書方法上也有獨到之處。他在〈五柳先生傳〉中自述「好讀書，不

求甚解，每有會意，便欣然忘食」。後來人們根據這句話的意思，取其精髓，總結為「不求甚解」讀書法。

對「不求甚解」讀書法，歷來褒貶不一。有的認為是行之有效的讀書方法，有的則認為這種讀書方法是提倡粗枝大葉的作風，是在誤人子弟。那麼，究竟應當怎樣理解「不求甚解」讀書方法的實質呢？

《辭海》對「不求甚解」有兩種解釋：一是出自陶淵明的〈五柳先生傳〉，「原意是讀書只領會要旨，不過於在字句上花工夫」。一是「今多謂學習或工作的態度不認真，不求深入理解」。顯然，陶淵明的「不求甚解」不屬於這種不認真。

首先，我們應當指出，陶淵明的「不求甚解」是建立在「好讀書」的前提之下的。因為只有「好讀書」，方可談「不求甚解」；否則，「不好讀書」就談不上「求甚解」或「不求甚解」了。

另外，我們在理解這一問題時，還要與當時的歷史背景相連起來看。陶淵明所謂的「好讀書」，主要是指讀經史典籍。由於在那個時代學術界盛行訓詁（訓詁就是對古書字句的解釋），而漢代的經學家所作的注釋，連篇累牘，空洞繁瑣，離題萬里。更有甚者，可將解釋幾個字的文章，寫成洋洋兩、三萬字。這種尋章摘句，牽強附會的解釋，對讀書不僅無益，反而浪費了許多時間和精力。所以，在這種情況下，陶淵明才提出讀書的「不求甚解」方法。

其次，陶淵明的「不求甚解」，也不是提倡馬馬虎虎，漫不經心。而是在博覽群書的基礎上求「會意」。「會意」就是領會書中的精神實質，而不是死抓皮毛上的東西，在文字上鑽牛角尖，他所提倡讀書的要訣，全在會意。所以，在讀書領會其精蘊時，竟高興得連飯都忘記吃了。

從此不難看出，陶淵明的「不求甚解」讀書法，與不認真絕不能混為

一談。其用意是在博覽群書時，明白它的意思就可以了，不必去咬文嚼字，死抓不放；暫時弄不懂的，可先放一放，在讀其他書的時候，可能一下就弄懂了以前不懂的東西，這樣既節省了時間，又把書讀活了。

南宋的哲學家、教育家陸九淵的讀書方法與陶淵明的「不求甚解」法有相似之處。他說：「讀書且平平讀，未曉處且放過，不必太滯。」一位近代學者對此的解釋是：這就是所謂的「讀書不求甚解」的意思。本來說不求甚解，這並非真的不要求把書讀懂，而是主張難懂的地方先放它過去，不要死抓住不放，也許看完上下文之後，對於難懂的地方也就懂了；如果仍然不懂，只好等日後再求解釋。這個意思對於我們現在的年輕讀者似乎特別有用。

學者對「不求甚解」讀書法還有自己的獨到見解。他認為，陶淵明主張讀書要會意，而真正的會意又是很不容易的，所以只好說不求甚解了。可見，這「不求甚解」四個字有兩層含義：一是表示虛心，目的在於勸戒學習者不要驕傲自負，以為什麼書一讀就懂，實際上不一定真正體會到了書中的真意，還是老老實實承認自己是不求甚解為好。二是說明讀書的方法不要固執一點，咬文嚼字，而要前後貫通，了解大意。這兩層意思都很重要。

總之，「不求甚解」讀書法，是陶淵明、陸九淵等人在大量閱讀之中，累積了豐富的閱讀經驗之後，總結出的一種深刻、辨證的讀書方法。我們既不能斷章取義，偏頗的理解它，更不能從貶義的角度把它理解成「不認真」或「不求甚解」。特別是在當今知識爆炸的書海茫茫、知識更新的時代，如果每本書都要一絲不苟的去讀，那麼要讀到什麼時候呢？所以，我們認為「不求甚解」讀書法也是一種行之有效的讀書方法。它能協助人們從浩瀚的資訊中迅速的提取自己需要的有效資訊。

巧讀篇

　　學習方法是多種多樣的，在此，雖然介紹了「不求甚解」讀書法的許多可取之處，但不妨還要提醒一點，選擇讀書方法一定要根據各自的實際情況、讀書的對象來選擇。比如：中、小學的學生，他們的個人理解能力有限，在學習課本上的基礎知識時，就要採取一絲不苟的態度，不懂不要裝懂，要勤學、多問，直到把問題弄明白為止；而在讀課外讀物時，可採用「不求甚解」讀書法。其步驟和要點是：瀏覽、存疑和會意。

★ **瀏覽**：在自己的時間和精力允許的情況下，廣泛瀏覽各學科的知識，擴大知識面，吸取新資訊，這樣不但增長了新知識，而且也有助於基礎知識的學習。

★ **存疑**：在瀏覽的過程中，會碰到不能理解的問題，因為，即使好讀書的人，也不可能對所有的書一看就懂，暫時解決不了的問題，可先放一下，待以後再解決。一旦有機會弄明白了，那種高興的心情，連飯都可以忘記吃了。這樣可提高讀書的興趣。

★ **會意**：就是領悟。從存疑到領悟是一個提升的過程。讀書時要帶著問題讀，隨著理論水準的提高，知識面的擴大和實踐經驗的不斷豐富，就可以加速到達會意的境地。這就是「不求甚解」讀書法的本意所在。

　　在採用「不求甚解」讀書法時，一定要理解其真正含義，避免片面。只有這樣，才能在浩瀚的知識海洋中，更快的吸取到更多的新知識。

● 勞逸結合，提高效率 ── 交叉讀書法

> 讀書足以怡情，足以長才……讀史使人明智，讀詩使人靈秀，數學使人周密，科學使人深刻，倫理學使人莊重，邏輯修辭使人善辯，凡有所學，皆成性格。
>
> ── 培根（英國哲學家）

讀書是一種艱苦而又複雜的腦力工作，有注意、感覺、知覺、思維、記憶等心理活動。這些心理過程緊張進行的時候，也就是大腦神經處於高度興奮狀態的時候。讓腦細胞一直興奮，就會使其疲勞，收不到良好的讀書效果。

人的大腦約由 140 億～ 150 億個細胞組成，是一個資訊接受、結合和重現的器官。這些腦細胞分成若干個區，它們接受資訊是各有側重的。讀書是我們透過眼睛接受資訊的求知過程，在這一過程中，負責接受資訊的腦細胞就處於興奮狀態。腦細胞的工作規律是興奮一會後，就要抑制一會，興奮與抑制相互交替。

所以，我們讀書的時候，就必須依據大腦活動的規律，換一換讀書的內容，進行交叉讀書，這是一種提高效率的讀書方法。

交叉讀書的方法，我們大體可分為三種。一是在一定的時間內有意識的調換不同的讀書內容。接受資訊的腦細胞有一個特點，就是它們之間是有分工的。讀數學書時，是這一部分腦細胞興奮；讀文學書時，是另一部分腦細胞興奮。如果長時間的讀同一個內容的書，使大腦皮層的某一部位過於興奮，就會引起保護性抑制，如果適時變換讀書內容，可以使興奮的大腦得到休息，在其他部位產生新的興奮點，這樣使大腦的活動得到了調節，讀書就不會感到疲勞。

在這一點上，馬克思就採用了「交叉讀書法」。馬克思為寫《資本論》，在大英博物館裡讀了上千冊理論高深的圖書。為了工作和研究的需求，馬克思讀的多半是抽象的理論性書籍。長時間讀這些書，馬克思也有疲倦的時候。為了防止和克服這些疲倦，他就採取「交叉閱讀」的方法。每當閱讀理論書籍感到疲倦時，他馬上就把書擱下，再讀另一種不同內容的書。他有時讀小說，有時讀詩歌，轉而又津津有味的讀一會莎士比亞的戲劇。這樣，疲倦的大腦得到了休息，他便又可以興致勃勃的讀起深奧的理論書籍了。

　　瑪里·居禮（Marie Curie）和列寧也都採用了這種讀書法。瑪里·居禮為了解除讀書的疲勞，她經常同時讀幾種書；有時讀書讀累了，還演算代數和三角習題。列寧還曾向他妹妹推薦這種讀書法。他說：要正確分配學習時間，使學習內容多樣化，交換閱讀或工作內容，翻譯以後改閱讀，閱讀有分量的書以後改看小說，這都是非常有益的。

　　法國啟蒙思想家盧梭在自傳體《懺悔錄》一書中寫到：「……如果我必須用心去讀一位作家的著作，剛讀幾頁，我的精神就會渙散，並且立即陷入迷惘狀態。即使我堅持下去，也是白費，結果頭暈眼花，什麼也看不懂了。但是，如果連續研究幾個不同的問題，即使毫不間斷，我也能輕鬆愉快的一個一個的思索下去，這一個問題可以消除另一個問題所帶來的疲勞，用不著休息一下腦筋。於是我在我的治學計畫中充分利用我所發現的這一點，對一些問題交替進行研究，這樣，即使我整天用功也不覺得疲勞了。」

　　二是合理的安排讀書時間，在不同的時間交叉讀不同內容的書籍。一般來說，讀政治、哲學、科技類的書籍，動腦筋多，比較累。長時間讀這樣的書，容易產生疲勞感；而讀文學、藝術類的書籍則比較輕鬆。因此，

我們在安排讀書內容時，就要考慮什麼時間讀什麼書更合適。通常人們在早晨時頭腦更清醒些。因為，經過一夜的休息，這時的腦力活動呈最佳狀態，那麼可把比較難讀的圖書，內容比較枯燥的書籍放到這個時候去讀，讀書的時間可稍放長一些；而把容易讀的書，或自己感興趣，消遣性的書放到下午或晚間去讀。這樣合理的安排讀書時間，可產生一種調節精神和娛樂消遣的作用，同時也會收到更好的學習效果。

在這方面，英國作家毛姆曾說過：「清晨，在開始工作之前，我總要讀一會書，書的內容不是科學就是哲學，因為這類書需要清新而注意力集中的頭腦。當一天工作完畢，心情輕鬆，又不想再從事激烈的心智活動時，我就讀歷史、散文、評論與傳記，晚間則看小說。此外，我手邊總有一本詩集，預備在有詩興的時候，便誦讀幾首。」

盧梭在讀書時也非常善於安排時間，他一般是在早上攻讀哲學，中午讀地理、歷史、夜間便伏案寫作。他經常連續研究領域不同、難度各異的幾個問題，使大腦得以調節和休息，即使整天讀書，也不會感到非常疲勞。

三是讀書要與休閒活動相交叉進行。我們即使是採用了以上兩種交叉的讀書方法，提高了讀書的效率，但不得不提醒大家，一個人不能無休止的每天都在那讀書，還必須交叉的進行一些體育鍛鍊，參加一些文化娛樂活動，讓緊張的腦細胞得到鬆弛，緩解和消除大腦的神經疲勞，增強大腦興奮與抑制的能力。這樣，能夠提高大腦的記憶能力。

大腦健康最根本的一項就是要有勞有逸，勞逸結合。愛因斯坦就是一位既會讀書，又會休息的大科學家。他經常在讀書感到疲勞的時候，就彈彈鋼琴，拉拉小提琴，或聽一會唱片來消除疲勞。除此之外，有時還去登登山，游游泳，划划船，散散步等等。由於他注意了勞逸結合，在讀書時

能與休閒活動互相交叉進行，才使他有旺盛的精力來讀書和做研究工作，最終在事業上獲得了輝煌的成就。

著名的化學家法拉第，年輕時由於書讀得太多，用腦過度，得了頭痛病。醫生便勸他去看滑稽戲、馬戲，逛公園，用這種方法來消除他大腦的疲勞，讓大腦得到充分的休息。法拉第照辦了，後來身體得到了康復。

列寧說過：「誰不會休息，誰就不會工作。」同樣，不懂得勞逸結合的人，讀書也不會獲得最佳效果。有這樣一個公式「8－1＞8」，就是說從 8 小時的讀書時間中，每天抽出 1 小時的時間，進行休閒活動，讀書的效果比 8 小時都讀書要好得多。

實踐證明，交叉讀書法的優點確實很多，許多名人也採用了這種讀書方法，並收到了很好的效果，提高了讀書的效果。是一種值得提倡的讀書方法。

儘管如此，這種讀書方法不一定適合每一個人。所以，在我們的現實生活中，要根據自己的實際情況來選擇讀書方法，即使選擇非常優秀的方法，也要學會正確的使用，要有控制自己的能力，能掌握住自己的讀書時間。就拿交叉讀書法來說，如果掌握不住自己，或只強調交叉，而不分場合、時間，那只能事與願違。比如：學生上數學課時，覺得不愛看數學書而要交叉看看小說；上英文課時不想讀英文書而要讀讀課外讀物；上自習時說讀書累了而要去踢球；晚間應該複習功課的時候，以疲勞為理由而要無限制的去看電視等等。這種不能控制自我的，不分時間、地點的隨意的交叉讀書法是不值得提倡的。

要合理的安排讀書的時間和內容，在進行交叉讀書的同時，還應適時的安插些休閒活動，只有注意了勞逸結合，才能提高讀書的效率。

● 勞於讀書，逸於作文 —— 讀寫結合讀書法

> 讀書是接受別人的沐浴，寫書是一種自我淨化；讀書是享用別人的創造成果，寫書是自己創造出來供給他人享用。
>
> —— 編者摘選

著名美學家朱光潛說：「我自己有個習慣，學到點什麼，馬上就想拿出來販賣。這種邊買邊賣的辦法，也不是完全沒有益處。為著寫，學習就得認真些。要就所學的問題，多費些心思來把原書吃透，整理自己的思想和斟酌表達的方式。我發現這也是一個很好的學習方式和思想訓練。」

所謂「邊買邊賣」的讀書方法，其實就是那種邊讀書邊寫作或邊讀書邊創作的讀書方法。把讀書時所掌握的豐富知識，用文章的形式表達出來，以寫作帶讀書。這裡所說的寫作，絕不是指讀書筆記的那一類，而是指能寫出有自己思想並有一定分量的文章來。

這種讀寫法，在讀書方法中是比較難掌握的一種，但也是提高寫作水準最快的一種。為什麼這麼說呢？因為能把書讀懂並不是很容易的，一本書，看看大意都明白，若讓你把書中的大意概括性的表達出來，那就有難度了。更何況在讀懂的基礎上還要寫出有新意的文章來，那就更不容易了。

叔本華曾說過，讀書只是走別人的思想路線，寫作才是走自己的思想路線，只有經過自己的思想路線把讀書得來的知識消化掉，才會真正成為自己的東西。

讀書的目的是為了豐富自己的頭腦，把學到的知識，經過自己頭腦的再加工，創造出更新的東西，只有這樣才能達到我們讀書的目的。也就是說，為了提高讀書的品質，並能收到更佳的效果，我們在讀書的基礎上，

還要寫出自己的新東西。

在這一問題上，朱自清認為：讀書時應該時刻想著我該怎樣寫這個問題？這樣，讀書的效率和品質都會大大提高，而從這個角度去讀書，對讀過的東西記憶更深刻。

在我們的現實生活中，透過讀寫這種方法獲得成功的例子屢見不鮮。一位作家對此頗有體會。一次，他計劃要寫一部中篇兒童小說，作品的內容和主題早就確定了，也經常有創作衝動，但是，總是寫不出特點和新意，無奈，只好放下筆，靜下心來讀些書。

當時，他剛好買了一套印度作家泰戈爾（Tagore）的選集。於是他就如飢似渴的讀了起來，並被作品中清新、優美的語言和深邃的哲理深深的吸引住了。作品中的意境和思想，與他的思想和情懷是那麼一致！於是，他就更有意識的去重讀泰戈爾的相關作品《園丁集》和《新月集》。

讀過書後，這位作家走出房間，來到鄉間的小路上，舉目遠望，頓時覺得眼前的天空是那麼寬廣明亮，看到周圍一切都是那麼美好，都給了他一種清新、秀麗、生動、活躍的感覺。所讀的作品與眼前的景物和他心中長期累積的生活產生了強烈的共鳴。於是，他便掏出小本子，記下了當時心中的衝動和感覺，並確定了那個卡了關的兒童中篇的構想和寫法。

作家整個構思完成後，已不是原來設想的一部中篇，而是決定要完成三部系列小說。

透過這個故事，不難看出，讀書與寫作的關係是那麼的密切，讀書對寫作又是那麼重要。讀書能啟迪創作的靈感，而創作中又能加深對書本知識的理解。這樣，既練了筆，又豐富了知識，這難道不是一種很好的讀書方法嗎？

總而言之，僅僅為了讀書而讀書是讀不好的，而且沒有廣泛讀書的寫

作是無法成功的寫作。只有兩者相互結合，相互促進，才能將讀書與寫作都做好。只有書讀得多了，知識累積豐富了，寫起文章來，筆下的句子和詞才會跟著豐富起來。順暢的時候就會如行雲流水般自然的流淌出來。甚至，有時會有一種一發不可收拾的感覺。可見，讀寫法確實是一種值得提倡的學習方法。

　　讀書是啟迪人的心智的管道，寫作則是在讀書的基礎上進行的再創造。

● 動用各個器官的功能 —— 六到讀書法

> 人體是一個有機的整體，各器官只有協調統一，才能發揮其最大效用。
>
> —— 編者

　　宋代教育家朱熹，在他執教的書院裡，制定過這樣一條學規：「讀書有三到，心到、眼到、口到。」這就是有名的讀書「三到」說。根據現代讀書的要求，我們以為「三到」還不夠，需要再加「三到」 —— 耳到、手到、足到。即在讀書時要做到心到、眼到、口到、耳到、手到、足到，六者並用，謂之「六到」讀書法。

心到

　　朱熹認為，「三到之中，心到最急。心既到矣，眼、口豈有不到者！」讀書用心力，這是求知的根本方法。對知識不僅要知其然，而且要知其所以然。心到要求讀書時繼以精思，多問幾個為什麼，大膽的向書本提出自己的疑問和見解，以求得對字義或詞義有較深刻的理性知識。

巧讀篇

眼到

　　除了把字句一一看清楚，還應要求在許多方面盡量增強感性知識。讀書眼到，要緊的是集中注意力，提高閱讀力。眼到也是讀書的一種重要能力。現代社會，書籍、報刊、資料的數量與日劇增，必須加強「眼到」的訓練，力求提高閱讀率。

　　人類的視覺功能是有潛力的，歷史上就曾出現過不少一目十行的人，有的甚至每分鐘讀千字以上。如馬克思、列寧、托爾斯泰、拿破崙（Napoleon）等皆是速讀能手。要做到眼到，應該提倡學一點速讀術，進行有意識的自我訓練，逐步改變不良的閱讀方法和習慣。

口到

　　朗讀背誦即為口到。讀書之人適當的背誦一點東西是必要的，尤其是背誦一些值得記誦的名篇。透過口到，進而背誦，然後摸索到學習的途徑，顯然是一個學習方法。讀書時若口不到，只是一味偏重於字義詞義，研究文章的中心思想，寫作特點等，必然無法玩味到作品的深刻內涵、豐富神采和獨特氣韻，對於真正透澈的理解就會有缺陷。口到之法，講的是將書的內容透過各種語言神韻漸入自己的腦海，達到潛移默化之功效。

　　一位歷史學暨文學史家，他五、六歲時開始認字，七、八歲跟著外祖父讀書。外祖父對他要求很嚴，規定讀一篇文章就要背誦一篇。當時，他對書中的內容並不理解，只不過記些詞句而已。後來他讀了朱熹的治學名言：「讀書之法，在循序而漸進，熟讀而精思，先須熟讀，使其言皆若出於吾之口，繼以精思，使其意皆若出於吾之心。」對背誦的意義和作用理解清楚了，便自覺的培養自己朗讀背誦的習慣。讀書時，對重要篇章常熟

讀成誦，對精美的文章和詩詞更是反覆背誦，熟記在心。十六、七歲時，他就能把〈離騷〉的全文流暢的背下來了。

耳到

耳到就是發揮感受器官的強大潛力。尤其是在學習外語時，耳到必不可少。其實，讀其他的書籍也不可不耳到。除專心讀書外，可大量與人討論，大量採納別人意見，大量聽取他人經驗之談。還可合理利用廣播媒介，以各式講座、報告中汲取知識，彌補不足。據說，摩斯（Morse）當年發明電碼，就是一次在船上聽到同船的乘客談話而受到啟發，使思維驟然躍進。因此，耳到也應是讀書成功的一把鑰匙。

手到

許多學有所成的人認為，動手抄寫，是讀書的關鍵。魯迅的「手腦並用」，確為經驗之談。手到，除了練習寫作與實踐外，還有助於鍛鍊獨立的思考能力，提高分析和鑑別水準，還可以用來協助培養文字表達能力。

知識寶庫的大門，對每個人都是無私的敞開著的。讀書之所以會有不同的收穫，用書之所以會有不同的效果，原因是多方面的，但是重要的一條，就是看你是否能做到手勤，也就是學者所說的「不動筆墨不讀書」。

你一定知道被稱為「科學幻想小說之父」的凡爾納（Verne），他生前共寫出 104 部科學幻想小說，總字數達 800 萬之多，被譯成 40 種文字在世界各地發行。可是，你是否還知道，他一生中所作的讀書筆記竟有 25,000 本。一位著名的歷史學家，知識淵博，學貫中西，為後世留下了多種史學著作。他有一個重要的治學經驗：親手做讀書卡片。這都是手到讀書的經驗。

足到

古人云，讀萬卷書，行萬里路。只埋頭讀書有時仍無法明白事理，還應當到實地看看。足到，即是在一定範圍的時間和空間內，以認識課題（自然、社會與人）為主要目的的活動。亦即進行直接的學習。歷史上司馬遷、李白、徐霞客都曾漫遊大江南北，窮盡天涯海角。一足所涉，收益無窮，對他們後來在歷史學、社會改革、科學、藝術的事業中起了很大促進作用。

足到應該是有目的性的，並要結合自己的讀書實際，達爾文乘軍艦進行了 5 年的環球航行，始終注意圍繞各地區的動、植物進行考察。在累積了豐富的感性知識的基礎上，才寫出了千古名著《物種起源》。

心、眼、口、耳、手、足，這六者在讀書過程中是互相連結、共同促進的一個整體。心到了，其他各項自然會到，而眼、口、耳、手、足的全面使用，也有利於心到。據科學家們研究，人的全身有 400 多萬條神經纖維向大腦傳遞訊息，最大量的訊息，則是透過眼、口、手、耳傳遞的。其中僅眼一項，就可向中樞神經發出 200 多萬條訊息。讀書時，如幾者並用，就能從多種管道向大腦發出訊息，進行多次反覆刺激，這必然能促進記憶的加強和理解的加深，大大提高讀書效率。

「六到」讀書法，是讀書的根本方法，又是讀書所應具備的基本功。

現存的系統產生現存的結果，如果需要不同的東西了，那麼系統必須被改變。要想快速有效的學習任何東西，你必須看它、聽它，和感覺它。

● 乘著音樂的翅膀翱翔 —— 音樂讀書法

> 音樂在幾分鐘之內能做到幾個星期苦思冥想想獲得的東西。
>
> —— 柯林‧羅斯（Colin Rose，英國學者）

現在有很多年輕人，他們在讀書的時候總是喜歡打開 CD 播放機或 MP3，一邊聽音樂一邊讀書。每當這個時候，也許家長就會走過來嘮叨一句：「一心不可二用，看書還聽什麼音樂！」那些年輕人只好無可奈何的把音樂關掉。

其實，家長們不知道，音樂對讀書是大有好處的。

我們知道，人類所有活動都與人腦分不開。人腦支配我們一切的活動，讀書同樣更離不開大腦。雖然眼下進入了電腦時代，我們每個人的大腦也比電腦小得多，但它卻比世界上最強大的電腦還強幾千倍。那麼，如何開發和利用好我們的大腦來多讀書、讀好書呢？

人們經過不懈的研究發現了一種奇妙的東西 —— 音樂。無數成功的實驗證明：如果在讀書的同時播放適當的音樂，就能充分挖掘人腦的許多潛在能力，使我們更加輕鬆、有效的讀書。這就是音樂讀書法。音樂讀書法透過音樂，讓人腦與肌體在美妙的旋律聲中得到放鬆並集中精力，從而達到提高讀書效率的目的。

既然音樂對讀書有這麼大的好處，你也許正迫不及待的想知道利用音樂讀書的具體方法吧？別急，讓我們首先從了解人的腦結構開始。大體來說，人的大腦左半部分主要處理語言、邏輯、數學和次序的作用，可稱為「邏輯半球」；大腦右半部分主要處理節奏、旋律、音樂、圖像和幻想，可稱為「感情半球」。而這兩部分是由 3 億個活性神經細胞組成的。在這個高度複雜的交換系統中，3 億個細胞連接並不斷的平衡著輸入資訊，將

抽象的、整體的圖像與具體的邏輯的資訊連接起來。

在讀書中，如果一個人的大腦兩個半球都能活躍起來，「聯合攻關」，就能減少疲勞，發揮左右腦的潛力，從而提高讀書效率，達到掌握知識的目的。根據上述原理，英國商人、研究員柯林·羅斯曾著《學習地圖》一書並編寫了數個外語速成課程。他舉了個例子，說明大腦的不同部位能夠以綜合方式共同合作。「如果你聽一首歌，左腦會處理歌詞，右腦會處理旋律，因此，我們能輕而易舉的學會流行歌曲歌詞，這並不偶然，因為左腦和右腦都動員起來了，且邊緣系統中大腦的情感中心也加入了。」

大腦的情感中心，是與長期記憶儲存系統緊密相連的。這就是為什麼含有高度情感因素的內容，我們都會最容易記住。就像幾乎所有的人都會記住自己的初戀一樣，如果歌曲的音樂與個人的情感、愉悅的體驗相連，歌曲的旋律和歌詞就能引起深刻的記憶。因而，發現大腦是如何處理這類資訊的，是通向更有效讀書學習的重要鑰匙。

曾有專家說過：自然放鬆但又注意力集中是出色完成各項工作的關鍵。讀書亦如此。一位博士也在書中指出：「較慢的心跳會使大腦效率飛躍提高。」可見放鬆的關鍵是使心跳放慢。心理學家早就得出結論，人的心跳每分鐘在 60 次以下，對身體的健康有利，對讀書更有利。那麼，如何使人的身體放鬆、精力集中呢？如何使讀書達到一種最佳狀態呢？最好的調節就是音樂。

音樂讀書法就是根據以上原理提出來的。我們知道，音樂有著它特殊的魅力，當一首美妙的音樂在你的讀書空間盤旋迴蕩時，你的情感就會隨著樂曲跌宕的旋律而起伏波動；同時，音樂對於人的大腦活動也有一定的影響，一些輕鬆、緩慢的曲子能夠誘導出一種冥想狀態，使人的其他活動放慢，大腦變得敏捷，這對讀書十分有利。

　　生理學家們發現，人體的各種節奏，如心跳、腦電波等，總是和音樂的節奏趨向於同步。保加利亞的羅扎諾夫（Lozanov）博士找到了一種具有特殊節奏的音樂可以導致人體放鬆，精神集中，那就是巴洛克音樂。巴洛克音樂就是指 16 世紀到 18 世紀的音樂家巴哈（Bach）、韋瓦第（Vivaldi）、泰雷曼（Telemann）、柯賴里（Corelli）、韓德爾（Handel）等人創作的音樂。這些音樂的特點是節奏為每分鐘 60 拍。而巴洛克音樂這種每分鐘 60～70 拍的節奏與人的心臟的最佳跳動及人的腦電波 α 波都一致，這正是讀書的理想狀態。因此，在這種音樂的低聲伴奏下讀書，效率要高得多。

　　保加利亞的教育家羅扎諾夫是最早使用音樂讀書方法的人之一。人們把羅扎諾夫透過音樂來提高讀書效率的實踐，稱為羅扎諾夫式的「音樂課」。

　　例如，一個班級正在學習外語，教師事先把新單字設計成一幕戲，還附有圖片總覽。學生在內心先依照圖片把這些新單字內容串起來，然後再看課文。這時，老師開始播放選擇好的音樂。在巴洛克音樂每分鐘 60 拍的舒緩節奏和優雅旋律中，和著音樂的節拍，老師用自然的語調朗讀著外語。

　　當舒緩美妙的旋律在教室裡不斷的迴蕩、盤旋時，也在學生們的大腦中反覆的縈繞著，「撥動」著他們的心弦，「活躍」著他們的思維，「激發」著他們的想像。學生們閉上雙眼沉浸陶醉其中，用心靈去「體會」，用音樂形象去記憶。那從旋律中飛出的靈感，那從想像裡洋溢的情趣，都會讓靈魂顫動。這時，再把課文放在一邊，學生們的頭腦中便會浮現出各種景象：在神祕幽靜的山間，在清新淳樸的鄉村，在華麗高雅的劇院……那些生僻、古板的單字，變成了一個個生動活潑的小精靈，不斷的在腦海裡跳躍、閃現……在愉快的形象化思考中，學生們不知不覺的記住了要學

的單字。

　　不僅如此，當學生們放學回家，心魂的波濤平靜下來以後，那美妙的音律在心靈裡撒播下的靈種，便開始萌芽。在睡覺之前，他們的腦海中極有可能再掠過這堂課。也許整晚他們的潛意識仍在工作——將白天學到的東西不斷的轉入到長期記憶儲存中，從而牢固的記住了所學的知識。而這一切看起來似乎都是自發進行的——在學生們毫無察覺時，這個過程已經在潛移默化中完成了。

　　實踐證明，音樂讀書法僅僅花費百分之五的時間就能完成百分之六十的學習任務。如果說這裡面有什麼魔力的話，就好比學習一首歌的詞要遠比記住一整頁的詞彙容易得多，音樂是某種形式的載體，老師的朗讀和著音樂的起伏，就像抓住了浪濤的節拍，因此學生們的記憶之門不知不覺的打開，又不知不覺的記住了資訊。利用音樂讀書產生了事半功倍的效果。

　　還有一種音樂讀書的具體方法。利用兩臺錄放音機，一臺以巴洛克音樂做背景音樂，一臺用來錄音。這樣在音樂的伴奏下，慢慢的朗讀所要看的資料。讀的時候速度最好盡可能與播放的音樂互相協調，同時，播放的聲音不要太大，以免壓下了朗讀的聲音，一次朗讀的長度不宜太長，以二十分鐘為宜。如果想使音樂豐富些，還可以選擇不同樂器演奏的樂曲，選用各種不同的基調，大調或小調。錄音資料製作完畢，就可以來欣賞了。用這種緩慢、莊重的音樂來伴奏，讀書效果極佳。

　　第一遍欣賞時，要把資料撇開。你拉下窗簾（如果是晚上應打開小燈），在微弱、柔和的光線下，你躺在床上，閉上眼睛，全神貫注的聽錄音，任憑想像的翅膀帶著你的思緒在天空中邀遊。那錄音是配上音樂的朗讀資料，十分優美。聽了一次後，你對資料的內容就有了大致的了解，再次欣賞之時，你就能夠將全部的感情都動用起來，醉心於資料之中，認真

體會、玩味著每一個細節。就這樣反覆幾遍。當你再打開燈，對著資料核對時，你會驚奇的發現，書中的內容對你來說是那樣的熟悉！這些都是音樂帶來的奇妙作用。

音樂在讀書時有三個作用：協助放鬆，啟動右腦接收新資訊，協助將資訊移入長期記憶庫中。音樂讀書法能在幾分鐘之內解決你幾個星期想要學到的東西。這是多麼神奇的功效啊！

最後，再向您推薦有助於讀書的幾種音樂。協助放鬆的音樂有：恩雅（Enya）的〈水跡〉、詹斐爾（Zamfir）的〈孤獨的牧羊人〉、雷·林奇（Ray Lynch）的〈沒有憂愁之事〉中的曲子等等。啟動右腦接收資訊的音樂有：貝多芬（Beethoven）的〈D 大調小提琴與樂隊協奏曲〉作品第 16號、柴可夫斯基（Tchaikovsky）的〈降 B 小調鋼琴與樂隊第一協奏曲〉、莫札特（Mozart）的〈D 大調小提琴與樂隊第七協奏曲〉、海頓（Haydn）的〈F 大調第 67 交響曲〉等等。協助將資訊移入長期記憶庫的音樂有：巴哈的〈G 大調幻想曲〉、〈C 小調幻想曲〉、〈D 小調三重奏〉、韓德爾的〈水上音樂〉等等。

事實上，我們每個人都有一種最佳的讀書學習狀態，只是我們目前尚未調整到這種最佳狀態。它出現於心跳、呼吸頻率和腦波流暢同步之時。當我們的身體處於這種放鬆狀態時，頭腦的注意力就會高度集中並高效率的接收著新的資訊。如今，你已了解到音樂是最好的「放鬆劑」，是讀書的好幫手，是打開通向記憶之門的鑰匙。當你再因邊讀書邊聽音樂而遭到家長「訓斥」時，你就可以理直氣壯的告訴他們：音樂讀書法能夠達到事半功倍的效果呢！

在當今資訊社會，掌握了音樂讀書法，就等於為記憶和思考插上了翅膀。

● 人腦是世界上最大的圖書館 ── 提高記憶讀書法

> 人的一切智慧財富都是與記憶相連著的，一切智慧生活的根源都在於記憶。
>
> ── 謝切諾夫（Sechenov，俄國生理學家）

如果我們掌握了記憶的規律，盡最大可能的提高記憶力，把它用在讀書上，即使不能「過目成誦」，也能收到事半功倍的效果吧。

人的記憶力是非常驚人的。人腦的網路系統的複雜程度遠遠超過北美洲全部通訊網路；美國麻省理工學院科學家的一份報告說：假如一個人一生都能孜孜不倦的學習，那麼，他的大腦儲存的知識可以相當於美國國會圖書館藏書的 50 倍！也就是說，人腦的記憶容量可以相當於 5 億本圖書的知識總和。這麼看來，人腦真稱得上是世界上最大的圖書館了。

人腦既然有這麼大的記憶潛力，為什麼很多人在讀書學習中卻常常感到「腦子不夠用」、「怎麼也記不住」、「明明就在眼前，就是想不起來」呢？首先是我們大多數人對腦子的利用還太少；其次是用腦方法不得當；再次就是遺忘在搗亂。

那麼，究竟怎樣克服上述弊病，增強讀書的記憶力呢？下面是一些非常實用的記憶方法。

目的記憶法。心理學的實驗顯示：記憶的效果和識記的目的性有很大的關係。一般來說，我們在對一本書通讀瀏覽後，合上書本，往往最先記住的是自己最感興趣的部分，對有些細節描寫、統計數字記憶的準確性，連我們自己也會常常感到吃驚。這裡我們談到的明確的目的性，並非指日常消遣性的讀書，而是指在帶有鑽研性、提高性的學習時，要有意識的培養大腦對相關內容的這種「興趣」。在讀一本書之前，首先要確定想獲取

哪方面的知識，哪些是自己想要掌握的重點。這樣，當我們看到被事先「圈定」為重點部分的內容時，大腦就會受到強烈刺激，產生高度興奮，記住的內容就會越多、越持久。

不久前，筆者在公司的同事中做過這樣的一個試驗：在一張紙上畫出大小、形狀不同的一百個圖形，將 1 ～ 100 個阿拉伯數字隨意的填入這些圖形中。選出 10 人，讓他們分別按順序從 1 找到 100，然後記錄時間。測試結果令人吃驚：最快的在 8 分 46 秒完成，最慢的竟用了 21 分 10 秒！兩者之間竟然相差兩倍多！這個試驗正是在被測試者毫無準備的情況下，客觀的、真實的反映了他們之間記憶力的差別。

為什麼會產生這麼大的差別呢？我們看看具體的過程：每個人在尋找最初幾個阿拉伯數字時，都是盲目的、散亂的「掃描」（因為數字排列完全沒有規律可循），但是每在紙上「掃描」一次，視覺神經都會把這 100 個數字的位置向大腦匯報一次。我們發現，在這些人中，所謂「記憶好」的，之所以用時少，其實都普遍採用了一個方法，就是在明確了測試的要求後，他們首先都想到，在尋找每一個數字的時候，眼睛「掃描」經過之處要有意識的記住該數字後面幾個數字的大致位置，經過尋找前十幾個或幾十個數字之後，「記憶好」的人就會越來越記住後面數字的大致位置，因而會「眼」到「數」來、節省了時間；另外一些人則是每找一個數字，都在紙上統統「漫遊」一遍。這樣，尋找每一個數字的時間差也許只有幾秒，但經過 100 個數字以後，差距就拉大了。可見，事先是否有意識的確定出記憶重點和記憶方法，效果截然不同。

口訣法。相傳過去有一所學校，老師天天上山與山頂寺廟裡的和尚對飲，一天臨走時安排學生背圓周率，要背到小數點以後第二十二位：3.1415926535897932384626，大部分學生背不出來，十分苦惱。有一個聰

明的學生就把老師上山喝酒的事編成幾句話，讓大家唸，等老師喝酒回來，個個把圓周率背得滾瓜爛熟：「山巔一寺一壺酒，爾樂苦煞吾，把酒吃，酒殺爾，殺不死，樂爾樂。」這真是一個寓學於樂的好方法，如此枯燥乏味的數字就這樣在詼諧的玩笑中被輕而易舉的記住了。

時間選擇法。記憶的最佳時間，因人而異，但還是有一定規律可循的。一般說來，機械記憶的最佳時間是清晨起床後和晚上睡覺前。因為在清晨，大腦裡沒有前面學習內容的干擾；到了晚上臨睡前，不再受新學習的內容干擾了。排除了這兩種干擾，當然記憶效果最好。除了清晨這一記憶高潮時間外，中午 12 點以前，大腦的思考能力以及精力、體力等都達到高潮；中午 12 點到下午 2 點，腦力和體力都處於低潮，下午 3 點到 6 點，腦力又開始活躍，晚上 9 點以後，形成一天中的第二次高潮。我們應該根據大腦的「生理時鐘」來安排學習內容，設定工作方法。這樣，就會做到高效省時。

大腦的遺忘也是有規律的。新學習的知識在最初幾小時內遺忘最快，以後遺忘的速度就逐步減慢了。試驗證明：理想的閱讀間隔時間是 10 分鐘到 16 小時之間，就是說，10 分鐘以內，重複是多餘的；超過 16 小時，由於一部分內容已被忘記，重複的效果當然要差些。因此，為了花最少的時間，達到最好的效果，我們必須安排好時間及時複習、鞏固所學。一般說來，間隔五、六個小時複習較為適宜。

對比記憶法。筆者在學習法律專業課時，有這種體會，單獨學習刑事訴訟法、民事訴法、行政訴訟法時，對相關訴訟時效問題都記得很清楚，但是時效規定非常複雜、繁瑣、容易混淆，往往記住了這部法的時效，其他法又記不清了。後來，我做了一個表，把各部門法關於同一個問題的時效的規定放在一起對比記憶，結果很快就全部記得清請楚楚，而且不容易

忘記。可見，這是一個很有效的記憶方法。

形象加理解記憶法。大腦生理學家認為：大腦的左右半球是各有分工的，左半球管邏輯思維，右半球管形象思維。如果將邏輯思維與形象思維結合起來，也就是大腦左右兩半球同時並用，記憶效率將會提高很多倍。如：高中物理課中關於定常流的公式 SV ＝常數。S 代表流管的橫截面積，V 是液體的速度。對定常流來講，液體的速度與通過流管的橫截面面積成反比。

我們可以想像，江河水在寬廣的河床上緩緩流過，這是因為河床寬；反之，河水到了水壩處，總是呼嘯奔瀉而過，就是因為水壩處涵洞窄小的緣故。你看，枯燥的物理公式就這樣被輕而易舉的記住了。

彈性用腦法（間隔記憶法）。義大利一位著名醫學生理學家說：朋友，你坐在塞滿木柴的壁爐旁邊，如果發現火燒得不旺，只要把裡面的木柴撥動一下，火焰立刻冒上來了，木柴也就熊熊的燃燒起來。這段生動的比喻告訴我們，木柴經過撥弄，獲得了新鮮的氧氣，使它燃燒得更加充分。同樣，我們也可透過經常「撥弄」大腦來調節緊張的神經，提高記憶力。

我們常常有這種體會：連續伏案看書時間長了，就會感覺大腦非常疲勞，即使再抓緊時間，強迫自己不休息，腦子也不聽話，看什麼東西也記不住。而且，越是不休息，疲勞時間越長，本來可以用短暫放鬆的方法就可以恢復腦力，現在卻不得不放棄全部工作，花上更多的時間去調整，真可謂「得不償失」。

結構精細、功能健全的大腦，要接受、儲存、發放無法計數的資訊，進行頻繁的思考活動，指揮全身器官有條不紊的工作。只是到了無節制的加班加點、超負荷的持久運轉之時，它才會出現「罷工」和不聽使喚，這

在生理上被稱為「保護性抑制」。這就明確的暗示你,大腦要休息了,或需要轉換工作內容了。

首先,在連續工作的時間上,必須放棄「持之以恆」的觀念,做到勞逸結合。其次,採用多種休息方式,例如,轉換學習記憶內容,可能比自始至終學習相同內容的記憶效果要好些。做些簡單的運動,使大腦的興奮中心轉移,消除腦疲勞。即使閉上眼睛打個盹,醒來也會感到頭腦清楚不少,這樣,看書才會更有效率。

上述的都是一些行之有效的記憶方法。此外,還有聯想記憶法、多種驗證法、重複記憶法等,因為在本書的其他部分有所涉及,這裡不再贅述。

在你為其他人的好記性而讚嘆不已的時候,在你為自己不能掌握好的記憶方法而愁眉不展的時候,請記住,記憶並非神祕,好的記憶方法就在你身邊,那就是 —— 理解是記憶的基礎,背誦是記憶的途徑,形象是記憶的窗口,聯想是記憶的勞力,重複是記憶的竅門,應用是記憶的根本,休息是記憶的朋友。

有了好的記憶方法,只要勤奮,你就將擁有「世界上最大的圖書館了」,你可要好好的利用它唷!

綜合篇

● 廣泛博覽，專精攻讀 —— 取精用弘讀書法

> 讀書無嗜好，就不能盡其多。不先泛覽群書，則會無所適從或失之偏好，廣然後深，博然後專。
>
> —— 魯迅（現代文學家）

要實現學說自成一家、獨樹一幟，就必須博覽群書、匯集百家之長，從大量的資料裡吸取精華。這就是本文「取精用弘讀書法」所要達到的最高境界。

「取精用弘讀書法」，顧名思義就是指在讀書過程中，從所占有的豐富資料裡吸取精華，為我所用。這其中包含著兩層含義：第一層含義，廣泛博覽，占有大量的資料。而第二層含義，筆者認為是「取精用弘讀書法」的關鍵所在，即如何從大量的資料中提取精華，上升到系統概括的理論高度，成為「一家之言」。

如何「取精用弘」呢？途徑有三。

其一，由博而精，創獨闢蹊徑之建樹。

一位著名作家曾講過：「為什麼現在沒有魯迅、茅盾、巴金這樣的大作家？這個問題我想了很久，他們作品所以龐大宏深。首先當然是由於他們有豐富的閱歷和生活經驗，對於偉大變革的時代有著精闢獨到的認識和富於獨創性的藝術表現。他們幾乎都是深刻的思想家，而『深』是建立在『博』的基礎上的。他們的青年時代，都是博覽群書，進行過刻苦學習的。他們大都懂得幾國文字，研究過各種社會學說，有廣博的歷史知識和文學修養。」

他所指的這些大作家正是由博而精、取精用弘的最佳例證。他們之所以學有所成，都經歷了成名前必需的博覽群書、「聚沙成塔」的累積過

程。不僅如此，由於許多書本知識在內容上或是思想上並不都是系統化且有關聯的，因而他們的成就還得益於另一個必經的刻苦鑽研、勤於思索的過程。正是透過這個關鍵的環節，使他們在眾多書累積的知識中慢慢的、有次第、有意識的去尋找各種學說的「漏洞」與結合點，發現新規律，總結新觀點，開闢新領域，形成了自己獨樹一幟的學說，做出了顯著的成就。可見，博覽是取精用弘、有所獨創的一個重要途徑。

其二，融會貫通，集各家所長於一身。

清末文人張之洞主張讀書「三貴」：「貴博、貴精、尤貴通。」這是對「取精用弘讀書法」的另一種詮釋。

張之洞在說明「三貴」的含義時，開門見山的用了八個字：「該貫大意，斟酌百家。」這裡的「該貫」與「斟酌」，既包含著博與精，又意味著通。此法強調，「博、精、通」融會其中，三者互為影響，互為作用。在博覽、精研的基礎上，必須做到融會貫通，取其精華，棄其糟粕。

許多知識和學說，都是一個相對獨立而完整的科學體系，但畢竟還存在著這樣或那樣的不足或缺陷。如果將這些學說的精妙之處加以提煉，融精妙學說於一體，集百家所長於一身。就能建立一個嶄新的知識體系，達到取其精華、為我所用的讀書目的。所以說，融會貫通、斟酌百家是使用取精用弘讀書法的另一個有效形式。

其三，狹墾為實，獲專攻一技之成效。

元代學者元桷在《清容集》自序中曾說：「夫為學之道，用志不能不一，用力不能不專。農民莽而廣種，不如狹墾之為實也。工人泛而雜學，不如一技之為精也。」這就是在提醒我們，「取精用弘讀書法」中的「博」是相對的，並非是毫無選擇、無的放矢的見書就讀，必須以「精」的方向為指導。

元稹少年時代曾有過濫於讀書，用力不專，收效甚微的毛病，他回顧自己的治學經歷，提出了讀書宜「狹墾」的主張。就是說，讀書盲目的貪多求廣，無目的的泛而雜學，不如在具備「廣種」知識的基礎上，早點選擇自己「狹墾」的學科，以「精」為攻讀的方向，深耕細作，才能獲得豐收的果實，避免「廣種薄收」之弊。

　　有學者也認為，讀書「要少、要精、要約，不要樣樣都來，結果什麼都不好。看書要把它消化，要咬得爛，不要打游擊，這一本未讀完又讀那一本。自己願意學習哪一門，就必須對哪一門做基本的研究」。他還列舉大量史料告訴大家：世界上許多成功的科學家所走過的路，總是先熟讀若干基本書籍，打下根底，然後從簡到繁，由少到多。讀書總是粗枝大葉，瀏覽一番，那是永遠學不到深刻的知識的。

　　可見，如果你的精力和時間有限，那麼，切切實實的讀一門學科的相關經典書、好書，對一種專業知識真正做到有所研究和了解，也不失為使用「取精用弘讀書法」學有所成的一個「捷徑」。

　　通常情況下，泛泛瀏覽圖書所獲得的知識是比較膚淺和不牢固的。有時，它們會如「出門在外的將領」，當你需要時，卻「軍令有所不受」，不聽從你的調遣。而專攻一門學科，透過精讀獲得的精華部分，會深刻銘記在你的記憶寶庫中，如同你的「貼身錦衣衛」，隨時為你提供滿意的服務，使你受用終生。

　　另外，在讀書學習中有些事是非常奇妙的 —— 昨日原本還不懂的東西，到了今天或明天忽然就懂了。實際上，這就是在由博而精、融會貫通或專攻一技的過程中，「取精用弘讀書法」發揮的奇妙作用。讀書讀「通」了就會產生感慨、產生異議，許多相關的書本的東西讀「通」了，就會相應的滋生出自己的想法，成為一家之言。

　　眾多文人學者學貫中西，立言著書，轟動社會，震驚學界。許多人只看到他們輝煌的成果，事實上這些成果卻是坐十年或數十年的「冷板凳」得來的。只有「博覽群書，聚其精華」；方能「匯通百家，而自成一家之言」。

● 採集百花方能釀蜜 ── 辯證讀書法

> 廣泛涉獵和提綱挈領的掌握要點應該互相結合起來。「由博返約」和「以約馭博」都是重要的，不可偏廢。這樣，學識才能既有廣度，又有深度，它們因此可形成一個系統，而不是雜亂無章。
>
> ── 編者摘選

　　我們讀書學習的過程中，經常會有一些看似矛盾的要求，如既要精深又要廣博，既要重視書本上的理論知識又要注重社會實踐。其實，仔細想一想，一點都不矛盾，它們之間的關係是相輔相成、辯證統一的。這就要求我們讀書時要用辯證的讀書方法。

　　英國哲學家培根曾用螞蟻、蜘蛛、蜜蜂，來比喻三種不同類型的哲學家。其實這三種比喻，借鑑到讀書方法上來，就是三種不同的閱讀方式：螞蟻式的閱讀 ── 盲目照搬。蜘蛛式的閱讀 ── 守株待兔。蜜蜂式的閱讀 ── 廣泛採集，加以消化；去粗取精，去偽存真。

　　螞蟻式和蜘蛛式自然是不可取的，蜜蜂釀蜜似的讀書方式卻是值得讚許的。我們讀書不僅要在精深方面下工夫，而且還要在廣博方面下工夫，精深是以廣博為基礎的。一位著名作家在談自己的讀書經驗時說：治學必須要讀書，讀書必須要多。讀書不多你怎麼做學問呢？只有廣泛的閱讀，將來才能目光四射，觸類旁通，許多問題到你的心目中都變成整體的一部

分，而不會把孤立的片面的問題當成整體。

在「史無前例」的時代，對許多歷史問題的解釋，都是任意曲解，任意擴大。譬如說：儒家都是賣國的，法家都是愛國的。假如我們對歷史有常識，馬上就可以舉出許多儒家講究氣節，為國家犧牲生命的例子：南宋文天祥領兵抗元，慷慨赴死；史可法率軍禦清，寧死不降……諸如此類的例子在歷史上不勝枚舉。所以，不僅讀書，就是辨別問題的是非，也需要有廣博的知識作基礎。

當然，讀書光廣博還是不夠的，還要集中一點或幾點，確實認真的去研究。如果讀書光注意廣博，把腦袋變成了雜貨店，那永遠也不會有什麼成就。深入一、兩個方面精深研究和廣博的知識是辯證統一的。宋朝有一個叫趙普的宰相，經常手不釋卷，一次宋太宗趙光義問趙普經常看什麼書，趙普說：「臣只看一部書，那就是《論語》。臣以半部《論語》輔佐太祖平定天下，以半部《論語》輔佐陛下治理天下。」

這個故事雖然並不一定真實可信，但卻蘊涵了精與博的辯證關係。趙普生活的那個年代，統治階級無非是想藉此抬高孔孟之道的地位，尊孔子為「前無古人、後無來者」的「至聖」，把《論語》視為「修身、治國、平天下」的至寶。如果趙普真的只讀半部《論語》，其他的書一概不讀，恐怕他絕對不會成為一代名相，充其量，也只能做一個閉門誦經的迂腐道士罷了。

我們讀書不論精讀還是博覽，都不可能以讀一部書為滿足的。有廣博的知識作基礎才能夠進行精深的研究，反過來，有了深入的研究才能帶動你的知識更廣博，涉獵的面向更多。這叫作從廣博到專精，再以專精帶動廣博，一個人在治學的道路上，就是這樣反反覆覆，向前發展的。

那麼如何正確處理精讀與博覽的關係呢？有一則故事可以說明這個問

題。傳說清朝的時候有一個善於寫文章又擅長辯論的才子，在自己家門口貼出這樣一副對聯：「門對三竿竹；家藏兩部書」。別人不解其意，便問道：「明朝翰林學士解縉曾自撰一副對聯：『門對千竿竹；家藏萬卷書』，說自己家貧而讀書多。您博覽群書哪裡只有兩部呢？是自謙吧！」這位才子搖搖頭說：「我的文章主要得力於《史記》，論辯得力於《戰國策》。我雖然讀過很多書，但是，最下工夫的還是這兩部……」

一個人做學問，當然要讀很多書，但別忘了「啃」幾部經典著作或名著。譬如做豆腐，一個博覽群書的人恰似裝了一鍋豆漿，反覆「啃」過的幾部經典著作或名作就好比鹵水。別看鹵水少，作用可不小。任你滿滿的一鍋豆漿，沒有那一勺鹵水，就不可能凝成豆腐。

這個故事告訴我們，博覽群書和精讀都不能片面的理解，因為博覽是精讀的基礎，精讀是博覽的昇華，應當用辯證的讀書方法把博覽和精讀統一起來。

辯證讀書法還可以幫助我們處理好理論與實踐的關係。

讀書雖然不排除消遣和娛樂，但主要還是為了增長知識，增長才幹，為更好的運用所學到的知識解決實際問題。如果只是空讀，紙上談兵，不連結實際，或者不能解決實際問題，那麼即使學富五車，滿腹經綸，也沒有用的。所以讀書一定要做到學用結合。

讀書學習主要是汲取前人或別人在實踐中總結出來的經驗，接受他們對客觀世界的認識和分析，開闊視野，增加知識的儲存量。而把透過讀書所獲得的知識運用到實踐中去，在某種意義上講，是更加深入的學習。透過實踐，能鍛鍊自己的綜合分析能力，能培養解決實際問題的能力，能從中發現自己的不足，使讀書更加有的放矢，更有針對性，更有效的促進讀書學習。

一位大學教授在談到讀書時說：「讀書是學習，運用也是學習，而且是更重要的學習。學問是否弄懂了，拿什麼來檢驗呢？就看能否把學到的知識運用來解決一些實際問題。」丁教授所說的學習與實際就是讀書與應用的辯證關係，也就是說，不僅要認真閱讀，掌握書本知識，還要善於動手操作，把書本知識與實踐緊密結合起來，使兩者互相促進，融為一體。

記得看過一篇叫〈尋找靈感的訣竅〉的小說，說一位愛好寫作的年輕人向魯迅請教「寫作祕訣」。魯迅拉著他的手一塊來到海邊，約他下水游泳。這位年輕人急忙掏出一本《怎樣游泳》的書，坐在岸上看了起來。魯迅焦急的問：「你以前沒有看過嗎？」這位年輕人答道：「看過五、六遍了，但總覺得沒有全都背熟……」魯迅說：「我來幫幫你。」把年輕人推進水裡。年輕人在水中掙扎著，嗆了好幾口水，但在魯迅的指引下很快學會了游泳。

讀書也是一樣，如果我們只注重書本上的知識，而忽略了它的實際應用，就像照書學游泳一樣，即使把書背得滾瓜爛熟，自己不下水，恐怕一輩子也是一隻「旱鴨子」。

當然我們強調實踐的重要性，絕不是貶低對書本知識的學習，更不能否定理論對實踐的指導意義。事實上，我們不能事事都親自實踐。大多數人的知識，主要還是來自間接經驗。因此，必須十分重視書本知識的學習。

辯證讀書法的道理其實很簡單，世界上的萬事萬物都不是孤立的，而是互相連結的，這樣就要求我們在讀書時既博又專，既重視學習又重視應用。把博覽與精讀、讀書與實踐有系統的結合起來。

我們常說，要辯證的看問題。其實讀書也是一樣的。

● 精雕細刻木成舟 —— SQ3R 讀書法

> 我的讀書經驗是：精其選，解其言，知其意，明其理。
>
> —— 馮友蘭（當代學者）

SQ3R 是英語 Survey、Question、Read、Recite、Review 五個字的縮寫。SQ3R 讀書法是流行於英美的一種綜合性讀書法，它的中文意思為：縱覽、提問、閱讀、複述（背誦、回憶）、複習這五個詞，代表了讀書過程中的五個步驟。所以，SQ3R 讀書法又叫「五步閱讀法」或「五段學習法」。

SQ3R 讀書法是美國愛荷華大學創造的，在英美地區非常受歡迎。

所謂縱覽，就是瀏覽。它的方法是先隨意翻翻，「讀書看皮，閱報觀題」。首先大概的瀏覽一遍，盡力找出書的目的及宗旨，具體的說，就是讀序言，或前言、跋、內容提要等，透過縱覽，研究一下書的目錄和索引。如果各章節還有提要的話，就讀一下，很快決定取捨。

在縱覽過程中，對正文的大小標題、圖、表、照片及注解、參考文獻等附加部分也要大致看一下，隨著興之所至和隨意翻看，大腦就輸入了多種資訊，需要時，就可信手拈來，再進行精讀。

提問，則是在縱覽的基礎上，對書中的重點及難點之處，還有相關的注釋、提示等提出一些問題。這是一個獨立思考研究問題的重要環節。

提問又是拓展創造思路的好方法。而好奇心是發現問題和提出問題的前提，瑪里·居禮說過：「強烈的好奇心是科學家的第一美德。」當代著名物理學家李政道也說過：「好奇心很重要，好奇才能提問。」古今中外凡有建樹之人，都有強烈的探索大自然奧祕的好奇心，他們都是從提問開始走向發明和創造的。

洗完澡，把浴缸的塞子一拔，水就嘩嘩的流走，這本是司空見慣的小事，一般不會引起人們的注意。但是平時善於讀書提問的一位美國教授，就注意了這個現象，每次放洗澡水時，水的漩渦總是向左旋的，為什麼流水總是逆時針旋轉呢？

　　他帶著這個問題向書中請教，同時不斷進行研究和試驗，結果發現這種漩渦與地球自轉有關係。這一重大發現為解決颱風的方向問題提出了理論依據。

　　可見，提問是 SQ3R 讀書法中不可缺少的一環。它能使讀書成為目的，明確思考活動。

　　下一步，閱讀就是指帶著提出的問題進行深入的閱讀。如果一本書只是讀一遍，就會像雷陣雨那樣雨過地皮溼；而多次重複閱讀，則如同春雨潤大地，使人得到更多的知識甘霖。

　　閱讀的方法有多種，如累積性閱讀、理解性閱讀、探測性閱讀、評論性閱讀、創造性閱讀等等，在眾多閱讀方法中，我們提倡利用精讀的方式。

　　精讀是縱覽的深入。我們在精讀時，對不懂的知識要點、術語、詞語等要搞清楚其準確意義，對重點段落、篇首、篇尾的關鍵性文字尤應引起注意，同時做些讀書筆記以加深理解。

　　精讀「好像牛吃東西似的，吃了以後再吐出來，慢慢反芻、消化」。在縱覽、提問的基礎上，利用精讀，可以培養鑽研、分析、歸納、推理的能力，也為今後的獨立研究奠定基礎。

　　古人說：「氾濫百書，不若精於一也。有餘力，然後及諸書。則涉獵諸篇，亦得其精。」就是對精讀的重要性進行的高度評價。

　　一位作家說過：「讀書的方法，一般說，首先精讀，了解書中梗概和

中心內容；然後細讀細嚼慢嚥，在精采處劃上記號，最後精讀，專心把精采的部分再三琢磨，消化成為自己的血液。」這就是說，讀一部書，應先縱覽一遍，然後提出問題，再逐章逐節反覆閱讀，經過思考，找出重點，記下疑點，然後反覆推敲明確其中道理。

宋代著名學者朱熹把這種閱讀方法喻為剝皮、剔肉、見髓。他說「初讀時，把有體會的地方用紅筆抹出；再讀時，把有體會的地方用青筆抹出；以後又用黃筆抹出，三、四番後，又用黑筆抹出。」

這樣做的目的是：漸漸向裡尋找到那精美處。經過細心體會，深入理解，就會收到去粗取精，去偽存真的效果。

閱讀可以促進個性的發展和心理水準的提升，對整個讀書過程都有很大的幫助。

首先，閱讀能促進人的注意品質、意志品質及高階感情的發展，養成不斷追求新知識的自學習慣，具有發展作用。

其次，在閱讀中，能吸取知識和營養，開拓視野，使思考更具體，更充實，為進一步學習和解決新的問題提供依據。

再次，透過閱讀可獲得人類社會歷史經驗和認知成果，對於人們形成科學世界觀，提高思想境界和道德水準都具有重要作用。

閱讀時，還要注意發現和總結一些常有規律性的特點，對於精采的篇章段落要能夠背誦。

背誦，又叫複述或回憶。背書是很有用的，司馬光在談到背書的重要性時說：「讀重要之書，不可不背誦。」熟讀唐詩三百首，不會作詩也會吟，說的也是這個道理。背誦是鞏固讀書效果的可靠方法，也是古今學者自學成功的一個訣竅。

據說三國時期，西川名士張松來到許都，曹丞相府主簿楊修拿出曹操

的新作《孟德新書》以示炫耀。張松將書看了一遍，於是笑了笑，說此書是古時無名氏所作，在西川，就連小兒都能倒背如流，說罷從頭至尾一字不漏的背誦一遍。

曹操聽到這個消息後，心中暗想：「莫非古人與我暗合否？」於是便將此書燒掉了。其實張松並不知道這本書，只是藉著剛才閱讀的機會，把這部書背下來而已。

一位數學家年輕時背過《左傳》等文史書籍，對他後來的治學有很大的幫助，作家巴金年輕時能背許多中外名著的章節，茅盾會背的書就更多了；一位橋梁學家八十三歲時，仍能背出圓周率小數點之後一百位準確數值。馬克思到了晚年，仍能大段的背誦歌德、莎士比亞、但丁等人的作品。

古人說過：「讀書能夠背誦，確是受用無窮。」其益處概括起來有三點：

第一點是能鍛鍊記憶能力。經常背誦，能使記憶力越用越強。第二點是能加強理解，透過背誦，能夠全面理解，直到融會貫通。第三點是可把熟讀成誦的書變成自己的東西。思考問題時，容易思緒聯翩，提筆寫作時運用自如。

一位教師說過：「背誦為我的寫作和教學帶來了極大的好處，使我能縱橫相連，左右逢源。」

背誦的另一點好處是，可以利用一切時間去思考，它不局限於走路、做事、休息，都可默誦其文，深思其義，並和相關問題連結起來，有觸類旁通的作用。

總之，背誦（或複述、回憶）就是在理解基礎上的記憶。背誦要抓住主要東西，不要盲目的死記硬背。

複習是 SQ3R 讀書法的最後一步。在讀書過程中，透過複習，能進一步消化、鞏固和理解所學的知識，發現和彌補學習中的不足，使知識更加系統化、網絡化，形成科學的知識結構，同時還可加強記憶，發展思考能力，對提高學習效率和品質都有重要意義。可以說，沒有複習，就等於沒有學習。

複習的作用是，第一可以釋疑，第二可以加深理解，第三可以鞏固記憶。複習的意義不僅在於不使遺忘，還可以透過複習歸納整理，形成自己的知識體系。

如果能經常複習知識要點，就會有一定的思路和對問題的基本理解，在此基礎上能拿出自己的判斷、推理、結論形成自己的理論知識。

可見，複習是 SQ3R 讀書法中不可缺少的一環。

那麼，在讀書中，怎樣使用 SQ3R 讀書法呢？

★ 其一是選書。結合自己的專業與特長去選讀一些相關書籍。記住要讀這本書的目的，如果這本書不適合你的目的或難易程度不合適，那就去另外找一本好的書。

★ 其二是選好書後，在縱覽之後能提出問題。把所碰到的和想到的問題記錄下來，這樣，可以啟發你，迫使你思考，並動用已掌握的知識，對所學知識要學會批判性和反問。

★ 其三是在讀書時，要經常翻到前面去，提醒自己不要忘記某些論點。做到經常複習。讀書時，哪怕只複習幾分鐘，也能收到一定的效果。

總而言之，SQ3R 讀書法中每一步驟所需的時間，取決於你所學習的各個學科和專業。雖然各學科的學習目的和方法不同，但在原則上，SQ3R 讀書法適用於任何學習領域。

一根木頭得志能行船，而 SQ3R 讀書法則是加工木頭的工具。用它精雕細刻木成舟，揚帆在知識的海洋中。

● 全面掌握文獻內容 ── 全像讀書法

> 人一旦學會了使用書籍，書籍便產生了強大作用。
>
> ── 勃洛克（Blok）

全像讀書法是一種全面掌握文獻內容的閱讀方法。適用於專業圖書和工具類圖書的閱讀與學習。一般來說，非小說類作品的作者寫書就像演講一樣：序言，告訴人們將要講述的內容；每個章節，通常用相似的方式寫成，章節的題目和第一段或開頭幾個段落點明主題，整個章節會將其擴展；最後以概述作結。如果一本書有小標題，小標題同樣會有幫助作用。許多書還有其他線索，有彩色圖畫的，就要瀏覽一下圖畫和圖片說明，有助於理解全文。全像閱讀法就是對一書的全面資訊進行閱讀，不僅要了解本書的正文內容，同時還要了解隱藏在本書背後的許多資訊。具體內容如下：

★ **翻檢題錄和文摘**：題錄和文摘是一書的整體概要。閱讀了這些內容，一書的全貌就有了概括的了解，在此基礎上閱讀原文就會有的放矢。

★ **掃描目次和小標題**：如果目次比較簡略，可適當掃描文獻中的各個小標題。小標題是每一章節的概述，了解了小標題，對本章所要講述的內容即有了初步的了解。

★ **注意題跋**：閱讀題跋，有助於弄清楚該文獻的取捨。「書山有路勤為徑，學海無涯苦作舟」是古人的遺訓，它告訴我們勤學苦讀是求學之道。但是從效果上看，苦讀和巧學應該結合。就說讀書吧，要讀

得好，少走彎路，就必須有嚮導，這嚮導就是一本書的重要組成部分——序跋。讀書先讀這些內容，就像在書山裡跋涉有了嚮導。

★ **序**：通常在一篇文章或一本書的前面，包括作者寫的自序和請別人寫的序。寫序的目的和作用是向讀者交代和這部作品有關的一些問題，如介紹書的內容，評論書的長短，交代作者生平、成書的原因、目的和過程。序文短小精悍，文情並茂，體裁多樣。讀序不但給予讀者讀書的多方面啟示，而且可以讓讀者享受到正文中所不一定有的文學藝術之美。

★ **跋，有「足後」的意思，引申為書後的文字**：跋實際上是後序，放在文章或書的後面。它主要是評述正文的內容或替正文做些補充說明。所以讀書要先讀序和跋，以對文章或書有全面的了解。否則，就像遊覽名山盛景卻沒有導遊一樣，會因遺留景觀、領略不到盛景內涵而產生不能盡興的遺憾。

作家巴金在《序跋集》再序中說：「我過去寫前言、後記有兩種想法：一是向讀者宣傳甚至灌輸我的思想；二是把讀者當作朋友和熟人，讓他們看見我家究竟準備了什麼，他們可以考慮要不要進來坐坐。所以頭幾年我常常在序、跋上面費工夫。」從老作家的這番話裡，我們不難看到，序、跋雖篇幅短小，卻有統攝全篇、畫龍點睛的重要作用。難怪即使是一位普通的作者，書成之後也要請行家名家寫篇序文。既然序、跋的價值、作用非同一般，那麼，我們讀書就千萬不要忘記讀序和跋，並以此作為我們有效讀書的嚮導。

★ **研讀凡例**：非小說類圖書尤其是工具書類圖書，在凡例裡給出了一書的編排體例、收錄範圍、收錄原則、檢索方法等等。掌握了這些內容，能使你少走冤枉路，節約時間和精力。例如：《世界名勝詞典》

凡例裡，首先說明本詞典收世界各國各地區名勝古蹟近 3,000 筆，包括山、水、湖、泉、岩洞、園林、宮殿、寺廟、亭臺、塔橋、陵墓等等，讀者一看便知哪些內容在本詞典裡能找到，哪些內容沒收錄，節約了許多查找時間。

★ **了解附錄**：附錄是一書後所附的內容。包括年表、大事記等與該文獻有關的資訊，附錄同時也從側面判斷文獻在其他方面的參考價值。對於研究歷史、人物、事件的真相等等都有著極大的參考價值。

★ **閱讀正文**：瀏覽文摘、題錄、序跋，研讀凡例、附錄，實際上都是為閱讀正文、深入透澈的理解正文打基礎的。打個比方，如果把文摘、序跋等當作血脈，書的正文、書中的論述就是生命。只有將血脈與生命結合起來，肌體才會有生氣。正文與其他結合起來，才是讀書的好方法。

　　使用全像讀書法除了要閱讀上述圖書中所包含的全部內容之外，還要注意如下隱含的資訊。按圖索驥。按照文獻中的圖片、流程以及符號來學習專業知識。

　　接觸評介。評介性的文章，不僅反映評介者對文獻的綜合研究和分析以及全面的介紹和闡述，而且提出評介者的見解，指出問題所在或精華所在。接觸評介性文章，可以提升認知水準，也可以了解哪些是基本文獻，哪些是無關緊要的文獻。

　　一篇好的書評，常常是讀書的路標。讀書和讀書評的關係可以表現為兩種形式：

　　其一，先讀書評後讀書。因為讀了書評之後，對書有了一定的了解，使我們可以有目的的去讀書，或者使我們帶著問題去讀書，這樣讀書就深入得多了。

其二，先讀書後讀書評，這是對我們讀書的一次檢驗，也是一次再學習。讀書評就可以發現：為什麼人家體會的自己卻沒有感觸？為什麼人家分析得那麼透澈，自己的理解卻顯得膚淺？這就能找到自己的差距，從而使讀書更深一步。

毫無疑問，書評也會有優劣之分，有些書評言不由衷，只知溢美，忽略書評的根本性質，這樣的書評我們並不提倡讀。我們提倡讀言之有物、有分析、有見地的書評。把讀書與讀該書的評論結合起來，這是使用全像讀書法不可或缺的一個重要方法。

有句古語，叫作「工欲善其事，必先利其器」，全像讀書法就是一種治學的利器，善於利用正文以外的資訊，可以使我們少走冤枉路，比漫無邊際的讀書要省時省力得多。

● 與資訊傳遞程序同步 —— 六步讀書法

> 學到很多東西的訣竅，就是一下子不要學很多東西。
>
> —— 洛克（Locke）

讀書，實際上是一個知識和資訊傳遞的過程，其有效性受到人、書、讀書的目的、時間、場合等因素的制約。人作為讀書活動的主體，在讀書之前應有的準備是：確定讀什麼書？要達到什麼目的？花多少時間？在哪裡讀？這些都心中有數了，才算有準備了，才能排除干擾，保證讀書活動的順利進行。

讀書活動包括外部操作程序和內部傳遞程序兩個相輔相成的方面。內部傳遞程序，可以概括為視覺接受書面信號至大腦神經，引起相關神經元的興奮，進行一系列資訊的比較、選擇、組合、儲存等活動。可見，這個

程序的關鍵部件是眼和腦。視覺的視幅越大，在一行字上注視的次數越少、時間越短，傳遞的信號就越快、越多。

因此，腦的活動與眼的活動應該同步，及時的妥善的處理資訊——這就是為什麼讀書必須專心致志的緣故。「六步讀書法」即是符合這個內部傳遞程序，提高資訊處理效能的外部操作程序的方法。此法可與每個人的讀書特點融合，發揮每個人讀書的長處，因而普遍適用，人人可行。

第一步視讀 —— 以盡可能快的速度通讀全書

這不是一般的默讀默唸，而是用眼睛掃。必須摒棄一字一詞，像打字機打字那樣的讀法。要逐步訓練使眼睛像攝影機掃描那樣可以一眼讀一行、讀一段的敏捷性。這當然是高度緊湊協調的眼腦活動。

實踐證明，視讀是完全能做得到的。根據現代科學對人腦的研究，資訊進入腦中不是以語言符號的形式作為接受單位，而是以語言符號的意義作為接受單位的。因此，在這一步上，腦的活動主要是從意義上發現、概括、理清頭緒。

第二步回憶 —— 掩卷而思，盡量按照全書的線索做閃電式的回憶

回憶的目的一方面是為了強化視讀中的腦活動，鞏固相關神經元的興奮點，使資訊的痕跡得以深刻；另一方面是為了在掌握全書的框架的基礎上，找到各個切入點，也就是掌握讀書過程中最關鍵的資訊。

理論作品可以是論題，論證、結論，或者假設、驗證、結果；文藝作品可以是情節發展的一個個階段，或者人物塑造的一個個層次。全書的關鍵資訊掌握了，就能夠濃縮全書的內容，提煉全書的意義的精髓，也就是在更高的層次上，綜合各個意義，進行概括。諸如理論作品的基本觀點、

主要論述及其論述特點；文藝作品的主題、主角和主要人物的形象，及其藝術特點等等。

回憶中當然會有遺漏和錯誤的地方，但錯誤的東西又往往不能自圓其說，在下面的程序上還可以發現和糾正。重要的是，這一步中把厚厚的書在腦中變得薄了，抓住了書中重要的實質性的東西。

第三步設疑 ── 不斷提出問題，是深化閱讀的奧祕

古人云：「疑者，覺悟之機也，小疑則小進，大疑則大進。」「學則須疑」，閱讀亦如此。

★ **比較生疑**：我們都知道比較能生疑。「比較是理解和思考的基礎，我們正是透過比較來了解世界上的一切」。鑒於這點，我們在閱讀時可以對某些與之相關的作品加以比較、對照，提出疑問進行思考，藉此區分正誤、是非、優劣、雅俗，從而不斷提高認知水準與閱讀能力。例如：朱自清和俞平伯分別寫了題目相同的文章〈槳聲燈影裡的秦淮河〉。我們閱讀時就可圍繞文章的情思主旨、風格語言進行質疑，找出他們的異同，提高自己的讀書能力。

★ **想像生疑**：閱讀要意志專一，但不排除想像。閱讀時，目光聚得攏，思緒放得開，「寂然凝慮，思接千載；悄焉動容，視通萬里」，這是一種積極的良好的閱讀心理狀態。這個狀態中就包含了想像這一思考活動。這裡的想像不是不著邊際的胡思亂想，而是帶著一定的問題，憑著閱讀素材的某種關聯去思考，向四周輻射，向縱深發展，綻出思考的花朵。例如〈孔雀東南飛〉第四部分的最後，寫到蘭芝、仲卿雙雙殉情，將全詩的感情推向高潮，作者為什麼這樣安排？不這樣寫會怎樣？這種疑問會引導我們進行更為深入的研討。

★ **無疑生疑**：閱讀中我們常常會碰到似懂非懂的問題，對於這些問題絕不能輕易放過，而要無疑處設疑培養自己的創造性思考。例如：〈一件小事〉中為什麼魯迅先生用「頭破血出」而不用「頭破血流」？〈珍珠賦〉中提到「芙蓉」，字典上說「芙蓉」有兩種：木芙蓉和水芙蓉。它們開花季節不同，本文中究竟指哪一種？上面說的這些問題貌似無疑，但細究一下就能小中見大，品出詩文中深味及奧妙。

設疑的前提是先要弄清作者為文的本意，然後認真閱讀，不斷思索，舉一反三，縱橫比較，才能不斷提高閱讀水準，最終實現融會貫通，無可質疑的境界。

第四步研讀 —— 對書中相關部分，或者對書中精采的部分重新讀

分析透視是研讀過程中的一個重要環節。這種研讀，有過濾式，有解剖式，還有綜合式等等。但是，不管什麼形式，都要細心體會所要分析的素材，辨析其特殊的情境，找出相關素材之間的關係，真正達到分析透視的目的。

這種重讀，同時伴隨著對疑問的思考，直到思考有了較滿意的體會為止，因而可以根據自己思考性讀書的習慣去讀，朗讀、輕聲讀、默讀、視讀，讀一遍、讀幾遍，讀讀停停，都未嘗不可。但是，一定要打破砂鍋問到底，絕不可淺嘗輒止。

發現問題和提出問題固然重要，但分析問題和解決問題更為重要。研讀就是為了將問題具體化並加以逐步解決。研讀時的思考是思辨性的，不是單純的接受，而是在判斷中取捨，區分「不能接受」或「可能接受」的內容，就好像在跟書的作者進行辯論。不僅在有疑之處這樣做，即使是對

書中精采處也「須教有疑」多問幾個為什麼，動用自己的知識和資訊的相關庫存，去融會那些精采處。

因而在研讀的過程中，發問階段造成的解結動勢，終於激發出不可抑止的思維流，不管這種思維流是順暢的還是曲折的，都必然具有融合、豐富和擴展的特點。讀書到達這一步，應該有不到長城非好漢、非征服幾座高峰不可的氣勢，促使思維流達到一次又一次的高潮。顯然，這是屬於求解式的讀書，是對書的某些部分的精加工，是把書讀厚了。讀書的苦與樂在這裡表現得最充分，「每有會意，便欣然忘食」，最簡要最傳神的道出了此時的境界。

第五步理得 ── 這是讀書的冷處理階段

讀書中的大大小小，宗宗件件的收穫，需要進行整理。讀書必須有所得，所得必須清楚明白。

如果讀了一本書，覺得收穫很多，卻說不出所以然，顯然這些收穫還處於混雜模糊階段，是靠不住的。其結果往往是隨著時間的推移而忘卻，即使沒有忘卻的東西也很難靈活的運用。理得有三種形式：一是重點回憶。也是掩卷而思，不過這次回憶的內容是收穫和體會，對所有的「得」進行排列歸類，給予條理化和序列化。二是製作卡片。把書中傳遞的新知識和新資訊記在分類卡片上，或抄原文，或寫提要。三是寫心得或札記。這當然是比較綜合的理得方式，一、兩篇，三、五篇都可以，不拘字數和形式。當然，基礎較好、有一定水準的人，還可以寫成評介文章，以至研究、綜述性文章。

第六步複讀 —— 再將全書瀏覽一遍，跳過研讀過的章節

這是最後的全面回味階段。可以緊接理得之後，也可以隔一段時間。但是，根據德國心理學家艾賓浩斯（Ebbinghaus）的遺忘曲線和多數人的實踐顯示：相隔的時間不宜過長。一般是在一週之內最好，最長不要超過一個月。

一般人沒有複習習慣，以為除基礎性的書籍外，何必去「溫故」？殊不知這是一大損失。複讀不僅對鞏固全書的記憶和理解有著特殊的作用，而且往往會有新的發現。這也就是所謂「溫故知新」吧，由於複讀是對有印象的大腦皮層的相關部分做非緊張性質的印證和考查，某些曾經被抑制的神經元，這時還可能活躍起來呢！

如果你想記住任何東西，你要做的一切就是將它與已知或已記住的東西相連起來。

● 從時間中找時間 —— 統籌讀書法

> 利用時間是一個極其高階的規律。
>
> —— 恩格斯（著名思想家）

時間對於我們每一個人來說是最公平的 —— 它賜予我們誰也不多，哪個也不少。然而每個人在時間的管理和使用上，卻不盡相同。合理的安排，有效的利用，可以為你帶來知識和智慧，可以帶來財富和幸福。反之，時間就會拋棄你，懲罰你，對你留下惆悵和懊喪。因此，在讀書中對時間合理安排、充分利用是不容忽視的。那麼，我們應該如何去合理的安排與利用呢？這就要運用「統籌讀書法」。具體來說，就是要做到以下幾點。

替自己設計一個讀書時間利用表

　　這個時間利用表，不是簡單機械的讀書用時分配，而是科學化的安排時間和以頑強的意志爭分奪秒的利用時間這兩者的有機結合。要根據所選定的目標，明確自己的主攻方向 —— 要使自己的研究水準達到什麼程度？在某個領域內準備有哪些突破和建樹？最終創造的成果是什麼？之所以設計一個讀書時間利用表，是因為要在時間利用表的規畫內，有一個明確的讀書目標，使自己在每一年、每一個月甚至每一天都有一個可遵循的軌道，而不至於迷失方向。

　　設計讀書時間利用表，要考慮四個方面的因素：第一，本職工作的性質與讀書內容之間的關係。第二，所選圖書的的學科專業特點。第三，個人的生活方式、習慣與體力、腦力的狀態。第四，讀書的環境與條件。

　　透過全面分析和綜合考慮這些因素，看一看自己對時間的安排與利用有哪些優勢，如果讀書的內容正好與本職工作直接相關，就等於成倍的增加了自身的讀書時間。假如讀書完全占用的是業餘時間，那就應根據專業的需求和特點，結合自己生活、學習的習慣來安排時間。若讀書的環境和時間的條件極差，則更應在運籌的實踐中，設計出自己的獨特的時間利用表。其次，嚴密的計劃時間。

　　俗話說，吃不窮，穿不窮，計劃不到才受窮。人們工作有計畫，花錢有計畫，但時間支出卻往往無計畫。沒事做的時候，時間白白溜掉了；需要時間的時候，又偏巧沒有了時間。這是時間利用上最大的漏洞。

　　蘇聯著名昆蟲學家柳比歇夫在平時工作、讀書中非常注意核算計劃自己的時間。他把每天有效的時間算成 10 個小時，分為 3 個單位或者 6 個「半單位」，正負誤差 10 分鐘。再把本身的學習工作任務分成兩大類：第一類為中心工作，包括攻讀、研究、寫作筆記等。第二類為間接工作，包

括開會、聽報告、讀文藝作品等。除了最富於創造性的第一類工作不限定時間外，所有可計算的工作量，都必須在規定的時間內完成。

他從二十六歲那年起便採用時間統計法，把每天讀哪些書、用多長時間，都事先規定好，到晚上再核算時間是如何用掉的，一天一小結，一月一大結，年終一總結。一直堅持到 1972 年他逝世那一天，從未間斷。

透過這種嚴密的時間計畫，有效的保證了他每一小時的時間都得到了充分利用。他一生先後發表了 70 多部學術著作，寫了 12,500 張打字稿的論文和專著，內容涉及昆蟲學、科學史、農業遺傳學、植物保護等等，可謂碩果累累。

由此可見，時間是個常數，在勤奮者面前，它又是個變數，就看你計畫安排得是否合理。善於計劃安排時間的人，能使每一分每一秒都能得到充分利用，並且比用「小時」來計算時間的人，時間多 59 倍。

充分利用零碎的時間

達爾文曾說過：「我從來不認為半小時是微不足道的很小的一段時間。」我們知道，時間是以單元來計算的，已經開始工作的年輕朋友一般來說很少有整段的時間讀書，平時所能掌握支配的基本上是一些工餘、會隙、飯後等十幾分鐘或半小時的空閒時間。這些閒置時間雖然很零碎，不起眼，但是如果把這些零碎的時間合理的使用起來，也是很了不起的。

一位著名數學家，雖然年逾古稀，身兼數職，社交活動很多，卻仍能抽出時間著書立說。當別人問他哪來的這麼多時間，他回答說：「我用的是零布頭。做衣裳有整體固然好，沒有整段時間，就盡量把零星時間利用起來，天天二、三十分鐘，加起來可觀得很。」有人算過這樣一筆帳，每人每天可支配的零碎時間約有兩小時，如果加起來，一年就是 730 個小

時。假如一個人活 60 歲，從 20 歲算起，40 年間就有 29,000 多個小時，相當於讀 8 年大學的時間。可見，零碎的時間在我們讀書學習中是多麼重要的一部分啊！

選擇掌握時間的最佳點

在一天之中，讀書時間和讀書效果有很大的關係，但並非讀書時間用得越長，效果就越好。因為效果的好壞不是由時間長短而定的，而是取決於人體大腦是否在最佳顯效興奮狀態之中。如果大腦處於最佳顯效興奮狀態之中，思考活躍，頭腦靈通，讀書效果就好；如果大腦處於疲勞之中，思考滯緩，情緒懶怠，學習效果就差。

那麼，一個人一天中大腦究竟在什麼時間顯效最佳呢？英國學者經過對人體大腦測試後發現，在一天 24 小時中，人的大腦有 4 次最佳顯效的「黃金時刻」。

第一次是早上 4 時至 6 時。所謂一日之計在於晨，指的就是這一大好時間。上午 9 時到 11 時，此時大腦注意力強，記憶力好，是第二個黃金時刻。下午 17 時到 19 時，人們嗅覺和味覺達到最好狀態，腦力、體力和耐力又進入一個高峰期，這是第三個黃金時刻。晚上 20 時至 21 時，腦力又處於活躍時期，是一天中第四個黃金時刻。

通常情況下，每個人在一天中有 4 次大腦最佳顯效時間，而對這 4 次黃金時刻，選擇哪個時間作為自己的最佳點，就需要根據自己的生活習慣、客觀環境條件以及生理時鐘的規律來選擇確定了。

如果你感覺清晨能全神貫注，頭腦清醒，那麼你就把艱深的學習內容和創作安排在一日之晨；如果你感覺夜間精力充沛，思維敏捷，那就充分利用夜晚的黃金時間，挑燈夜戰，甚至通宵達旦；如果你無論是白天還是

夜晚都能夠保持旺盛的思考力，適應各種環境，那就恰當安排自己的睡眠和休息，使頭腦得到鬆弛，以換取更充沛的精力學習和工作。總之，具體選擇哪一段最佳點，要因人而異，要遵循人體週期的規律，大可不必刻意去追求或固定哪一段時間。否則將會適得其反。

合理的安排時間，就等於節約時間。有計畫的安排時間，就能獲得更多的知識。

● 欲速則不達 —— 循序漸進讀書法

> 你們從一開始工作起，就要在累積知識方面養成嚴格循序漸進的習慣。
>
> —— 巴夫洛夫（俄國生理學家）

古往今來，但凡研究讀書之道的書籍或文章，無不提及「循序漸進」的讀書方法，這種方法也一直為古今中外歷代學者所重視和宣導。這是為什麼呢？大概是因為書中知識體系的內在邏輯所呈現出的由低到高、由淺入深、由簡至繁的發展規律所決定的吧！而如果給予這個規律形象的比喻的話，就如同我們平時所進行的登山活動一樣。

人們登山時，就是從山腳下開始，經過一步一步的由山腳下循序到山腰，又由山腰漸進至峰頂，最終一覽眾山。這個登山的過程便是循序漸進的過程，其過程揭示了一個道理：「登峰至極山下起。」

讀書也是這個道理。所謂循序，就是遵循知識發展的內在邏輯和客觀規律；所謂漸進，就是由低層次知識到高層次知識，由淺入深，由點到面的讀書、求知與深造。循序漸進讀書法，既符合知識的結構原理和邏輯體系，也符合人們獲得知識、認識世界、改造世界的發展規律。

　　古代著名的「揠苗助長」的笑話，說的就是一個愚人嫌麥苗長得慢而去將小苗拔高的故事。結果，雖然從表面上看雖然麥苗是高了一些，實質上卻使之大傷元氣，枯萎而死，最後落得個顆粒無收的下場。這個故事形象化的告訴我們，「欲速則不達」，倘若不遵從事物發展的客觀規律，必然受到無情的懲罰。

　　從人們探求知識的規律來看，也必須遵循循序漸進的原則。最初人們認為構成物質的基本成分是分子，繼而又發現到原子是不可分的最小單位。到後來，又發現原子是由電子和原子核構成的。而現在，隨著科技的發展，已經獲知原子核是由中子和質子組成的。物質構成的由外至內的客觀規律，決定了人們認識上的由淺入深的發展。而如果不按照循序漸進的原則，必然違反人類認識的規律，那麼人們對客觀世界的認識及對知識的求知與深造就無從談起。「循序漸進」的讀書原則，是宋代著名學者朱熹最早提出的。「循序而漸進，熟讀而精思」是他的一句至理名言。對於讀書，他主張「字求其訓，句索其旨，未得乎前，則不敢求其後，未通乎此，則不敢志乎彼，如是循序而漸進焉，則意定理明，而無疏易凌措之患矣」。針對急於求成者，他還說：「學者觀書，病在只要向前，不肯退步，看向前，越看得不分曉，不若退步，卻看得牢。」就是說，讀書要扎扎實實，由淺入深，循序漸進，有時還要頻頻回顧，以暫時的退步求得扎實的學問。

　　那麼，如何做到循序而漸進呢？

　　首先，要打好扎實的基礎。

　　每一門科學都有它的基礎知識，都有先修後繼書目次序，因此，入門務必先許好它的 ABC，遵循科學的學科結構之序，掌握學科的知識體系和層次關係，注意新舊知識的前後關聯，以利於按照規律逐步漸進的學習提升。

義大利文藝復興時期的著名畫家達文西，從十四歲起從師學習繪畫。他的老師委羅基奧（Verrocchio）天天讓達文西學畫蛋。時間一久，達文西就不耐煩了，埋怨老師，天天如此的畫，能畫出什麼呢？委羅基奧於是耐心的開導他：如果你認為畫蛋很容易，那就錯了。事實上，在一堆蛋中，其形狀也是各不相同的；即使是同一個蛋，從不同的角度看，投來的光線不一樣，畫出的蛋也不盡相同。畫蛋是基本功，若要成為一名藝術上有成就的畫家，就要從基本功學起，而且這個基本功必須學好。

　　在老師的嚴格指導下，達文西孜孜不倦的苦練基本功，畫了 3 年蛋，為以後繪畫打下了扎實的基礎。終於使藝術技巧達到爐火純青的境地，從而創作出〈蒙娜麗莎〉、〈最後的晚餐〉等不朽的藝術作品。

　　古今中外眾多名家們的成長進一步說明，基礎是提高的前提和必要條件，基礎不扎實，就是大科學家也難以邁出循序漸進的步伐！打好基礎對於獲得更多的知識，獲得成功，是多麼的重要！

　　其次，要注意知識的累積與漸進。

　　讀書漸進需要有質的提高，同時也需要有量的累積。任何一門科學知識，都是從無到有，由少至多，一點一滴累積起來的。必須經過循序漸進、從量變到質變的過程。

　　著名生物學家巴夫洛夫所創立的關於高等神經系統規律的學說，就是經過了幾十年的艱辛工作，掌握了大量資料，進行逐步長期研究的結果。對此，巴夫洛夫認為：「要循序漸進，循序漸進，循序漸進。你們從一開始工作起，就要在累積知識方面養成嚴格循序漸進的習慣。」巴夫洛夫在這裡如此強調循序漸進，其道理是十分明顯的，那就是高深的學問，要從最基礎的知識累積漸進而得。

　　知識累積在循序漸進的讀書過程中，作為基礎固然十分重要，但我們

在知識累積的同時，更要重視知識的漸進與提升。因為累積只是漸進的方法，而不斷漸進至學科的頂峰才是讀書的最終目的。只有漸進，才能達到品質的提升，才能產生認知上的成長。而且，知識的連貫性與繼承性也迫使求知的人讀書時必須採取漸進的方式。如果只累積不漸進，就會停滯不前，辛苦累積的知識最終也會成為過時的「知識垃圾」。

例如，我們在學習語言時，最初由語音開始，而及生字，然後學習片語，再學習句子。按照語言知識的有序性，由簡至繁，由低層次知識到高層次知識，逐漸提高語言能力直至學會寫作文乃至創作出鴻篇巨著。

一位電學專家只讀過小學三年書，在自學過程中，他遵循循序漸進的原則，首先補習了國中數理化及外語的課程，接著，又補習了高中全部課程。在此基礎上，他全身心的投入到大學的電學課程。就這樣，透過依序的漸進，他邊學習邊實踐，最終學有所成，所研究的一個又一個成果在漸進的過程中得以實現。

與之相反，英國著名物理學家牛頓，少年時代曾有過一次難忘的教訓。牛頓在學習歐幾里德（Euclid）《幾何原本》時，認為書中多是一些常識性的內容，便棄而放之，越級跳過。他想走一條捷徑，學起高深的《座標幾何學》來。結果，他在接受獎學金的考試中，成績一塌糊塗。

從以上我們可以看出，不遵循循序漸進的原則，想一步登天，越級求進，急功近利，必然要嘗到失敗的苦果。可見，讀書遵循漸進的原則在讀書提高的過程中有多麼重要！

生理學家巴夫洛夫曾經告誡年輕朋友說：「你們在想要攀登科學頂峰之前，務必把科學的初步知識研究透澈。還沒有充分領會前面的東西時，就絕不要動手做往後的東西。」科學家的忠告使我們悟出一個道理，即在讀書生活中，務必遵循科學的讀書方法，一方已熟，方讀一書。

總而言之，循序漸進是一種按照知識的邏輯體系由低到高、由簡至繁、有系統有步驟的科學讀書方法。我們應當學會並正確掌握運用這一方法，使我們讀書時做得更好。

　　讀書做學問沒有一步登天的捷徑，必須老老實實一步一腳印的走，才能到達知識的頂峰。

● 掌握技巧，事半功倍 —— 高效讀書法

> 良好的方法能使我們更好的發揮運用天賦的才能，而拙劣的方法則可能阻礙才能的發揮。
>
> —— 貝爾納（法國生理學家）

　　讀書與做任何事情一樣要講究方法。同樣是騎自行車，學會和掌握了正確方法的雜技演員能使車技成為藝術，一般人則只是騎騎而已。同樣下棋，掌握精湛棋藝的人能使下棋成為學問，一般人只是玩玩而已。同樣是讀書效果卻迥然不同，會讀的人讀得又快又好，一般人只是能讀而已。可見，在研究方向正確的前提下，方法優劣具有決定性的意義。

　　當今，隨著資訊的激增，讀書的任務也日益艱鉅和複雜。誰有了良好的讀書方法，誰就能在攀登事業的峰巒中捷足先登，一路領先。

　　可是，正確的讀書方法不是天生的。有許多年輕朋友都曾苦惱的說過：「為什麼我書讀了很多，效果卻不大？」、「為什麼我越讀腦子越像一鍋粥？」、「為什麼⋯⋯」這些朋友所以收效甚微，多半是閱讀方法上的毛病。只要改進閱讀方法，在你的閱讀技巧上用工夫，就會產生魔力般的效果。

改進閱讀的技巧與方法有哪些？

本文介紹六種高效閱讀方法可供你參考。這些改進方法，雖然要求你辛勤的工作，但是效益是極大的。只要求你願意去試一種新方法來運用你已有的知識，就可能收到事半功倍的效果。你不妨取其一、二試一試，但是否願意一試還取決於你自己。

語調法

大家知道，默誦是閱讀和理解過程中的一種方法。你可以運用它來進行有高度理解能力的快速閱讀。

最有效的運用默誦是透過語調。語調指的是在讀句子時是用升調還是用降調。用語調閱讀也就是人們所說的有表情的閱讀。

怎樣用這個方法，就得讓你的視線像通常一樣在書頁上快速移動。你不必發出任何聲音，但要讓你的思想在每一行上迴旋，與一種「內耳」聽得見的語調節奏。這種有表情的閱讀，能使文字變成書面形式所失去的重要韻律、重音、強音和停頓重新發揮作用，有助於理解和記憶。

為使不出聲的語調閱讀方式成為你的閱讀習慣，開始的時候，你可以大約十分鐘的時間，在自己的房間裡大聲的朗讀完小說中的一章節。朗讀時就像在朗誦戲劇中的臺詞一樣，要帶有誇張的表情來唸。這樣你的腦子裡逐漸會建立自己的一些語言模式，在你默讀時，就會更容易「聽到」它們。

詞彙法

也許沒有什麼方法能比積貯豐富而精確用詞彙這一方法，更可靠的永久提高你的閱讀能力。

運用這一方法，要求你把每一個詞都當作一個概念來學習，不僅要知

道這個詞的主要含義、次要含義，還要了解它的來源，掌握它的同義詞及它們之間的細微區別，以及它的一些反義詞。這樣，你在閱讀中遇到了這個詞時，大量的詞彙便會閃現在你面前，啟發幫助你理解這個句子、段落以及作者想表達的思想。

不過，豐富的詞彙要靠你平時有意識的累積，誰想一口吃成個胖子是不可能的。但只要你堅持，時間久了，你的腦子裡就會逐漸建立起一個貯藏豐富的「詞彙庫」。

回憶法

回憶是自我檢查學習效果的一種有效方法。讀完書之後，全面回想一下書中的內容，進行自我提問，看看記住了哪些，還有哪些問題沒有理解，哪些內容沒有記住。然後再去翻書本。

著名作家林紓曾花了八年時間苦讀《史記》。他的方法是，讀完一篇後，就用白紙蓋上，默默的回憶讀過的內容。如果有的地方不全，就說明讀得還不夠，理解得不深。於是有針對性的再讀一遍，再做回憶檢查。就這樣，他對《史記》的閱讀很有成效，不僅精通了歷史，而且學到了司馬遷撰文著書的大手筆。後來他與人合譯的《茶花女》等書，以俊逸的文筆風靡一時，直到今天還繼續出版。

許多學者在治學時都有「放電影」的習慣。像一位著名化學家那樣，每天晚上「集中精力在腦子裡先放電影」，想想全天都讀了些什麼，有哪些收穫。這也是「回憶」的好方法。以上所述是回憶法的一種，也是平時人們所指的回憶法。這裡還要介紹一種「了不起的」回憶技巧，我們不妨稱它為「吉朋回憶法。」吉朋（Gibbon）是著有《羅馬帝國衰亡史》的英國偉大歷史學家。他的這種回憶技巧是指有組織而認真的運用人們的一般

背景知識。

　　具體點說是，在開始閱讀一本新書或者在撰寫某一課題之前，吉朋經常是獨自一個人在書房裡待上幾個小時，或者是獨自長時間的散步來回憶自己腦中所有的關於這一課題的知識。當他在默默的思考著主題思想的時候，他會不斷驚訝的發覺，他還可以挖掘到許多別的思想和思想片段。

　　吉朋回憶法是極其成功的，因為他所憑藉的是一些自然的學習原理。

　　這一方法的益處：

★ 可以在腦子裡將過去的想法提到最前面，以備應用。

★ 過去的思想可以作為吸收新思想、新資訊的磁力中心。

★ 這種回憶法可使人集中思想。

段落法

　　一般大多數作者是一個段落一個段落的講述自己的思想。因此，要像教師將把這篇文章教別人一樣，認真對待每一個段落，直到你能回答這樣一個問題：作者在這一段究竟講了些什麼？如果你能這樣一個段落一個段落閱讀的話，就最有把握獲得成功。

　　那麼，怎樣運用段落法呢？

　　具體做法是，當你讀完每一段或相關的幾個段落後，都停頓一下，將段落內容概括壓縮成一句話。要學會概括和壓縮，就必須了解掌握三種主要的句型，即段落主題說明句、論證句及結論句。

　　段落主題說明句，常常是作者用一句話在段落中加以提示和歸納主題的句子。它可以出現在段落中的任何地方，但通常是段落的第一句。對於這樣的句子，當你發現就立刻把它劃出來，以示醒目。對於沒有主題說明句的段落，則要透過自己的分析和歸納得出段意，段意用句要力求簡潔。

論證句，是用來解釋和證實主題的句子。描寫的是事實、理由、例子、比較及其他相關細節。所以最重要，因為正是這些句子說服讀者接受作者的思想。

結論句，是用來概括討論內容、強調重點和重述整個或部分主題的說明句。一般是每段的最後一句話。

如果你讀的段落是一部較長的作品的一部分、課本的一章一節，或者是報刊雜誌中的一篇長文章時，你可將一本、一章、一節，進而壓縮成三個段落：導言段、轉折段、概括段。

背景知識法

傑出的心理學家大衛‧奧蘇伯爾（David Ausubel）指出，閱讀的關鍵性先決條件是你已經掌握了背景知識。奧蘇伯爾的意思是如果你要理解所讀的內容，就必須運用已掌握的知識，即背景來理解它。背景知識不是生下來就有的，是你透過直接的和間接的經驗而累積起來的。

如果你能認真的讀幾本好書，會使你在很大的程度上改進閱讀。因為這樣做不僅會使你得到很多練習的機會，更重要的是你可以累積大量的概念、事件、名字以及思想，豐富你的背景知識。這些背景知識將在你今後的閱讀中發揮極大的作用，提高你的閱讀效率，而且被運用之頻繁令人驚奇。

最初，可以從你感興趣的書籍和科目開始。如果你的興趣狹窄，那也不必煩惱，一旦你開始閱讀，興趣就會自然擴大的。

結構形式法

有效的閱讀的祕訣是思考。就是說你必須思考你所讀到的內容和它所代表的思想。這聽起來簡單，但事實上並非如此。許多朋友閱讀時常常思想不集中，也就是平時所說的「思想逃跑」。一位心理學家說，每兩、三

秒鐘總有一個思想或念頭猛撞著我們的意識之門，把門搖得格格作響試圖進入。難怪，要使我們的思想集中到正在閱讀的內容上是很困難的。

怎樣才能使思想不逃跑呢？

有一種方法可以使你閱讀時思想不逃跑，就是注意弄清楚作者的思路，也就是我們所說的認識作者所用的結構形式。

這樣，你就和作者一起思考。例如，你認出你正在讀的段落是按時間順序寫的，你就會對自己說：「我知道她在寫什麼，她是把所發生的主要事件按年份來描寫的。」這樣，你的思想就會時刻逗留在你讀的作品上，並不斷的思考它。

為使你能夠在閱讀中較快的認出作者所用的結構形式，這裡簡略介紹幾種最常用的結構形式，供你閱讀時參考。

★ **時間型**：所有事件都是按照發生時間的先後順序來描述的。

★ **空間型**：各事項都是根據事件發生的地點或彼此相關的安排來講述或討論的。

★ **過程型**：按事情進行或事物發展的順序來敘述的。

★ **因果型**：這個形式有幾種變化了的類型，如問題—起因—解決型；問題—效果—解決型等。

★ **重要性遞增型**：作者將一串事件中最重要或最富有戲劇性的事件放在敘述過程中的最後。這樣會產生逐漸加強的效果，也是平時所說的高潮型。

★ **重要性遞減型**：作者將一連串事件中最重要和最富有戲劇性的事件放在敘述的開頭，這樣的結構能一下子抓住讀者的興趣。

★ **比較或對照型**：作者想要強調事物、事件或人物之間的相似點時，常運用比較的方法；想要強調他們之間的區別時，則常運用對照的方法。

誰掌握了高效讀書法這把「智慧的鑰匙」，誰就可以打開知識的大門，進入科學的殿堂。

● 科學閱讀，提高效率 —— OK4R 讀書法

> 最有價值的知識是關於方法的知識。
>
> —— 笛卡兒（法國數學家）

美國的沃爾特·保克（Walter Pauk）博士發明的「OK4R」閱讀系統，為你提供了一個科學的、高效率的閱讀方法。

「OK4R」是英語 Overview（總覽）、Keyidea（要點）、Read（閱讀）、Rite（筆記）、Relate（聯想）、Review（複習）六個單字的縮寫。「OK4R」閱讀法就是按照總覽、要點、閱讀、筆記、聯想、複習這六個步驟進行學習的方法。為書寫方便，我們把它簡稱為「六步」。

六步閱讀法滲透著速讀的若干基本原理。例如，充分運用大腦思考能力、理解能力、資訊儲存能力；充分運用視覺神經系統、記憶系統的能力等。六步閱讀法的顯著特點就是把快讀閱讀與一般閱讀（即慢讀）有機的結合起來，聯為一體。這一讀書法一開始就是快速的總覽，緊接著是快速瀏覽正文以了解要點，從第三步閱讀開始是慢讀。快字在先，慢字緊跟其後。這樣能充分發揮快讀與慢讀各自的優點，彌補各自的不足，既保證了良好的閱讀效果，又符合人們掌握閱讀反覆的一般狀況。因此，受到人們的歡迎。

六步閱讀法的六個步驟的具體內容是：

第一步，總覽

是說察看正文以外的資料。需要具體察看三個部分，即：看書名、前言、綜述性段落和所有標題；看每一斜體、黑體和有著重點的部分；看列成條目的資料、圖表和表格，這樣可以了解作者的意圖。

當拿到一本書或一篇文章後，別急於按部就班的讀下去，要像有經驗的旅遊者一樣，在首次遊覽某處名勝之前，總要先看看「導覽圖」，看看哪裡是最值得觀賞的景致，對將要遊覽的地方有個最起碼的了解，才好根據自己的具體情況，定出最佳旅遊方案。透過上述三部分的察看，對全書就能有一個初步的印象。這時，你對這本書該不該讀，有哪些新知識值得注意，哪幾部分是自己閱讀的重點，可能會遇到哪些難點等等，心裡就有了個數。

一位語言學家在介紹讀書方法時曾強調說：「首先應讀書的序例、序文和凡例。」序例、序文，也有的叫前言、緒言、引言等。一般是介紹該書的讀者對象、主要內容及寫書的緣起、意圖經過、體例等內容。有的序文還介紹作者、相關背景資料以及對該書的評論分析等。看了序文就等於掌握了打開全書的一把鑰匙。

再如讀目錄。清代學者王鳴盛說：「目錄之學，學中第一要緊事，必以此問途，方能得其門而入。」把讀目錄當作入門之徑，這個比喻是十分恰當的。一本書的目錄就是全書內容結構的簡圖，從中可以了解到書的論述範圍和作者對某一學科或某一專題的基本看法。

拿《文學的基本原理（修訂本）》為例。其目錄共列「緒論」、「前言」及「文學與社會生活」、「文學的形象與典型」、「文學的創作方法」

等 11 章；每章之下再標出各小節的題目，如第四章「文學的形象與典型」分為「形象思維與形象創造」、「文學的典型性」等小節。一位原本對文學理論不甚了解的讀者，看了這本書的目錄，便可大致了解這一學科的研究範圍，對這一學科有個初步的印象；對文學理論有所接觸的讀者，透過讀目錄，也可大致看出本書與已讀過的同類書在編寫體例、論述角度和側重點上有何不同，從而確定自己的閱讀重點。

正如一位學者曾說過的那樣：「只要細心的熟悉書目的序言、目錄、引論和結語，在有一定經驗的情況下，就足以對書的內容有一個整體印象，得到關於書的綱要、任務、主要思想的概念。」

第二步，要點

瀏覽正文以了解要點，凡引起你注意處都要看一下。

這一步是快速瀏覽，你的視線可快速移動。在瀏覽時應採用檢索要點的閱讀檢讀法，注意讀好每一段的第一句和長段落的最後一句，或者像發明者所說，凡引起你注意處都要看一下，注重問題的提出。

當你進行瀏覽檢索要點時，不需要逐字逐句閱讀，你的精力應集中在作者所寫的每一個要點上 —— 抓住中心事件及其主要人物活動或中心論點的闡述。除此以外的插敘、回憶聯想、引文等都可略而不讀，努力剔出那些多餘的文字。

根據現代結構語言學家統計，文中一般性內容約占 75%，而要點只占 25%。這種要點具體是指組成一般科技、社科文章的七個部分中的第六和第七部分，其他 1～5 部分是「名稱」、「作者」、「導語」、「一般內容」和「事實」、「數字」、「公式」之類，唯有六、七兩部分是「新奇」和「爭議」之點。瀏覽的目的就是獵新奇，尋爭議。你如果把這 25% 的文字

挑選出來，那就抓到了要點。

德國物理學家愛因斯坦曾介紹一種「越讀越薄」的讀書方法，其實說的就是如何抓住要點。他說：「在所閱讀的書本中找出可以把自己引到深處的東西，把其他一切統統拋掉，就是拋掉使頭腦負擔過重和會把自己誘離要點的一切。」這樣邊讀邊拋，書本就越讀越薄，去粗取精，掌握了要點，吸取了有益的核心東西。

第三步，閱讀

快速通讀全文或相關部分，按照作者意圖和正文的要點，了解作者是如何解決這些問題的。

重點的書或書中的重點部分，只靠泛泛瀏覽是不夠的，瀏覽過的書或要點，雖然也有印象，但是記得不牢固，很容易遺忘。因此，必須進一步閱讀。

閱讀這一步是在前兩步，即透過總覽對全書有了一個初步印象和透過瀏覽了解了要點的基礎上，有目的、有重點的通讀全文或相關部分來完成的。通讀的過程就是尋求解決問題的過程，從而達到掌握要點、解決難點之目的。

在深入閱讀過程中，要動用各種感官積極活動，做到心到、眼到、口到、耳到、手到。特別是對書或文章中的要點處、疑問處和精采處，要放慢速度，啟動大腦機器，沿著作者思維的軌道去追蹤和探索，看看作者是怎樣提出問題和解決問題的。如果沒弄清楚，還須重新讀。這種讀重在思考，一直思考到弄清楚弄懂為止。其讀法，可根據自己思考性讀書的習慣去讀，朗讀、輕聲讀、默讀、視讀、讀一遍、讀幾遍、讀讀停停，都無不可。

在閱讀過程中，要善於動用自己知識和資訊的相關庫存去融會書中的要點、精采處，這樣就能使書本知識變成自己的東西，做到召之即來，運用自如。

第四步，筆記

花幾分鐘的時間，把讀到的要點透過自己大腦過濾後，用幾個關鍵字或句子記下來，以便於記憶。

記筆記是讀書的一個重要過程。其作用可用這樣的話說明：筆記是人腦有效的外在儲存器，是人的記憶能力的延長，是戰勝遺忘的常規武器。有句膾炙人口的俗語，「好記性不如爛筆頭」，說的也是這個道理。也有學者曾說過：「不動筆墨不看書。」

讀書記好筆記，不僅能加強自己的記憶力，累積更多的知識，而且還能促進讀書時的積極思考，幫助你理出要點和線索，有利於訓練思維的邏輯性和條理性，並能及時捕捉稍縱即逝的思想火花，「隨時記下閃過腦際的獨到之見」。所以，善讀書者，總是書不離筆。

據說東漢時期的思想家王充，在自己住房的窗臺上、書桌上、壁洞裡，到處都安放著筆硯簡牘，遇到值得記錄的東西或自己偶有感觸，就趕緊記下來，作為自己著書立說的素材。經過幾年的累積，他終於寫成了巨著《論衡》。

做讀書筆記的方法很多，可根據需求靈活運用。常用的有以下幾種：

★ **系統筆記**：把書或文章的內容按章節順序，有系統的記下重點、問題等。學生的課堂筆記是典型的系統筆記。這種筆記綱目清楚，體系完整。

★ **眉批筆記**：在閱讀時隨手進行。即在書中重要詞、句下面標上圓點、

直線等不同記號，或把讀書時的心得、評語、疑問等，隨時寫在書頁的空白處。這種筆記簡單方便，可以邊看邊寫。

★ **摘錄筆記**：通常是把書或文章中最重要、最精華的內容、論點、結論以及名言、警句、資料、典故、資料等，分別摘錄下來。這種筆記以累積資料為主，故在結尾應注明出處。

★ **提綱筆記**：適用於較為艱深的書或文章，將其內容要點用觀點排列的形式記下來，便於掌握全書的內容和邏輯結構。這種筆記的效果比重讀一遍原文還要好。

★ **心得筆記**：把讀書心得體會、隨感、試析等及時記下來，作為自己的研究成果保存起來。這種筆記創造成分最多，價值也比較大。中外許多學術名著都是由這種筆記整理而成的。如列寧的《哲學筆記》、顧炎武的《日知錄》等。

第五步，聯想

記憶的基礎是聯想，透過相似聯想、對比聯想，把所學內容與已了解的東西互相連結，可達長久記憶之目的。

聯想是記憶的方法，是讀懂書的一個要訣。它是從知識的關聯中去思考去探索。

聯想可以找出事物之間或相似、或相反、或相關的連結。這種連結的過程就是記憶的過程；聯想可以引起連鎖反應，促進人們把同類或相關的知識加以連結、對比、延伸、補充，從而豐富和擴大知識面，進而有可能在某點上產生創造性的突破。

古今中外的科學文化史顯示，從聯想進入發明創造的，大有人在。瓦特（Watt）從水蒸氣衝開壺蓋聯想到製造蒸汽機；伽利略從教堂吊燈的擺

動，聯想到關於擺振動的等時性定理……所以列寧說：「要真正的認識對象，就必須掌握研究它的所有方面、所有關聯和『中介』」。把認識對象和「一切」連結起來，靠的就是聯想。

聯想的方法很多，從它思維邏輯運用的角度劃分，有相似聯想、接近聯想、對比聯想、移植聯想、奇特聯想等等。我們在讀書學習中，應當靈活運用，既要大膽，又須謹慎。

聯想閱讀是讀書時的一種較高要求，聯想力要靠平時的鍛鍊培養。書本知識和社會經驗是聯想的前提，脫離了這兩者，聯想就成了無源之水，無本之木。試問：知識貧乏，孤陋寡聞，腦子裡空空的，你能聯想什麼呢？俗話說：水淺托不起大船，風小推不動巨帆。知識廣博，聯想的航船才能一日千里，聯想的火花才能更加絢麗。

第六步，複習

複習可以鞏固記憶，加深對知識的理解，這一步要在稍後的時間內進行幾次。

複習是記憶的保證。一位著名史學家曾說過：「學習最重要的是要『時習之』」。要想使自己學到的知識長時間的記住，就必須及時複習。學了的知識，懂了的知識，並不等於掌握和擁有了這些知識，沒有一定的複習作保證，這些知識很快就會被遺忘。因為記憶的保持，是透過頭腦中形成的事物印象和關聯加以不斷鞏固來實現的。

著名學者顧炎武，終年手不釋卷，學富五車。奇怪的是，他每年只用九個月讀新書，而用三個月讀已經讀過的書。問其緣故，他說：「這是在溫習嘛！」就是說他每年用四分之一的時間來複習已學過的知識。

可是有的人不理解複習的重要，學得很多，就是不肯付出複習的時

間，結果隨學隨忘，收不到效果。這種人就像英國詩人柯勒律治所說：「好比計時的沙漏，讀書像沙注進去，又漏出來，到頭來一點痕跡也沒留下。」

那麼，怎樣複習效果才好呢？一些名人學者的經驗和心理學的記憶規律，為我們提供了良好的方法。

★ 複習要及時。心理學的記憶規律告訴我們，學習之後，遺忘立即開始，而且速度相當快。有趣的是，隨著時間的推移，遺忘的速度不是加快，而是減慢。根據這個規律，不等遺忘就立即複習，當天學習的內容最好當天複習，抓住記憶還比較清楚，腦子中記憶的資訊量還多的時候進行強化，效果最好。

立即複習非常重要，但還不夠，還應進行過後的複習。過後的複習次數可逐漸減少，複習的間隔時間可逐漸加大。一般在立即複習後的三天、七天、半個月分次進行為宜。

★ 在複習之前，最好先不要打開書本或筆記，在腦子裡先把記憶的對象「放電影」般的檢查一下，然後再翻開書本或筆記對照一下，看看所記的東西有沒有遺漏。這樣，對已經記住的東西是一個鞏固，對遺漏了的內容可以透過複習進一步加深記憶痕跡。

★ 複習要有重點、有秩序、有條理。否則，面面俱到，雜亂無章，必然印象不深，記憶也不會長久。同時，注意複習的方式避免機械的重複。若能夠做到這三點，就可達到鞏固，加深對知識的理解之目的。

一種科學的，高效的讀書方法擺在你面前，運用它，你就會獲得事半功倍或意想不到的效果。

● 事必有法，然後可成 ── 「二十四字訣」讀書法

> 學習要得法。得法者事半功倍，不得法者事倍功半，甚至一事無成，好的學習方法是從善於總結中得來的。
>
> ── 編者摘選

朱熹（西元 1130～1200 年），南宋著名哲學家、教育家，字無晦，江西婺源人。十八歲中進士，官至湖南安撫使。一生為官不過十四年，大部分時間都是用來讀書講學。

朱熹非常重視讀書治學的方法，他在《孟子集注》中說：「……事必有法，然後可成。」他是中國第一個系統研究讀書理論和讀書方法的人。他把「格物致和，讀書窮理」和「為學之實，固在踐履」作為讀書的基本原則，並在研究總結前人的讀書經驗和他自己長期艱苦治學實踐的基礎上，提出了一系列頗有見地的讀書方法，對後世影響很大。他死後不久，他的學生輔漢卿等把這些方法概括為「朱子讀書法」。用六句話，二十四個字概括為：循序漸進、熟讀精思、虛心涵泳、切己體察、著緊用力、居敬持志。這就是朱熹的「二十四字訣」讀書法。

一、循序漸進

朱熹認為，讀書要按照書本的邏輯體系和讀者的智慧水準有系統、有計畫的進行。「譬如登山，人多要至高處，不知自低處不理會，終無至高處之理」。

為什麼要循序漸進？朱熹說：「大抵近世言道學者失於太高，讀書講義，率常以徑易超絕，不歷階梯為快。」他認為，這種「自低處不理會」、「以徑易超絕，不歷階梯為快」的讀書方法是為學之大患，「誤

人底深坑」。只有踏踏實實，一步一個腳印的自低向高攀登，才能登上高峰。

怎樣循序漸進？朱熹在〈讀書之要〉中說：「以二書言之，則先論（語）而後孟（子），通一書而後及一書，以一書言之，則其篇、章、文、句，首尾次第，亦各有序而不可亂也。量力所至，約其課程而謹守之，守求其訓，句索其旨，未得乎前，則不敢求其後，未通乎此，則不敢志乎彼，如是循序而漸進焉。」

朱熹所說的循序漸進，主要有三層含義：一要注意新舊知識的前後關聯，打好基礎。二要量力而行，不要超過自己的智慧發展水準。三要加強複習，鞏固所學知識。

二、熟讀精思

朱熹認為，讀書要從反覆誦讀入手，做到讀與思、熟與精結合，力求透澈理解和領悟，牢固記憶和掌握。「泛觀博取，不若熟讀而精思」。

為什麼要熟讀精思？朱熹在〈滄州精舍又諭學者〉中說：「書不記，熟讀可記；義不精，細思可精。」讀書只有熟讀，才能「使其言皆若出於吾之口」；只有精思，才能「使其意皆若出於吾之心」、「若誦不熟，亦無可得思索」。

怎樣熟讀精思？朱熹在〈童蒙須知〉中說：「凡讀書……須要讀得字字響亮，不可誤一字，不可少一字，不可多一字，不可倒一名，不可牽強暗記，只要是多誦遍數，自然上口，久遠不忘。古人云『讀書千遍，其義自見』，謂熟讀則不待解說，自曉其義也。」他在《朱子語類》中又強調：「讀書之法，讀一遍了，又思量一遍；思量一遍，又讀一遍。讀誦者，所以助其思量，常教此心在上面流轉。」、「若讀得熟又思得精，自然心與理

一，永遠不忘。」朱熹認為，精思的過程是從無疑到有疑，又從有疑到解疑的過程。他說：「讀書始讀，未知有疑，其次則漸漸有疑，中則節節有疑。過了這一番後，疑漸漸解，以至融會貫通，都無所疑，方始是學。」

三、虛心涵泳

朱熹認為，讀書要有虛心的態度，仔細認真，沉浸其中，反覆琢磨，周密思考，才能明辨是非，解疑排惑，切忌自以為是，走馬看花、浮光掠影、穿鑿附會和粗心性急。

為什麼要虛心涵泳？朱熹說：「大凡讀書……當煩亂疑惑之際，正當虛心博采，以求至當」。又說：「熟讀沉思，反覆涵泳，銖積寸累，久自見功。」、「讀書須是虛心方得。」

怎樣虛心涵泳？朱熹在《朱子語類》中說：「凡看書須虛心看，不要先立說。看一段有下落了，然後又看一段；須如人受詞訟，聽其說盡，然後方可決斷。」在〈讀書之要〉中又說：「至於文義有疑，眾說紛錯，則亦虛心靜慮，勿遽取捨於其間。」、「如其可取，雖世俗庸人之言，有所不廢。如有可疑，雖或傳以為聖人之言，亦須更加審擇。」又說：「讀書須經細看，心粗性急，終不濟事。」總之，「讀書之法無他，唯是篤志虛心，反覆詳玩，以為有功耳。」

四、切己體察

朱熹認為，讀書要結合自己的思想、知識、經驗，來理解推斷從書外去體察書中之味。

為什麼要切己體察？朱熹說：「讀書須要切己體驗，不可只作文字看。」否則，人云亦云是不會有所見地的。

怎樣切己體察？朱熹說：「讀書不可只專就紙上求理義，須反覆就自家身上推究。自家見未到，聖人先說在那裡。自家只借他言語來，就身上推究始得。」又說：「將自個己身入那道理中去，漸漸相親，與己為一。」在強調切己體察的同時，朱熹又指出：「觀書以己體驗，固為親切，然亦須遍觀眾理而合其歸趣乃佳。」、「若只據己見，卻恐於事理有所不同，欲徑急而反疏緩也。」這裡，朱熹告誡人們，讀書又不可固執己見。

五、著緊用力

朱熹認為，讀書是一件費心費力的苦差事，須要勤奮、刻苦、抓緊，捨得下苦功夫，花大力氣，方可成功。否則，將一事無成。為什麼要著緊用力？朱熹說：「為學要剛毅果決，悠悠不濟事。」讀書不同於遊玩，更不是請客吃飯，可以悠悠自得；讀書如同逆水行舟，倘不奮力，就可能前功盡棄或無濟於事。

怎樣著緊用力？朱熹在《朱子語類》中說：「為學須是痛切懇惻做工夫，使飢忘食，渴忘飲。」、「只是將勤苦換將去，不解不得休。」他還指出，閱讀時要有緊迫感，不可鬆懈，「直要抖擻精神，如救火治病然，如撐上水船，一篙不可放緩。」

六、居敬持志

朱熹認為，讀書要有純靜專一的心境和堅定遠大的志向。敬，指用心專一。「敬不是萬慮休置之謂，只是隨事專一，謹畏不放逸耳。」

為什麼要居敬持志？朱熹在〈童蒙須知〉中說：「讀書有三到：謂心到、眼到、口到。心不在此，則眼不看仔細；心眼既不專一，卻只浪漫誦讀，絕不能記，記亦不能久也。三到之法，心到最急，心既到矣，眼口豈有

不到者乎？」又說：「心不定，故見理不得。」、「立志不定，如何讀書？」

怎樣居敬持志？朱熹在《朱子語類》中說：「要讀書，須先定其心，使之如止水，如明鏡。」、「將心貼在書冊上，逐句逐字有著落，方始好商量。大凡學者須是收拾此心，令專靜純一；日用動靜間，都無馳走散亂。方始看得文字精審。」同時他指出為學應以立志為先，志是心之所向和為學之目的，目的不明，無以為學。

善於讀書的人，是經過他們那種創造性的讀書方法，而進入一種藝術境界的。

● 亦疾亦緩，有質有量 —— 變速讀書法

> 有些書可供一嘗，有些書可以吞下，有不多的幾部書則應當咀嚼消化；這就是說：有些書只要讀讀他們的一部分就夠了，有些書可以全讀，但是不必過於細心的讀，還有不多的幾部書則應當全讀，勤讀，而且用心的讀。
>
> —— 培根（英國哲學家）

世上每個人的讀書方式和方法不盡相同。只要稍一留心就不難發現：有些書是匆匆翻了一遍就放過去；有些書只讀了讀開頭就不再去理會；而有一些書則是多次反覆閱讀，甚至做了詳細的筆記。

上述這些現象和篇前所引用的培根的那段話告訴我們這樣一個道理：讀書不能像數星星一樣平均使用力量，不能對每本書每章每節同等對待，而要根據讀書目的區別對待，有略有詳。展現在時間上就是要根據需求變換讀書之速度，有快有慢，該快者快，該慢者慢。略讀部分「一目十行」的快讀；詳讀部分則要「十目一行」的慢慢讀。這樣既有一般又有重點，

快慢結合，才能真正達到讀書的目的，提高讀書效率，獲得好的讀書品質，獲得最大的收益。

變速讀書法是指在讀書時，以不同的速度閱讀一部書、一本書或一篇文章的不同部分的一種方法。

變速讀書法是一種科學化的讀書法，它既能充分運用大腦思考能力，理解能力和視覺神經系統能力，記憶系統能力，提高閱讀速度，又便於「細嚼慢嚥」，加深理解，「以求吃盡書中味」。它最突出的特點是把快速閱讀與一般閱讀（慢讀）有機的結合起來，聯為一體，以快帶慢，以慢促快，充分發揮快讀與慢讀各自的優點，彌補各自的不足。自由靈活的合理運用快讀與慢讀，這樣既能擴大閱讀視野，又能掌握書中的精華，既有量，又有質。許多名人、學者都採用過這種變速讀書法。

馬克思和恩格斯在閱讀黑格爾哲學著作時，對於黑格爾書中的精華部分，即辯證法的合理核心部分進行反覆閱讀，精心鑽研，而對於書中的糟粕部分，即主義部分，則以很快的速度瀏覽而過。

許多人的讀書經驗告訴我們；讀書鑽研學問，要處理好廣博與精深的關係，面對一部書，一本書，甚至一篇文章，則要處理好略讀與詳讀的問題。

不管哪一本書，就其內容而言都有觀點和資料之分，有主要部分和非主要部分之別；對於一個讀者來說，任何一本書都有有用資訊和非有用資訊之分，有關鍵資訊和一般資訊之別。因而，無論從客觀還是主觀上看，都有必要處理好略讀與詳讀的關係，也就是快讀與慢讀的關係，我們不可能也無須將精力平均分配在全書各部分上。

那麼一本書中，哪些知識資訊應該快讀，哪些應該慢讀呢？

略讀的對象一般是自己已經知道、無須記的資訊和書中較次要的章

節、段落。也就是前面所說的「資料」,「非主要部分」,「非有用資訊」和「一般資訊」。如果用培根的話來說,就是「可供一嚐」,「可以吞下」的部分。對於這些地方可以採用快速閱讀法,「一目十行」,幾段幾段,幾頁幾頁的略讀,有的甚至可以忽略,跳躍過去。這種「走馬看花」式的閱讀,主要是為獲得面向上的了解。其特點是花的時間少,獲得面向上的知識多,如果在這些平庸無奇的部分也慢讀,那無異是在浪費寶貴的時間。

詳讀的對象一般是更新的知識資訊和書中重要的章節、段落。也就是前面所說的「觀點」,「主要部分」,「有用資訊」,「關鍵資訊」,以及難點和精采部分,如用培根的話來說,就是「應當咀嚼消化」的部分。對於這些地方就要放慢速度,「十目一行」的詳讀。

詳讀時要字字推敲,句句鑽研,經過「去盡皮,方見肉;去盡肉,方見骨;去盡骨,方見髓」的層層深入研究、反覆研究,才能從紛繁的知識中抓住要點,探明主旨,「漸漸向裡尋到精華處」。

面對多如繁星的書籍,孰良孰莠?一部書或一本具體的書,何處快讀,何處慢讀,何處須批駁,何處須吸取?要學會選擇。「凡讀書須識貨,方不錯用工夫」。

一本書有一本書的重點,不能一律看待。但確定的辦法在某些方面帶有共同性:

★ 了解作者所要表達的基本思想,抓住重點,「博士買驢,書三紙,未有驢字」之類的書籍「水分」多達 75%,而只有 25% 才是真正帶有實質性的,這實質性的部分就應作為重點來詳讀。

★ 找出全書最精采的部分。清代畫家鄭板橋曾以《史記》為例子說:

「《史記》百三十篇中，以項羽本紀為最，而項羽本紀中，又以鉅鹿之戰，鴻門之宴，垓下之戰為最，反覆誦觀，可欣可泣，在此數段耳。」無須「篇篇都讀」，這是非常精闢的經驗之談。

一位記者閱讀《史記》，就是重點攻讀其中活靈活現的描寫人物的篇章。他介紹體會說：「司馬遷是偉大的歷史學家，也可以說是一位卓越的記者，寫過不少取材於當時的人物報導和報導文學。他善於在很短的篇幅內描繪人物，有行動，有形象，有思想，有性格……努力學習，刻苦實踐，會協助我們提高現有的報導水準。」

★ 分清精華與糟粕。魯迅先生在指導清華大學學生許壽裳的兒子許世瑛讀《抱朴子》時就指出：該書「內篇」宣揚神仙方藥，鬼怪迷信，是錯誤的，可不讀；「外篇」論述人間得失，臧否世事，有不少正確的言論，這是要詳讀的重點。

★ 鑽研深奧難懂的部分，有時，你讀一本書，其中某一章，某一節也許是全書的主旨，不僅感到特別深奧，難以理解，而且又可能是起承上啟下的作用，不易懂，就會妨礙對全書內容的理解，因而這也是必須詳讀的重點。

上面所說的放慢速度詳讀的重點是就書的本身來說的。同時，選擇的重點要因各人的讀書目的而異。比如你讀這本書是為了什麼，要解決什麼問題，這就可以以此問題為重點，到書裡去尋找答案。

還有，如果一本書你打算讀幾遍，也可以根據每一遍的不同目的確定不同的重點。如宋代蘇東坡讀《漢書》，「第一次先攬其山川人物，第二次再究其制度典章，凡閱數次而始讀訖。」對於讀其他的書，尤其是大部頭的經典著作，也可採用這種變化速度的讀法。

綜合篇

　　快離開了慢，就會轉化為「雜」與「浮」，慢離開快，又會演變為「陋」與「拙」，快讀與慢讀有機結合，才是治學的必經之路。

無腦閱讀，知識中毒：

精讀 × 泛讀 × 研讀 × 巧讀，從孔子到亞里斯多德，88 個奇特學習法，獲取知識不傷腦！

編　　著：陳良琪

發 行 人：黃振庭

出 版 者：崧燁文化事業有限公司

發 行 者：崧燁文化事業有限公司

E - m a i l：sonbookservice@gmail.com

粉 絲 頁：https://www.facebook.com/
　　　　　sonbookss/

網　　址：https://sonbook.net/

地　　址：台北市中正區重慶南路一段六十一號八
　　　　　樓 815 室

Rm. 815, 8F., No.61, Sec. 1, Chongqing S. Rd.,
Zhongzheng Dist., Taipei City 100, Taiwan

電　　話：(02)2370-3310

傳　　真：(02)2388-1990

印　　刷：京峯彩色印刷有限公司（京峰數位）

律師顧問：廣華律師事務所 張珮琦律師

定　　價：450 元

發行日期：2023 年 04 月第一版

◎本書以 POD 印製

國家圖書館出版品預行編目資料

無腦閱讀，知識中毒：精讀 × 泛
讀 × 研讀 × 巧讀，從孔子到亞里
斯多德，88 個奇特學習法，獲取知
識不傷腦！／陳良琪編著 . -- 第一
版 . -- 臺北市：崧燁文化事業有限
公司 , 2023.04
面；　公分
POD 版
ISBN 978-626-357-275-1(平裝)
1.CST: 學習方法 2.CST: 讀書法
521.1　　112004394

電子書購買

臉書